古典文獻研究輯刊

九 編

潘美月・杜潔祥 主編

第 6 冊

司馬遷《尚書》學

古 國 順 著

國家圖書館出版品預行編目資料

司馬遷《尚書》學／古國順　著 — 初版 — 台北縣永和市：花
木蘭文化出版社，2009〔民 98〕
序 4+ 目 4+228 面；19×26 公分
（古典文獻研究輯刊 九編；第 6 冊）
ISBN：978-986-254-014-5（精裝）
1.（漢）司馬遷　2. 書經　3. 史記　4. 學術思想　5. 研究考訂
621.117　　　　　　　　　　　　　　　　　　98014414

ISBN - 978-986-2540-14-5

9 789862 540145

古典文獻研究輯刊
九 編 第 六 冊　　　　　　ISBN：978-986-254-014-5

司馬遷《尚書》學

作　　者　古國順
主　　編　潘美月　杜潔祥
總 編 輯　杜潔祥
企劃出版　北京大學文化資源研究中心
出　　版　花木蘭文化出版社
發 行 所　花木蘭文化出版社
發 行 人　高小娟
聯絡地址　台北縣永和市中正路五九五號七樓之三
　　　　　電話：02-2923-1455／傳真：02-2923-1452
網　　址　http://www.huamulan.tw 信箱 sut81518@ms59.hinet.net
印　　刷　普羅文化出版廣告事業
初　　版　2009 年 9 月
定　　價　九編 20 冊（精裝）新台幣 31,000 元

司馬遷《尚書》學

古國順　著

作者簡介

古國順，桃園縣人，1939 年生。文化大學文學博士，臺北市立教育大學教授退休。曾兼任語文系主任、所長及學務長等職。著有《清代尚書著述考》、《清代尚書學》、《史記述尚書研究》、《文字學》、〈鄭樵之目錄學〉、〈章學誠之族譜學〉等。自推行母語教學以來，曾先後參與制定《臺灣鄉土語言課程綱要》、客語音標，編輯《客語能力認證考試基本詞彙》及部編本客家語教材等。並主編《客語教學叢書》。現任行政院客家委員會委員及教育部國語推行委員會委員。

提　　要

　　《尚書》在五經之中，離厄最甚。秦焚詩書，已亡其泰半，漢人所傳孔壁古文及今、古文之傳注，並皆散亡。而伏生所傳之經文，歷東晉梅賾偽古文之淆亂，及唐人衛包之改隸古本為今文，亦難睹其真相矣。自唐孔穎達據梅本作《正義》以來，通行至今，然已真偽雜廁，非復兩漢之舊觀矣。今欲探究西漢《尚書》原貌，唯於《史記》中尚可概見。司馬遷生當漢初，兼習今、古文，博覽墳籍，就其所見引入《史記》，徵引《尚書》者達六十八篇目，經、史對照，可資以推見漢初《尚書》之原貌。茲據以探究司馬遷之《尚書》學。

　　本書首先論述司馬遷之生平志業，並述《史記》在《尚書》學上之價值與地位。其次，述《史記》徵引《尚書》之範圍，皆臚舉其文，並歸納其徵述方式。第三，述《史記》引《尚書》文之條例：有迻錄原文、摘要剪裁等六例，皆廣徵其文為證。第四，述《史記》引今、古文《尚書》情形：就文字、章句、解說三方面舉述。第五，考述《史記》與《尚書》之異說，並推論其致異之由。第六，探討《史記》與〈書序〉之關係，經對比二者相承之跡至為明顯，並舉七例以證〈書序〉在前。第七、第八，分述司馬遷對《尚書》學之貢獻及影響。

　　附錄兩種，對了解《史記》、《尚書》之關係，可收提綱挈領之效。

目

次

自　序

　　《尚書》為遠古之政典，上明堯舜之盛世，下述三王之治績，「知人安民」，「彝倫攸敍」，訓誥嘉猷，永垂法式。信七經之冠冕，百氏之襟袖也。

　　其書既尊，而其離厄亦最甚。秦燔詩書，亡其泰半，固不論矣，即漢人所傳孔壁古文及今古文傳注，皆告散亡；而伏生所傳，歷偽古文之淆亂、天寶之改字，亦難睹其真相矣。今欲尋漢人《尚書》之遺緒，舍輯佚而外，則研究司馬遷之《尚書》學，諒為可行之津逮也。

　　兩漢今古文之傳注，清儒輯之已備，而探究司馬遷一家之《尚書》學者，則屬少見。竊謂司馬遷雖不以經學名世，然其生於史學世家，博覽墳典，兼習今古文；且其繼為太史之後，又多見史記石室金匱之書，故其撰述《史記》，即多本於六藝，且以「紹明世、正易傳，繼春秋、本詩書禮樂之際」及「厥協六經異傳」自任，其採於《尚書》者，為數亦甚為可觀。以今所見，其於〈書序〉所載八十一篇之目，徵述者達六十八篇，除伏書各篇全部述及外，引及孔壁古文者十篇，其外二十九篇，皆漢世所不行，且此二十九篇中之二十篇，亦為先秦典籍所未引。至於晚書二十五篇之文，則概所未及，即此，亦可知其價值矣。且其引述《尚書》之文，除直錄者外，或文有增損，字有假借，義有補綴，及或隨筆竄易，皆成一家之言。昔馮班謂《史記》所載《尚書》，即太史公之書傳，洵可謂知言矣。況《史記》撰作時，唯歐陽氏之《尚書》行世，二夏侯猶在其後，故即以時代之近古論之，《史記》所載者，亦彌足珍貴也。

　　清儒段玉裁撰《古文尚書撰異》，嘗據《史記》以辨別今古文，孫星衍撰《尚書今古文注疏》，亦採《史記》甚備，然以《史記》皆古文說：皮錫瑞《今

文尚書考證》，於《史記》所載異文，除以訓詁字易經者外，多斷爲今文說；吳汝綸撰《尚書故》，一以《史記》解經，然於經史異文之故，又未嘗辨析，諸家亦未專述司馬遷一家之《尚書》學。皮錫瑞嘗有《史記引尚書考》之作，惜未見付梓。近年來，欣見學者間有討論及此者，或考其所徵，或述其文例，皆就某一專題以立論，間有闡述司馬遷之《尚書》說者，亦徵引未詳。余不自揆量，嘗取《史記》引述《尚書》之文，撰爲《史記述尚書研究》，以資討論。然是書主於考文校義，隨條疏證。爰更爲董理，類別區分，以明其梗概，述《司馬遷尚書學》。全文區分九章：

第一章，司馬遷與《尚書》學：《尚書》流傳既久，淆亂亦甚，今之所傳，已失原貌，因述其流傳及混淆情形，並說明《史記》在《尚書》學上之價值；次述司馬遷之生平志業，並闡述其在《尚書》學上之地位，以啓後文。

第二章，《史記》徵引《尚書》之範圍：《史記》所引，除伏生所傳者外，尚及逸古文，此兩類曾行於漢世，自爲司馬遷所親見。亦有篇名在僞古文中者，有篇名僅見於百篇〈書序〉者，有篇名在百篇〈書序〉之外者，有今《史記》未錄而應補者，皆列舉其文，並歸納其引述之方法。

第三章，《史記》引《尚書》文述例：就《史記》引述《尚書》文之內容，分爲迻錄原文、摘要剪裁、訓詁文字、繙譯文句、改寫原文、增插注釋六例，並廣徵其文以證明之。

第四章，《史記》述今古文《尚書》考：《史記》所述《尚書》，以今文爲主，然亦間有用古文者，除班固所舉五篇外，尚多有之。茲就文字、章句、解說三方面舉而述之，以探其眞象。

第五章，《史記》《尚書》異說考：《史記》引述《尚書》之文，文字或有改易，義則少殊，然亦間有取義與今本《尚書》立異者，此在當日諒別有所見，或是或非，均見其取捨材料之態度，而爲研究司馬遷《尚書》學之重要問題。茲舉其大者，並推闡其致異之由。

第六章，《史記》與〈書序〉：《史記》犖括《尚書》篇意，文字或與〈書序〉悉同，或略有增損改易，其相承之跡至爲明顯，學者或以爲《史記》用〈書序〉，或以爲〈書序〉據《史記》、此爲經學史上之公案，茲據所見以辨析之。

第七章，司馬遷對《尚書》學之貢獻：司馬遷之徵引《尚書》，範圍既廣，別擇亦精，且其時代近古，所據資料尚稱完整，自有其特別之貢獻。茲就佐

助校勘、解釋經義、補充經義、證成經說、保存佚文五項以闡發之。

第八章，司馬遷《尚書》學之影響：司馬遷之《尚書》學，既可視為一家之經說，而《尚書》、《史記》又為歷代從學者必讀之書，則其影響自為深遠，茲就《尚書》學、史學、文學三方面以闡述之。

第九章，結論：綜合各章之研究結果，並略陳研究之感想。至於行文之準則，則見於凡例。

入學以來，承諸師之訓誨，霑漑既廣，本文之撰作，復蒙胡師之指導，受益尤深。今雖奮其駑鈍，勉成此篇，惟聖經賢史，旨遠意深；余見聞未廣，識慮難周，罣誤在所不免，尚祈博雅君子，幸垂教焉。

中華民國七十四年五月二十日古國順謹識於華岡

凡　例

一、本文所據底本，《尚書》用藝文影印清嘉慶二十年江西南昌府學刻《十三
　　經注疏》本，《史記》用國立中央圖書館藏清同治五年至九年金陵書局刻
　　本。

二、凡引用昔賢著述，一律稱其姓名，惟於時賢則或稱其字號，並加先生二
　　字以別之；稱引師說則加師字，以示尊崇。

三、凡引用前賢著述，首次出現時用全稱，並於其上冠以作者姓名；以下則
　　或用簡稱，並於首次出現時註明之。

四、凡引用前賢成說，必舉其姓名或書名，以示不敢掠美，並便於覆案。

五、凡說解文字之聲韻，聲類據黃季剛先生四十一紐，韻類據《廣韻》，古聲
　　類用清以來錢大昕等成說，古韻類則以段玉裁十七部爲準。

第一章　司馬遷與《尚書》學

六經以《尚書》最古，亦以《尚書》之涵蘊最廣，爲用至宏。蓋其書備記遠古之政理，二帝三王之嘉謨嘉猷悉在其中，學者可資以通方知遠，因革損益，實吾國文化之泉源，施政立教之大本，而稽古之先務也。又其文辭簡樸，旨遠意醇，令人三復而玩味無窮；且後世詔令章奏之文，書說誥語之體，皆濫觴於此，斯又文章之奧府，翰藻之淵藪也。

秦火以後，《尚書》傳自伏生，其徒歐陽、大、小夏侯三家皆立於學官。漢景帝時，又有古文《尚書》出於孔壁，傳習之者，賈逵、馬融、鄭玄，皆各自名家。司馬遷世掌天官，繼爲太史，雖不以《尚書》傳教，然其撰《史記》，述唐虞及三代事，多據《尚書》，其間或文有增損，字有通假，或隨文增釋改寫，此在當日，必有所據。今兩漢《尚書》經說皆亡，而司馬遷所徵述者，獨賴《史記》以存。故《史記》所載，不僅可見司馬遷一家之《尚書》學，亦可藉以窺見漢初《尚書》說之端倪矣。本章分爲三節：首就《尚書》之流傳情形，以明今所傳者已非伏、孔之舊，次述司馬遷之生平志業，末節則闡述司馬遷在《尚書》學上之地位。

第一節　《尚書》之流傳及今古文之混合

《尚書》嘗經孔子編訂，以爲施教之本。其在先秦，傳習者或摘其大義，以爲立身之準則，或述其史跡，以作論事之依據；而傳注者，未之或聞。秦時焚書，博士伏生壁藏其書，其後兵火起，流亡。漢定，伏生求其書，亡數十篇，獨得二十九篇，即以教於齊魯之間，由是學者頗能言《尚書》，諸山東

大師，無不涉《尚書》以教矣。〔註1〕

千乘歐陽生，事伏生，授倪寬，於武帝時為博士，是為《尚書》立博士之始；宣帝時，大、小夏侯之學，皆立為博士。〔註2〕自是，歐陽、大小夏侯之學，代立學官，以迄東漢之季。蔡邕刻石，亦據今文《尚書》，〔註3〕皆今文《尚書》之學也。

三家之書，率借經論政，不重訓詁，迨漢、魏間，鄭、王之注盛行，其學漸微；至永嘉之亂，則並亡佚。

景帝時，又有先秦古文《尚書》出孔壁中，以其為古文所書，故稱古文《尚書》。《史記‧儒林傳》、劉歆〈移太常博士書〉、王充《論衡》、《漢書‧藝文志》皆載其事。《論衡‧正說》篇云：

> 至孝景帝時，魯共王壞孔子教授堂以為殿，得百篇《尚書》於牆壁
> 中。武帝使使者取視，莫能讀者；遂秘於中，外不得見。

《漢書‧藝文志》記載較詳，謂孔安國悉得其書，以考二十九篇，得多十六篇，安國獻之，遭巫蠱事，未列于學官。然其以為武帝末，恐非，閻若璩《古文尚書疏證》（以下或簡稱《疏證》）（卷一）已辨之。又其說安國獻之，亦誤，閻氏《疏證》據荀悅《漢紀》證知為「武帝時，孔安國家獻之」，是也。

以多出之十六篇乃真古文，馬融、鄭玄、杜預皆謂之逸書。古文《尚書》僅於平帝時一度詔立學官，莽滅遂廢。後漢古文雖盛，然皆行於民間，不立學官，詔策章奏，皆用博士所習，熹平石經，亦採學官之本，故傳述之者，究不如今文之盛。漢末迄魏，惟馬氏《書傳》多用古文家言，而鄭氏及王肅《書注》，則兼採今古文，三家又皆不為古文作注，故建武之際，即亡〈武成〉一篇，〔註4〕餘篇蓋亡於永嘉之亂。〔註5〕然《隋書‧經籍志》尚著錄《尚書》逸篇二卷，《新唐書》有徐邈注《逸書》三卷，則唐時猶有殘存者也。

河間獻王及扶風杜林亦有古文《尚書》，惟皆不傳。〔註6〕又有百兩篇本《尚書》者，出東萊張霸，成帝時，持與中書校之，非是，遂佚而不傳。〔註7〕

〔註1〕 見《史記‧儒林傳》。
〔註2〕 見甘露二年〈宣帝紀〉。
〔註3〕 見《後漢書‧蔡邕傳》。
〔註4〕 見〈武成篇〉，《正義》引鄭玄說。
〔註5〕 見《經典釋文‧序錄》。
〔註6〕 見〈景十三傳〉及《後漢書‧儒林傳》。
〔註7〕 《漢書‧儒林傳》、《論衡‧正說篇》皆載其事。

　　魏晉時已有《孔傳》行世，與梅本異，無僞作之二十五篇，劉師培考定
爲王肅僞作，其書亦亡於永嘉之亂。〔註8〕

　　僞作而影響深遠者，則推東晉梅賾所獻之本，《經典釋文·序錄》、《隋書·
經籍志》、孔穎達《尚書正義》（以下簡稱《正義》或《書疏》）皆載此事。《隋
書·經籍志》云：

> 晉世秘府所存，有古文《尚書》經文，今無有傳者。及永嘉之亂，
> 歐陽、大、小夏侯《尚書》並亡。……至東晉，豫章內史梅賾，始
> 得安國之傳奏之。時又闕〈舜典〉一篇。齊建武中，吳姚方興於大
> 桁市得其書，奏上，比馬、鄭所注多二十八字，於是始列國學。

　　梅氏所奏《孔傳》共五十八篇，其三十三篇與今文同，即從〈堯典〉「愼
徽五典」以上，加「曰若稽古帝舜，曰重華，協于帝。濬哲文明，溫恭允塞；
玄德升聞，乃命以位」二十八字，〔註9〕別爲〈舜典〉。又自〈皋陶謨〉析出
〈益稷〉，並分〈盤庚〉爲三篇。其餘二十五篇則爲今文所無。是梅本已眞僞
雜厠矣。

　　《晉書·荀崧傳》紀東晉元帝時所立太學博士，已有古文《尚書》孔氏，
其書蓋即梅氏所獻之本。至齊梁之際，已有引述者；〔註10〕自陸德明據以作
〈釋文〉，孔穎達據以作《正義》，梅氏五十八篇本遂定於一尊矣。唐以來，
雖疑經惑古，惟劉知幾仍以《尚書》列爲六家之首，未言其僞。自宋吳棫始
有異議，朱子亦稍稍疑之，元吳澄等相繼抉擇，其僞益彰。明梅鷟又參考諸
書，證其剽竊。至淸閻若璩，乃引經據古，一一陳其矛盾之故，晚出古文之
僞，終成定讞，毛奇齡等雖百計爭軋，亦莫能翻其覆。然其書相傳既久，孔
氏《正義》、蔡沈《書集傳》（以下簡稱《集傳》）均用《孔傳》本，各朝據以
課士，傳習者眾；其書多綴輯佚經成文，僞中有眞；且書中言心、言性、論
學、論政之語，其旨不悖於倫理，故焦理堂謂，即以魏晉人傳注視之，亦足
與何晏、杜預等書並存，斷無可廢之理也。

　　惟梅本與今文相同各篇，實已今古文混合，非伏、孔之舊矣。蓋永嘉之
亂，歐陽、大小夏侯及逸書古文均亡，梅氏奏書時，惟馬、鄭、王本盛行，

〔註8〕　見《劉申叔先生遺書·尚書源流考》一文；周鳳五先生《僞古文尚書問題重
　　　　探》一書亦有此說；黃彰健先生《經今古文學新論》中，辨析尤詳。
〔註9〕　今〈舜典〉始於梅賾，增「曰若」至「協于帝」，始於姚方興，增以下十六字
　　　　則在姚氏之後至開皇之初。阮氏〈校勘記〉疑此十六字爲劉炫所加。
〔註10〕　見《僞古文尚書問題重探》所引諸家說。

然三家所傳，亦非古文之舊。《漢書‧藝文志》稱劉向以壁中古文校歐陽、大小夏侯三家經文，〈酒誥〉脫簡一，〈召誥〉脫簡二，文字異者七百有餘，脫字數十。則其所脫之字必依今文本補之，遂致今古混淆矣。又馬、鄭諸家作注時，必改從通行之本，並依師讀改字，觀今存三家逸文，用字間有不同，則其差異視劉向校書時爲尤大矣。而今傳梅本，文字與馬鄭王三家又多所立異。若謂梅本所據爲魏石經本，然據今出土魏石經殘字以校，亦多有未合。若謂梅本所據爲晉世祕府所藏本，則束皙所見晉祕府本〈盤庚〉「將治亳殷」作「將始宅殷」，亦與梅本不同，則梅本經文之淆亂可知矣。

況梅本原以隸古字書之，其後又有改作今字者，蓋自范甯爲《集注》，改作今字，後之傳寫者從而改之，遂又有今古文之別矣。《隋志》有《古文尚書》十三卷，《今字尚書》十四卷，則知隋以前梅本已今古文並行。六朝之儒，傳古文者多，傳今文者少；今文自顧彪外，不少概見；李巡、徐邈、陸德明皆爲古文作音，孔穎達《正義》出自二劉，蓋亦用古文本，如塗之爲斁，云之爲員是也。故阮元謂衛包之改古從今，乃改陸、孔而從范、顧，非創始爲之也。〔註11〕然自是以來，不惟兩漢之傳本盡失，即六朝隸古文之原貌亦不可見矣。

今若欲上溯西漢，當求伏生大傳及歐陽、大小夏侯之書，然大傳及三家書並亡，輯本亦非完足，故清儒轉從《史記》求之；以《史記》採《尚書》之文獨多，且司馬遷之時代較大小夏侯尤早，故《史記》所引《尚書》，當爲研究西漢《尚書》最寶貴之資料也。

第二節　司馬遷之生平及其志業

司馬遷之生平及其志業，與《尚書》學關係密切，茲據〈太史公自序〉（以下簡稱〈自序〉）爲主，並旁考諸家，略述如後：

一、生　平

司馬遷，字子長。

案：子長之字，見於《法言‧寡見篇》、〈君子篇〉，又見《論衡‧超奇》、〈變動〉、〈須頌〉、〈案書〉諸篇及《漢紀》、《後漢書》、潘岳〈西征賦〉。

〔註11〕阮氏說見《尚書注疏校勘記‧序》。

又《文選》載其〈報任安書〉，亦著司馬子長，魏收〈上魏書啓〉亦稱之。

漢左馮翊夏陽人也。

案：〈自序〉稱「遷生龍門」，張守節《史記正義》（以下簡稱《正義》）
云：「龍門山，在夏陽縣，遷即漢夏陽縣人也。」

其先，為周室之太史。父談，為太史公，學天官於唐都，受《易》於楊河，
習道論於黃子。太史公仕於建元、元封之間，愍學者之不達其意而師悖，乃
論〈六家要旨〉。

案：見〈自序〉。

景帝中元五年（西元前 145 年）生，

案：見王國維〈太史公行年考〉（以下或簡稱〈行年考〉）、鄭鶴聲〈司馬
遷年譜〉及楊師家駱〈司馬氏世系及談遷父子年譜〉，周虎林先生〈司馬
遷與其史學〉又取〈李將軍列傳〉以佐此說。

耕牧河山之陽。

案：見〈自序〉。

年十歲，則誦古文，

案：見〈自序〉。司馬貞《史記索隱》（以下或簡稱《索隱》）引劉伯莊說，
謂即《左傳》、《國語》、《世本》等書。王國維〈行年考〉謂是時公或隨
父在京師，故得誦古文矣。由此可知史遷自幼習古文，於日後之著述必
大有裨益。

二十歲而南游江淮、上會稽、探禹穴、窺九疑，浮於沅、湘，北涉汶、泗；
講業齊、魯之都，觀夫子之遺風，鄉射鄒、嶧。戹困鄱、薛、彭城，過梁、
楚以歸。

案：見〈自序〉。觀史遷所述游踪，皆歷史重要遺跡，而所至亦有所獲。
如〈孔子世家〉云：「余適魯，觀仲尼廟堂、車服、禮器；諸生以時習
禮其家。余低迴留之。不能去云。」〈孟嘗君列傳〉云：「吾嘗過薛，其
俗里率多暴桀子弟，與鄒、魯殊。」〈春申君列傳〉云：「吾適楚，觀春
申君故城宮室，盛矣哉！」〈屈原賈生列傳〉云：「余適長沙，觀屈原所
自沉淵。」又〈伯夷列傳〉云：「余登箕山，其上蓋有許由冢云。」〈蒙
恬列傳〉云：「吾適北邊，自直道歸，行觀蒙恬所為秦築長城亭障，塹

山堙谷，通直道，固已輕百姓力矣。」凡此，皆爲後日撰《史記》之資料。

並從孔安國學古文《尚書》。

案：《漢書·儒林傳》稱「司馬遷亦從孔安國問故，遷書載〈堯典〉、〈禹貢〉、〈洪範〉、〈微子〉、〈金縢〉諸篇，多古文說」；王國維〈行年考〉云：「安國爲博士，當在元光、元朔間。考褚大亦以時爲博士，至元狩六年猶在職。然安國云蚤卒，則其出爲臨淮太守，亦當在此數年中。時史公年二十左右，其從安國問古文《尚書》，當在此時也。」

於是遷仕爲郎中，奉使西征巴蜀以南，南略邛、筰、昆明，還報命。

案：〈自序〉不載遷爲郎中之年月，〈行年考〉謂大抵在元朔、元鼎間，年三十歲左右。又〈武帝紀〉，元鼎六年定西南夷，置郡。史遷奉使，亦當在置郡後。

是歲，天子始建漢家之封，而太史公（談）留滯周南，不得與從事，故發憤且卒。而子遷適使反，見父於河、洛之間。太史公執遷手而泣，勉以論著之事。遷俯首流涕曰：「小子不敏，請悉論先人所次舊聞，弗敢闕。」

案：見〈自序〉。王國維〈行年考〉以爲事在元封元年（西元前 110 年）；瀧川資言〈太史公年譜〉同。史遷於此年承先人遺命撰文，時年三十六歲。

談卒三歲，而遷爲太史令。紬史記石室金匱之書，論次其文。

案：見〈自序〉。索隱引博物志：「太史令，茂陵顯武里大夫司馬遷，年二十八。」二當爲三之訛。時爲元封三年（西元前 108 年）。

元封四年（西元前 107 年），扈蹕巡游，北出蕭關，歷涿鹿、鳴澤，自代而還。

案：見《漢書·武帝紀》；〈五帝本紀〉：「余北過涿鹿」，當指此行。

太初元年（西元前 104 年），與中大夫公孫卿、壺遂，議改曆法，受詔總其事。太初紀元改用夏正；時年四十二。

案：見《漢書·律歷志》。又〈自序〉云：「五年而當太初元年，十一月甲子朔旦冬日，天曆始改，建於明堂，諸神受紀。」

《史記》之作，蓋始於此。

案：〈自序〉云：「太史公曰：『先人有言，自周公卒五百歲而有孔子；孔

子卒後，至於今五百歲。有能紹明世，正《易傳》，繼《春秋》，本《詩》、《書》、《禮》、《樂》之際，意在斯乎！意在斯乎！小子何敢讓焉！』……於是論次其文。」王國維〈行年考〉謂造歷之事畢，述作之功乃始也。趙翼《廿二史劄記》說同。

天漢二年（西元前 99 年），將軍李陵以孤軍深入匈奴，戰敗被俘，公為辨解，武帝以為沮貳師將軍李廣利，為陵游說，下獄論罪。

　　案：見〈李將軍傳〉、〈匈奴列傳〉、〈漢武帝紀〉及〈李陵傳〉。

次年，坐以腐刑，時年四十八。

　　案：〈自序〉：「七年而太史公遭李陵之禍，幽於縲紲。」徐廣曰：「天漢三年」；《正義》說同。

時《史記》草創未成，遂忍辱以冀其成。

　　案：見〈報任安書〉。

太始元年（西元年 96 年），出獄為中書令，尊寵任職。

　　案：見《漢書》本傳。

至征和二年（西元前 91 年），草稿初成，時年五十五。

　　案：〈報任安書〉云：「僕近自託於無能之辭，網羅天下放失舊聞，考之行事，稽其成敗興壞之理，凡百三十篇。」此書未計全書字數，蓋此時僅草稿初成，尚待補充修飾也。趙翼以〈報任安書〉作於此年，程金造曾證之，〔註12〕茲從其說。

約卒於漢昭帝始元元年（西元前 86 年）。

　　案：王國維考郭穰於次年（西元前 85 年）已為中書謁者令，謂遷時必已去官，或前卒矣，故始定本年為遷卒歲。茲從之。

公既卒後，其書稍出；宣帝時，其外孫平通侯楊惲祖述其書，遂宣布焉。

　　案：見《漢書》本傳。

所著除《史記》外，有《太初曆》、〈報任安書〉、〈悲士不遇賦〉。又《太平御覽》載有〈素王妙論〉，皇甫謐《高士傳》載有〈與摯伯陵書〉。又《隋志·別集類》有漢中書令《司馬遷集》一卷。今除《史記》外，惟存〈報任安書〉、

────────────

〔註12〕見所著〈司馬遷生年卒年之商榷〉，《史記論文選集》頁 127，長安出版社印行。

〈與摯伯陵書〉及〈悲士不遇賦〉。

　　案：自太初曆頒行以來，雖曆數屢變，除魏明帝、僞周武氏外，無敢復
　　用亥、子、丑三正者，其影響可謂深遠矣。〈報任安書〉見《漢書》本傳
　　及《文選》；〈悲士不遇賦〉見《藝文類聚》卷三十及《全漢文》，陶靖節
　　〈感士不遇賦序〉及劉孝標〈辨命論〉俱稱之，是六朝人已視爲公作，
　　然其辭義不足以與公他文相稱。《素王妙論》亦見《困學紀聞》（第二十）
　　及《全漢文》，《史記·越王句踐世家·集解》、《北堂書鈔》卷四十四、《太
　　平御覽》卷四〇四及四七二亦各引一條；又《隋志·子部五行家》，載梁
　　有太史公《素王妙義》二卷，亡；〈與摯伯陵書〉又見《太平御覽》（五
　　百八）及《全漢文》，《陝西通志》亦載之。王國維以《素王妙論》爲魏
　　晉人所依託，楊師家駱疑爲楊惲所作。

史公子姓無考。《漢書》本傳：「至王莽時，求封遷後爲史通子。」是史公有
後也。女適楊敞，即楊惲母也。

　　案：《漢書·楊敞傳》：「敞子忠，忠弟惲，惲母，司馬遷女也。」

史公交遊，據《史記》所載：有周生，見〈項羽本紀·贊〉；李廣，見〈李將軍
傳·贊〉；郭解，見〈游俠傳〉；馮遂（字王孫），見〈張釋之馮唐列傳〉及〈趙
世家〉；田仁，見〈田叔列傳〉；壺遂，見〈韓長孺列傳〉及〈自序〉；蘇建，見
〈衛將軍驃騎列傳〉；董生，見〈自序〉。《漢書》所載：有臨淮太守孔安國，騎
都尉李陵，益州刺史任安。皇甫謐《高士傳》所載：有處士摯峻（字伯陵）。孔
安國爲尚書博士，兼通今古文，對史公之《尚書》學，必有極大之影響。

　　案：《史記》所載，除上列五人外，〈屈原賈生列傳〉有賈嘉，〈刺客列傳〉
　　有公孫季功、董生，〈樊酈滕灌列傳〉有樊它廣，〈酈生陸賈列傳〉有平
　　原君子（朱建子）；然公孫季功、董生曾與秦夏無且遊。考荊軻刺秦王之
　　歲，下距史公之生凡八十三年，二人未必能及見史公，道荊軻事。又樊
　　它廣及平原君子，行輩亦遠在史公前。王國維謂此三傳所記「史公」，或
　　追記父談語也。茲從其說，而附誌於此。

二、志　業

　　司馬遷爲太史令，職司記載當時史事；撰著通史，原非其職責所在，而
其能歷盡艱難，始終以之，至蒙李陵案之冤曲，身繫圄圖，慘遭戮辱，猶能

堅忍不辭者，實以其心中秉持崇高之理想與強烈之責任感使然。易言之，即以撰著貫穿古今之通史爲其志業，此一志業即代表司馬遷全部生命之意義與生活之目的，此在〈自序〉中，時可概見。

此志業之萌發，蓋得之於父命。〈自序〉紀其父之遺命云：

> 是歲，天子始建漢家之封，而太史公留滯周南，不得與從事，故發憤且卒；而子遷適使反，見父於河、洛之間。太史公執遷手而泣曰：「余先，周室之太史也，自上世嘗顯功名於虞夏，典天官事，後世中衰，絕於予乎！汝復爲太史，則續吾祖矣。……余死，汝必爲太史；爲太史，則無忘吾所欲論著矣。」

可知其父談嘗以不能紹述祖業爲憾，欲其子繼其遺志也。而其所欲論著者果何在乎？〈自序〉又云：

> 且夫孝，始於事親，中於事君，終於立身，揚名於後世，以顯父母，此孝之大者。夫天下稱頌周公，言其能論歌文武之德，宣周邵之風，達太王、王季之思慮，爰及公劉，以尊后稷也。幽厲之後，王道缺，禮義衰；孔子修舊起廢，論《詩》《書》，作《春秋》，則學者至今則之。自獲麟以來，四百有餘歲，而諸侯相兼，史記放絕。今漢興，海內一統，明主賢君，忠臣死義之士，余爲太史而弗論載，廢天下之史文，余甚懼焉，汝其念哉！

觀此，則知太史談原以法孔子論《詩》《書》、作《春秋》之統緒，修述史文爲職志，知弗能爲已，乃以此意命子，故史遷聞命而俯首流涕曰：「小子不敏，請悉論先人所次舊聞，弗敢闕！」史遷之所以俯首流涕，實亦有感於使命之莊嚴也，故而生死不渝，念茲在茲。元封三年，遷繼爲太史，即紬史記石室金匱之書，以論次其文，且云：

> 先人有言：自周公卒，五百歲而有孔子，孔子卒後，至於今五百歲，有能紹明世，正《易傳》，繼《春秋》，本《詩》《書》《禮》《樂》之際。意在斯乎！意在斯乎！小子何敢讓焉。

此不僅以傳經自任，實亦以紹述儒家道統自期矣！〈自序〉又紀其對壺遂問孔子作《春秋》之義曰：「余聞董生曰：周道衰廢，孔子知言之不用，道之不行也，是非二百四十二年之中，以爲天下儀表；貶天子，退諸侯，討大夫，以達王事而已矣！子曰：我欲載之空言，不如見之於行事之深切著明也。夫《春秋》，上明三王之道，下辨人事之紀；別嫌疑，明是非，定猶豫，善善、惡惡，賢賢、

賤不肖，存亡國，繼絕世，補敝起廢，王道之大者也。」則其著《史記》之意，蓋有取於斯矣。若云「漢興以來，至明天子，獲符瑞、封禪、改正朔，易服色，受命於穆清，澤流罔極；海外殊俗，重譯款塞，請來獻見者不可勝道；臣下百官，力誦聖德，猶不能宣盡其意。」而欲作《史記》者，則以「伏羲至純厚，作易八卦；堯舜之盛，《尚書》載之，《禮》《樂》作焉；湯武之隆，詩人歌之；《春秋》采善貶惡，推三代之德，褒周室。非獨議刺而已也。」故曰：

> 士賢能而不用，有國者之恥；主上明聖而德不布聞，有司之過也。
>
> 且余嘗掌其官，廢明聖盛德而不載，滅功臣世家賢大夫之業不述，
>
> 墮先人所言，罪莫大焉。

既懍於斯，故遭李陵之禍，幽於縲絏，猶能效法聖賢發憤述作之意；並藉此以抒其鬱結之氣，因「述往事，思來者，於是卒述陶唐以來至於麟止」也。又〈報任安書〉云：

> 僕竊不遜，近自託於無能之辭，網羅天下放失舊聞，考之行事；稽
> 其成敗興壞之理，凡百三十篇，亦欲以究天人之際，通古今之變，
> 成一家之言。草創未就，適會此禍，惜其不成，是以就極刑而無慍
> 色。僕已著此書，藏之名山，傳之其人，通都大邑，則僕償前辱之
> 責，雖萬被戮，豈有悔哉！

故自李陵之禍後，維繫史公生命之動力，實此著述之志業也。

司馬遷生於太史世家，幼承家學，熟讀墳典，並誦古文。弱冠，遊歷南北，兼以奉使扈蹕，足跡遍中國。及奉父遺命，遂以撰著為志業。年三十八，為太史令，即紬史記石室金匱之書，論次其文。《漢書》本傳稱其資《左氏》、《國語》、《世本》、《戰國策》，然其〈本紀〉及魯、宋、晉諸〈世家〉所紀，實多本於《尚書》。自太初元年肇述，至天漢二年遭李陵之禍，而草創未就，恨私心有所不盡，鄙沒世而文采不彰於後，有辱使命，遂甘下蠶室，以冀其成。及書成，志業已就，無何而遷亦卒。跡其生平，似為撰述《史記》而生者。《史記》之成，不僅燭照吾國上古之史，亦賡續儒家道統，而其《尚書》之學，亦藉以流傳，以為今日研究之資焉。

第三節　司馬遷在《尚書》學上之地位

司馬遷作《史記》，上承孔子作《春秋》之統緒，兼有紹述六經之意，此

在〈自序〉中已明言之。故其書採錄經典，皆經別擇或詮釋，而自成一家之言。故司馬遷在我國學術史上，實兼括經史，而為經分家之樞紐。就其鎔《尚書》於《史記》之成就觀之，知其在《尚書》學中，自有其獨特之地位。茲試為言之：

一、保存漢初經文原貌

自漢以來，伏生始傳《尚書》，傳其學者，歐陽、大小夏侯三家皆立於學官，盛極當世。然伏生《大傳》及三家之書今已散亡，且《尚書》自《孔傳》流行以來，重以天寶改字，傳於今者，非復西漢之原貌，西漢《尚書》之存於今者，惟《史記》尚可概見。司馬遷生當漢初，就其所見引入《史記》，故《史記》所載當不失漢初《尚書》之原貌。雖《史記》亦偶經後人竄改，然可藉他書以考求之，是司馬遷不失為漢初《尚書》經文之保存者也。

二、為西漢解經之家

司馬遷雖不以說經名世，然其經學造詣深邃，觀其所引《尚書》，或直錄其文，或訓詁其字，或繙譯其文，或改寫其句，或摘要剪裁，或增插注釋，皆折衷至當，成一家之言。故前人視之為司馬遷《尚書》說。今西漢《尚書》說已不多見，惟《史記》中保存者猶為完整，其說當為今日讀《尚書》者所珍視。

三、為兼通今古文之《尚書》學家

司馬遷受業於孔安國，孔安國本以今文《尚書》為博士，其後得孔壁古文《尚書》，史遷又從問故，故《史記》所載，今古文兼而有之，此實史遷兼通今古文之故也。故今日從《史記》中，不僅得見今文說，其古文說亦偶得見之，雖一鱗半爪，亦可供考校之資。

四、為辨偽之證人

晚出古文二十五篇，孔穎達取以作《疏》，蔡沈取以作《集傳》，二書以功令所繫，盛傳多時。其書之偽，自宋人疑之，明人抉之，至清人考辨，而偽跡益彰，閻若璩之考證，即頗有取於《史記》者，是司馬遷為辨偽古文之證人也。以今所知，今文二十九篇，司馬遷引其文者達二十二篇，其餘七篇亦述及其篇名，或述其行事大意；而偽古文二十五篇之文，則概未之及，即此一端，即可證晚出古文二十五篇之非真矣，史遷復起，亦足以為證也。

清人馮班有言：「尚書多古語，不易通，遷所載，頗易其文字，即太史公之書傳也。」此就其一端言之，已足語司馬遷在《尚書》學上之地位，今更條舉如上，皆就事實立論，然猶恐未足以盡史公之美也。

秦火既冷，《尚書》之學傳自伏生，習其學者歐陽、大小夏侯三家，皆立於學官，以迄東漢之終。東漢古文之學雖盛，然皆行於民間，故馬、鄭、王三家皆僅注伏生所傳之篇，魏晉間偽《孔傳》亦同。其間不免今古文混淆。自永嘉之亂，三家今文之學暨逸古文、魏晉偽《孔傳》皆亡，而梅賾所獻書，其合於今文各篇經文，既多與馬鄭本立異，且與偽造二十五篇雜厠，自唐以來，已眞偽莫辨。乃梅本復有今古文之別，自衛包改隸古本爲今文，而梅本古文之貌亦不可見矣。司馬遷生於漢初，據其所見引入《史記》，故據《史記》當可窺見西漢《尚書》原貌之一斑，且司馬遷兼習今古文，又其引述，凡遇艱奧字句，每以訓詁字易之，或經繙譯改寫，成一家之學。今西漢三家今文均亡，惟賴《史記》以保存者尚多，此亦司馬遷對《尚書》學之貢獻，並以此奠定其在《尚書》學上特殊之地位。若論其貢獻，則可述者尚多，請見第七章。

第二章　《史記》徵引《尚書》之範圍

　　司馬遷世爲太史，〈自序〉言：「漢興，蕭何次律令，韓信申軍法，張倉爲章程，叔孫通定禮儀，則文學彬彬稍進，《詩》《書》往往間出矣。自曹參薦蓋公言黃老，而賈生晁錯明申商，公孫弘以儒顯，百年之間，天下遺文古事，靡不畢集太史公。」又曰：「遷爲太史令，紬史記金匱石室之書。」是其爲《史記》，於當時尚存之書，靡不兼採矣。

　　司馬遷所採之書，潘師石禪〈《史記》導論〉及羅根澤〈從《史記》本書考《史記》本原〉二文中，列舉甚詳。其取材於《尚書》者尤多，即本書明言顯示者亦夥，如〈五帝本紀〉：「《尚書》獨載堯以來」；〈夏本紀〉：「自虞夏時貢賦備矣」；〈殷本紀〉：「自成湯以來，采於《書》《詩》」；〈三代世表〉：「至於《尚書》，則略無年月；或頗有，然多闕，不可錄。故疑則傳疑，蓋其慎也。……於是以《五帝》繫牒，《尚書》集世，紀黃帝以來訖共和爲世表」；〈伯夷列傳〉：「夫學者載籍極博，猶考信於六藝，《詩》《書》雖缺，然〈虞〉〈夏〉之文可知也」；〈大宛列傳〉：「故言九州山川，《尚書》近之矣」；皆自言採於《尚書》者也。

　　至於行文之間徵引《尚書》者，或迻錄其文，或檃括其義，或述其史事作意，或直稱其篇名，或稱《尚書》曰、《書》曰、《夏書》曰、《周書》曰者，所在多有。或明引、或暗用，日本瀧川資言《史記會注考證》（以下或簡稱《考證》）曾爲標注，然未周備，茲益以個人平日研究所得，按《尚書》篇名一一臚舉，以考見《史記》徵引《尚書》之範圍。（參見附錄一）

　　《尚書》百篇，有在伏生傳本中者，有在逸古文十六篇中者，有篇名爲僞古文所採者，有篇名僅見於百篇〈書序〉者。自明清以來，學者多申今古文眞僞之辨，茲亦據以區分節次焉。

第一節　合於今文二十九篇者

秦始皇三十四年，採丞相李斯之議，詔：「非博士官之職，天下敢有藏《詩》《書》百家語者，悉詣守尉雜燒之，有敢偶語《詩》《書》者，棄市。」自是之後，三十餘年間，雖偶有人稱說《詩》《書》，然未聞以《詩》《書》教授生徒者。文帝時，濟南伏生始以《尚書》傳授於鄉里，朝廷復遣鼂錯受業於伏生。惟伏生所傳，僅二十九篇而已。《史記‧儒林傳》云：

> 伏生者，濟南人也。故為秦博士。孝文帝時，欲求能治《尚書》者，天下無有；乃聞伏生能治，欲召之。是時伏生年九十餘，老，不能行；於是乃詔太常，使掌故朝錯往受之。秦時焚書，伏生壁藏之。其後兵大起，流亡。漢定，伏生求其書，亡數十篇，獨得二十九篇，即以教於齊魯之間，學者由是頗能言《尚書》。諸山東大師，無不涉《尚書》以教矣。

伏生所傳二十九篇之篇目，歷來頗有爭議，其關鍵在於〈泰誓〉之有無及〈顧命〉與〈康王之誥〉之分合。臧琳《經義雜記》、王引之《經義述聞》、龔自珍〈泰誓答問〉，均數〈泰誓〉在內。惟〈泰誓〉今已不傳，且《史記‧周本紀》有「作〈顧命〉、作〈康誥〉」之語，漢儒馬鄭王之本亦均以〈康王之誥〉與〈顧命〉分立，故今以〈康王之誥〉合為二十九篇，茲列其目如左：

一、〈堯典〉，二、〈皋陶謨〉，三、〈禹貢〉，四、〈甘誓〉，五、〈湯誓〉，六、〈盤庚〉，七、〈高宗肜日〉，八、〈西伯戡黎〉，九、〈微子〉，十、〈牧誓〉，十一、〈洪範〉，十二、〈金縢〉，十三、〈大誥〉，十四、〈康誥〉，十五、〈酒誥〉，十六、〈梓材〉，十七、〈召誥〉，十八、〈洛誥〉，十九、〈多士〉，二十、〈無逸〉，廿一、〈君奭〉，廿二、〈多方〉，廿三、〈立政〉，廿四、〈顧命〉，廿五、〈康王之誥〉，廿六、〈費誓〉，廿七、〈呂刑〉，廿八、〈文侯之命〉，廿九、〈秦誓〉。

此二十九篇，均為史公所徵引，茲將其徵引情形，依次舉述如下：

一、堯　典（包括偽孔本舜典）

《史記》徵引〈堯典〉者凡七見：

（一）〈五帝本紀〉云：「帝堯者放勳……舜讓於德不懌。」又云：「正月上日，舜受終於文祖……三年，四方莫舉樂，以思堯。」又云：「於是舜乃至於文祖，謀於四嶽……南巡狩，崩於蒼梧之野。」按：此篇幾遍引〈堯典〉

之文，惟不載篇名，不述其作意，但徵引其文耳。至其引經情形，詳見附錄二：「《尚書》《史記》合鈔」（下同）。

（二）〈夏本紀〉云：「當堯之時，鴻水滔天……舜登用。」又云：「堯崩，舜謂四嶽曰：『有能成美堯之事者……』舜曰：『女其往視爾事矣。』」按：此亦引〈堯典〉之文也。

（三）〈殷本紀〉云：「帝舜乃命契曰：『百姓不親，五品不訓，汝爲司徒而敬敷五教，五教在寬。』」按：此亦〈堯典〉之文。

（四）〈周本紀〉云：「帝舜曰：『弃！黎民始飢，爾后稷，播時百穀。』」按：此亦〈堯典〉文也。

（五）〈高祖功臣侯年表・敘〉引《書》曰：「協和萬國。」

（六）〈律書〉引《書》曰：「七正。」

（七）〈封禪書〉引《尚書》曰：「舜在璇璣玉衡……五載一巡狩，禹遵之。」按：此三條並〈堯典〉之文也。

二、〈皋陶謨〉（包括僞孔本〈益稷〉）

《史記》徵引〈皋陶謨〉者凡兩見：

（一）〈夏本紀〉云：「皋陶述其謀曰……皋陶曰：『余未有知，思贊道哉。』」又云：「帝舜謂禹曰：『女亦昌言。』……帝拜曰：『然！往欽哉！』」此述舜禹之言及皋陶之謨，均本於〈皋陶謨〉篇。又云：「令益予眾庶稻可種卑濕，命后稷予眾庶難得之食，食少，調有餘相給，以均諸侯。」按：此亦檃括〈皋陶謨〉之文，皆不言作意，亦不載篇名，惟「皋陶述其謀曰」云云，即暗示以下爲〈皋陶謨〉之文也。

（二）〈司馬相如傳〉引《書》曰：「元首明哉，股肱良哉。」按：此文見於〈皋陶謨〉。

三、〈禹貢〉

《史記》徵引〈禹貢〉者凡三見：

（一）〈五帝本紀〉云：「唯禹之功爲大：披九山，通九澤，決九河，定九州，各以其職來貢，不失厥宜。」按：此檃括其文義，述其行事作意，惟不載篇名。

（二）〈夏本紀〉云：「禹……傅土，行山表木，定高山大川。」又云：「冀州：既載壺口，治梁及岐……於是帝錫禹玄圭，以告成功於天下。」按：

此文幾全錄〈禹貢〉。又云:「以開九州,通九道,陂九澤,度九山……相地宜所有以貢,及山川之便利。」按:此述其行事也。

　　(三)〈河渠書〉引〈夏書〉曰:「禹抑鴻水,十三年,過家不入門,陸行乘車,水行載舟,泥行蹈毳,山行即橋。以別九州。隨山浚川,任土作貢,通九道,陂九澤,度九山。」按:「此檃括〈禹貢〉之文並述其行事也。」又〈夏本紀·贊〉曰:「自虞夏時貢賦備矣。」羅根澤謂貢賦即〈禹貢〉,以〈禹貢〉言賦故云。〔註1〕今尋其文意,蓋指貢賦之制,非指《尚書·禹貢篇》也。

四、〈甘誓〉

　　《史記》徵引〈甘誓〉者凡兩見:

　　(一)〈夏本紀〉云:「有扈氏不服,啟伐之,大戰于甘。將戰,作〈甘誓〉。」按:此言其行事、作意,並載其篇名也。又云:「乃召六卿申之……予則帑僇女。」按:此幾全引〈甘誓〉之文。

　　(二)〈三代世表〉云:「帝啟伐有扈,作甘誓。」按:此亦述其行事作意,並載其篇名也。

五、〈湯誓〉

　　《史記》徵引〈湯誓〉者凡兩見:

　　(一)〈夏本紀〉云:「湯修德,諸侯皆歸湯,湯遂率兵以伐夏桀,桀走鳴條,遂放而死。」按:此述其行事也。

　　(二)〈殷本紀〉云:「……湯乃興師,率諸侯。伊尹從湯。……湯曰:『格女眾庶,來,女悉聽朕言。……予則帑僇女,無有攸赦。』以告令師,作〈湯誓〉。」按:此載篇名,述其行事作意,並錄其文也。

六、〈盤庚〉

　　〈殷本紀〉云:「盤庚渡河,南復居成湯之故居。迺五遷無定處,殷民咨胥皆怨,不欲徙,盤庚乃告諭諸侯大臣曰……帝〈盤庚〉崩,弟小辛立,……殷復衰,百姓思盤庚,迺作〈盤庚〉三篇。」按:此載其篇名。述其行事作意,並檃括其文也。又〈吳大伯世家〉及〈伍子胥傳〉亦稱其篇名,並檃括其文。

〔註1〕 見〈從史記本書考史記本原〉一文;原載《國立北平圖書館館刊》四卷二號,今收《史記論文集》中。

七、〈高宗肜日〉

《史記》徵引〈高宗肜日〉者凡兩見：

（一）〈殷本紀〉云：「帝武丁祭成湯，……繼常祀，毋禮于棄道。」又云：「帝武丁崩，子帝祖庚立，祖己嘉武丁之祥雉爲德，立其廟爲高宗，遂作〈高宗肜日〉及〈訓〉。」按：此載其篇名，述其行事作意，並錄其文也。惟此篇乃後人所作，《史記》以爲祖己所作，並作於祖庚之時，恐誤。

（二）〈封禪書〉云：「帝武丁得說爲相……有雉登鼎耳，武丁懼，祖己曰：『修德。』武丁從之，位以永寧。」按：此櫽括其文也。

八、〈西伯戡黎〉

《史記》徵引〈西伯戡黎〉者凡三見：

（一）〈殷本紀〉云：「及西伯伐飢國，滅之……祖伊反曰：『紂不可諫矣。』」按：此錄其文也。

（二）〈周本紀〉云：「明年，敗耆國，殷之祖伊聞之，懼，以告帝紂。紂曰：『不有天命乎？是何能爲！』」按：此錄其文也。

（三）〈宋微子世家〉云：「及祖伊以西伯昌之修德，滅阢國，懼禍至，以告紂，紂曰：『我生不有命在天乎！是何能爲。』」按：此並錄其文，且述其行事作意也。

九、〈微子〉

《史記》徵引〈微子〉者凡兩見：

（一）〈殷本紀〉云：「紂愈淫亂不止，微子數諫，不聽，乃與少師謀，遂去。」

（二）〈宋微子世家〉云：「於是微子度紂不可諫，欲死之，及去，未能自決，乃問於太師少師曰：『殷不有治政，不治四方……終不得治，不如去。』遂亡。」按：此並錄其文，且述其行事作意也。

十、〈牧誓〉

《史記》徵引〈牧誓〉者凡四見：

（一）〈殷本紀〉云：「……甲子日，紂兵敗，紂走入登鹿臺。」按：此櫽括〈牧誓〉之文也。

（二）〈周本紀〉云：「甲子昧爽，武王朝至于商郊牧野，乃誓。……其

于爾身有戮。」按：此幾全引〈牧誓〉之文。

（三）〈齊太公世家〉云：「居三年，紂殺王子比干，……十一年，正月甲子，誓于牧野。」按：此述其行事也。

（四）〈魯周公世家〉云：「（武王）十一年伐紂至牧野，周公佐武王，作〈牧誓〉。」按：此言其行事作意，並載其篇名也。

十一、〈洪範〉

《史記》徵引〈洪範〉者凡三見：

（一）〈周本紀〉云：「武王已克殷，後二年，問箕子殷所以亡，箕子不忍言殷惡，以存亡國宜告。武王亦醜，問以天道。」按：此述其行事作意也。

（二）〈宋微子世家〉云：「武王既克殷，訪問箕子，……箕子對曰：『在昔鯀陻鴻水……六曰弱。』」按：此幾全引其文。

（三）〈張釋之馮唐傳・贊〉引《書》曰：「不偏不黨，王道蕩蕩，不黨不偏，王道便便。」按：此〈洪範〉文也。

十二、〈金縢〉

《史記》徵引〈金縢〉者凡兩見：

（一）〈周本紀〉云：「武王病，天下未集，群公懼，穆卜，周公乃祓齋，自為質，欲代武王。武王有瘳，後而崩。」

（二）〈魯周公世家〉云：「武王克殷二年，天下未集，武王有疾不豫，群臣懼，太公召公乃穆卜……明日，武王有瘳。」又云：「武王既崩，成王少，在強葆之中……我之所以弗辟而攝行政者，恐天下畔周，無以告我先王。」又云：「東土以集，周公歸報成王，乃為詩貽王，命之曰鴟鴞，王亦未敢訓周公。」又云：「周公卒後，秋未穫……凡大木所偃，盡起而築之，歲則大熟。」按：此並述其行事作意，且錄其文也。又〈蒙恬傳〉載周公揃蚤禱河事，然其事為〈金縢篇〉所無，今不計入。

十三、〈大誥〉

《史記》徵引〈大誥〉者凡六見：

（一）〈殷本紀〉云：「武王崩，武庚與管叔蔡叔作亂，成王命周公誅之。」

（二）〈周本紀〉云：「初，管蔡畔周，周公討之，三年而畢定，故初作

〈大誥〉。」

（三）〈魯周公世家〉云：「武王既崩……管蔡武庚等果率淮夷而反，周公乃奉成王命。興師東伐，作〈大誥〉。」

（四）〈管蔡世家〉云：「武王既崩，成王少，周公旦專王室。管叔蔡叔疑周公之為，不利於成王，乃挾武庚以作亂，周公旦承成王命，伐誅武庚，殺管叔而放蔡叔。」

（五）〈宋微子世家〉云：「武王崩，成王少，周公旦代行政當國，管蔡疑之，乃與武庚作亂，欲襲成王周公，周公既承成王命，誅武庚，殺管叔，放蔡叔。」

（六）〈衛康叔世家〉云：「武王既崩，成王少，周公旦代成王治當國，管叔蔡叔疑周公，乃與武庚祿父作亂，欲攻成周，周公旦以王命興師伐殷，殺武庚、祿父、管叔，放蔡叔。」

按以上各篇皆不錄經文，除〈周本紀〉及〈魯世家〉兼載其篇名外，餘皆但述其行事作意。

十四、〈康誥〉

《史記》徵引〈康誥〉者凡七見：

（一）〈周本紀〉云：「初，管蔡畔周，周公討之，……次康誥、酒誥、梓材。」按：此載其篇名，述其行事作意也。

（二）〈魯周公世家〉云：「周公乃奉成王命……收殷餘民以封康叔於衛。」

（三）〈管蔡世家〉云：「周公旦承成王命，伐誅武庚，殺管叔而放蔡叔，遷之，與車十乘，徒七十人從，而分殷餘民為二：其一：封微子啟於宋，以續殷祀，其二；封康叔為衛君，是為衛康叔。」按：以上二條皆述其行事作意。

（四）〈衛康叔世家〉云：「周公旦以成王命興師伐殷，殺武庚、祿父、管叔，放蔡叔，以武庚殷餘民封康叔為衛君，居河淇間故商墟。」又云：「周公旦懼康叔齒少，乃申告康叔曰：必求殷之賢人君子長者，問其先殷所以興所以亡，而務愛民；告以紂所以亡者，以淫於酒；酒之失，婦人是用，故紂之亂自此始；為梓材，示君子可法則。故謂之〈康誥〉、〈酒誥〉、〈梓材〉以命之。」按：此載其篇名，並述其行事作意。

（五）〈三王世家〉云：「惟命不于常。」

（六）〈穰侯列傳〉引〈周書〉曰：「惟命不于常。」

按：此二條並〈康誥〉之文也。

（七）太史公〈自序〉云：「周德卑微，戰國既彊，衛以小弱，角獨後亡，嘉彼〈康誥〉，作〈衛世家〉。」按：此載其篇名也。

十五、〈酒誥〉

《史記》徵引〈酒誥〉者凡三見：

（一）見於〈周本紀〉。

（二）見於〈衛康叔世家〉。

（三）見於太史公〈自序〉。〈自序〉云：「收殷餘民，叔封始邑，申以商亂，〈酒〉〈材〉是誥。」

按：〈周本紀〉及〈衛康叔世家〉徵引之文，見前〈康誥篇〉。此云「收殷餘民，……以申商亂」者，即述其行事作意也。又稱「酒材是誥」，〈酒〉〈材〉即〈酒誥〉、〈梓材〉之簡稱也。

十六、〈梓材〉

《史記》徵引〈梓材〉者凡三見：同前〈酒誥篇〉。

十七、〈召誥〉

《史記》徵引〈召誥〉者凡兩見：

（一）〈周本紀〉云：「周公行政七年，成王長，周公反政成王，北面就群臣之位。成王在豐，使召公後營洛邑，如武王之意，周公後卜，申視，卒營築，居九鼎焉，曰：此天下之中，四方入貢，道里均，作〈召誥〉、〈洛誥〉。」按：此載其篇名，並述其行事作意也。

（二）〈魯周公世家〉云：「成王七年二月乙未，王朝步自周至豐，使太保召公先之雒相土，其三月，周公往營成周雒邑，卜居焉，曰吉，遂國之。」按：此櫽括〈召誥〉之文也。

十八、〈洛誥〉

按：《史記・周本紀》載其篇名，並述其行事作意，見〈召誥篇〉。又〈魯世家〉云：「成王長，能聽政，於是周公乃還政於成王。」則述本篇之行事也。故《史記》徵引〈洛誥〉者凡兩見。

十九、〈多士〉

《史記》徵引〈多士〉者凡兩見：

（一）〈周本紀〉云：「成王既遷殷遺民，周公以王命告，作〈多士〉、〈無佚〉。」按：此載其篇名，並述其事作意也。

（二）〈魯周公世家〉云：「及七年，還政成王……周公歸，恐成王壯，治有所淫佚，乃作〈多士〉，作〈毋逸〉。」又云：「〈多士〉稱曰……享國五十年，作此以誡成王。」按：此載其篇名，述其行事作意，並錄其文也。

二十、〈無逸〉（〈周本紀〉作〈無佚〉；〈魯世家〉作〈毋逸〉）

〈周本紀〉及〈魯周公世家〉均有徵引，見〈多士篇〉；又〈魯周公世家〉云：「〈毋逸〉稱……故祖甲享國三十三年。」按：此錄其文也。凡兩見。

廿一、君奭

〈燕召公世家〉云：「成王既幼，周公攝政，當國踐祚，召公疑之，作〈君奭〉。君奭不說周公，周公乃稱湯時有伊尹……於是召公乃說。」按：此載其篇名，述其行事作意，並錄其文也。

廿二、〈多方〉

〈周本紀〉云：「召公爲保，周公爲師，東伐淮夷。殘奄，還其君薄姑。成王自奄歸，在宗周，作〈多方〉。」按：此載其篇名，述其行事作意也。

廿三、〈立政〉

〈魯周公世家〉云：「成王在豐，天下已安，周之官政未次序，於是周公作〈周官〉。官別其宜，作〈立政〉。」按：此載其篇名，並述其行事作意也。

廿四、〈顧命〉

〈周本紀〉云：「成王將崩，懼太子釗之不在，乃命召公、畢公，率諸侯以相太子而立之。成王既崩，二公率諸侯以太子釗見於先王廟，申告以文王武王之所以爲王之不易，務在節儉，毋多欲，以篤信臨之，作〈顧命〉。」按：此載其篇名，節錄其文，並述其行事作意也。

廿五、〈康王之誥〉（〈周本紀〉作〈康誥〉）

〈周本紀〉云：「康王即位，徧告諸侯，宣告以文武之業以申之，作〈康

誥）。」按：瀧川資言《史記會注考證》，據日本花園天皇五年鈔本及南宋蔡夢弼刊本《史記》，康字下有王字，因以爲脫「王之」二字；簡朝亮《尚書集注述疏》（以下簡稱《述疏》）則以史公從〈書序〉而省文，則此載其篇名，並述其行事作意也。馬鄭王本此篇均與〈顧命〉分立，《論衡‧初稟篇》云：「〈康王之誥〉曰：『冒聞於上帝，帝休，王乃大命文王。』」亦與〈顧命〉分爲二篇。

廿六、〈費誓〉

〈魯周公世家〉云：「伯禽即位之後有管蔡等反也，淮夷徐戎亦並興反。於是伯禽率師伐之於肸，作〈肸誓〉。」按：此載其篇名，並述其行事作意也。《史記》作〈肸誓〉，《說文》則作〈柴誓〉，蓋皆同音假借也。又云：「陳爾甲冑，無敢不善，無敢傷牿……無敢不及，有大刑，作此〈肸誓〉。」按：此載其篇名，並節錄其文也。

廿七、〈呂刑〉（《史記》兩引並作〈甫刑〉）

《史記》徵引〈呂刑〉者凡三篇：

（一）〈周本紀〉云：「甫侯言於王，作脩刑辟。王曰：『吁來，有國有土，告汝祥刑……。』命曰〈甫刑〉。」按：此載其篇名，述其行事作意，並錄其文也。

（二）〈建元以來王子侯者年表‧敍〉云：「一人有慶，天下賴之。」按：此〈呂刑〉之文也。

（三）〈匈奴列傳〉云：「周穆王伐犬戎，得四白狼四白鹿以歸，自是以後，荒服不至，於是周遂作甫刑之辟。」按：《史記》作〈甫刑〉，《漢書‧刑法志》成帝詔，師古注云：「初爲呂侯，號曰〈呂刑〉，後爲甫侯，故又稱〈甫刑〉。」《孔疏》謂周宣王以後改呂爲甫；二說無據。崔述《豐鎬考信錄》（以下簡稱《考信錄》）謂呂與甫古通，乃傳寫異文。此宋人鄭樵《通志略》（卷二）已言之，是也；程元敏先生〈尚書呂刑篇之著成〉一文中，考之甚詳。

廿八、〈文侯之命〉

〈晉世家〉云：「天子（按：指襄王）使王子虎命晉侯爲伯，賜大輅……周作晉文侯命。王若曰……繼予一人，永其在位。」按：此載其篇名，述其行事作意，並錄其文也。惟《尚書‧文侯之命》乃平王命晉文侯仇之語，此文乃襄

王命文公重耳之事。《史記》與《尚書》異，此蓋史公之疏也，說詳第四章。

廿九、〈秦誓〉

〈秦本紀〉云：「三十六年，……繆公乃自茅津渡河，封殽中尸，發喪哭之三日，乃誓於軍曰：『嗟！士卒，聽無譁，余誓告汝。古之人，謀黃髮番番，則無所過，以申思不用蹇叔百里奚之謀。故作此誓，令後世以記余過。』」按：此述其行事作意，並檃括其文也。惟此謂封殽尸之後所作，與《左傳》及〈書序〉異，與《尚書·秦誓》文意亦有未合。

以上二十九篇，《史記》皆徵述及之，且有徵述達六次（〈大誥〉）、七次（〈堯典〉、〈康誥〉）者，足見此二十九篇為當時所通行，且極具史料價值，故屢見徵引也。

第二節　合於逸《書》十六篇者

漢景帝時於孔壁中發現先秦書簡一批，中有古文《尚書》，較伏生所傳多十六篇。《史記·儒林傳》、劉歆〈移太常博士書〉、王充《論衡》、《漢書·藝文志》皆載其事。惟《史記》僅言逸書得十餘篇；劉歆則言魯共王壞孔子宅，得古文於壞壁之中，《書》十六篇；王充言孝景帝時，魯共王壞孔子教授堂以為殿，得百篇《尚書》於牆壁中；班固則言武帝末，魯共王壞孔子宅，得古文尚書，以考二十九篇，得多十六篇。各家之說，不僅詳略不同，得書之時亦不一致，今據《史記·五宗世家》，魯共王薨於景帝二十六年（《漢書·景十三王傳》作薨於二十八年），則得書之時當在景帝之世也。此多出之十六篇，馬融、鄭玄、杜預皆謂之逸書，其篇目見於《尚書正義》（〈堯典〉）所引鄭注〈書序〉云：

> 〈舜典〉一，〈汩作〉二，〈九共〉九篇十一，〈大禹謨〉十二，〈益稷〉十三，〈五子之歌〉十四，〈胤征〉十五，〈湯誥〉十六，〈咸有一德〉十七，〈典寶〉十八，〈伊訓〉十九，〈肆命〉二十，〈原命〉二十一，〈武成〉二十二，〈旅獒〉二十三，〈冏命〉二十四。以此二十四為十六卷；以九共九篇共卷，除八篇，故為十六。

此十六篇（析之則為二十四篇）中，為史公所徵引者，有〈五子之歌〉、〈胤征〉、〈湯誥〉、〈咸有一德〉、〈典寶〉、〈伊訓〉、〈肆命〉、〈原命〉、〈武成〉、〈冏命〉，共十篇，其〈舜典〉、〈汩作〉、〈九共〉、〈大禹謨〉、〈益稷〉、〈旅獒〉六篇，則未見徵引。《史記》徵引情形如下：

一、〈五子之歌〉

〈夏本紀〉云:「帝太庚失國,昆弟五人,須于洛汭,作〈五子之歌〉。」按:此稱其篇名,並述其行事作意也。

二、〈胤征〉

〈夏本紀〉云:「帝中康時,羲、和湎淫,廢時亂日。胤往征之,作〈胤征〉。」按:此稱其篇名,並述其行事作意也。《尚書正義‧禹貢》鄭注引〈胤征〉云:「厥篚玄黃,昭我周王。」此與《孟子‧滕文公》下篇所引者相似,《孟子》引《書》曰:「徯我后,后來其無罰,有攸不爲臣,東征,綏厥士女,匪厥玄黃,紹我周王見休,惟臣附於大邑商。」晚出僞古文約略其文,入之〈武成篇〉。朱子反謂孟子約〈武成〉之文而成。閻若璩《尚書古文疏證》已辨之。

三、湯 誥

《史記》徵引〈湯誥〉之文凡兩見:

(一)〈殷本紀〉云:「(湯)既絀夏命,還亳,作〈湯誥〉。」按此稱其篇名,並述其行事大意也。又云:「維三月,王至自(案《史記》原作「自至於」,此據張文虎校改)東郊,告諸侯群后,毋不有功於民,勤力迺事……女毋我怨。」按:閻若璩《尚書古文疏證》(以下簡稱《疏證》)謂此即眞古文〈湯誥〉也。孫星衍《尚書今古文注疏》(以下簡稱《孫疏》)謂「此篇似是全文。」段玉裁《古文尚書撰異》(以下簡稱《撰異》)謂「此或從孔安國問故而得,或從他書采錄,皆未可知。」魏源《書古微》曾據〈殷本紀〉所引者,益以《論語》,《墨子》所引佚文輯爲〈湯誥補亡〉,恐所缺者已尠矣。

(二)〈楚世家〉云:「伍舉曰:『昔……商湯有景亳之命。』」按:伍舉曰云云,蓋指此篇也。

四、〈咸有一德〉

〈殷本紀〉云:「伊尹作咸有一德。」按:此稱其篇名及作者也。《禮記‧緇衣篇》引尹吉曰:「惟尹躬及湯,咸有壹德。」又曰:「惟尹躬天(鄭注:天當爲先,字之誤)見于西邑夏,自周有終,相亦惟終。」鄭注:「尹吉,亦伊誥也。」屈翼鵬先生謂〈緇衣篇〉爲漢初人所輯,[註2]則漢人尚及見

〔註2〕見〈二戴記解題〉一文;載《中央研究院民族學研究所集刊》第三十二期。

此文也。

五、〈典寶〉

　　〈殷本紀〉云：「桀敗於有娀之虛，桀犇於鳴條。夏師敗績，湯遂伐三㚇，俘厥寶玉，義伯仲伯作〈典寶〉。」按：此稱其篇名，並述其行事作意也。

六、〈伊訓〉

　　〈殷本紀〉云：「太甲元年，伊尹作〈伊訓〉、作〈肆命〉、作〈徂后〉。」按：此稱其篇名也。

七、〈肆命〉

　　按：〈殷本紀〉稱其篇名，見〈伊訓篇〉。

八、〈原命〉

　　〈殷本紀〉云：「帝太戊贊伊陟于廟，言弗臣，伊陟讓，作〈原命〉。」按：此稱其篇名，並述其行事作意也。然段氏《撰異》說此爲〈伊陟〉之序，「其所以著〈原命〉者未著也」；則〈原命〉僅稱其篇名也。

九、〈武成〉

　　〈周本紀〉云：「（武王）乃罷兵西歸，行狩，紀政事，作〈武成〉。」按：此稱其篇名，並述其行事作意也。又〈周本紀〉從「諸侯兵會者車四千乘，陳師牧野」起，至「命宗祝享祀于軍，乃罷兵西歸」止，文句與《逸周書‧克殷篇》同；從「武王徵九牧之君，登豳之阜，以望商邑」起，至「營周居于雒邑而後去」止，文句與《逸周書‧度邑篇》同，考鄭玄云：「〈武成〉逸書，建武之際亡。」〔註3〕建武爲光武帝年號，則東漢以前，〈武成篇〉尚在，史公當曾目見，或其辭相類，故此但引《逸周書》也。又《漢書‧律歷志》引〈武成〉云：「粵若來二月，既死霸，粵五日甲子，咸劉商王紂。」則班固尚及見其文也。

十、〈冏命〉（《史記》作〈臩命〉）

　　〈周本紀〉云：「穆王閔文武之道缺，乃命伯臩申誡太僕國之政，作〈臩命〉。」按：此稱其篇名，並述其行事作意也。又惠棟《九經古義》云：「逸《書》有〈冏命〉，愚謂冏當作畢，字之誤也。」是其以冏命爲亡篇也。

〔註3〕《尚書正義‧武成篇》引。

　　馬、鄭諸家所謂逸《書》十六篇者，《史記》徵引僅及十篇，且除〈湯誥篇〉於〈殷本紀〉及〈楚世家〉兩見外，其他九篇均僅一見。又十篇之中，諸家謂錄其經文者，僅〈湯誥〉、〈武成〉兩篇。又為史公以後人所引者兩篇：〈胤征〉，偽孔本約其文以入〈武成〉；〈伊訓〉，《漢書・律歷志》下篇及鄭玄注〈典寶〉均引之。是除〈湯誥〉、〈武成〉以外八篇，僅載其篇名，述其行事作意而已。至如〈舜典〉、〈汨作〉、〈九共〉、〈大禹謨〉、〈益稷〉、〈旅獒〉等六篇，則未見徵引。然《尚書大傳》卷一〈九共〉引《書》曰：「予辯下土，使民平平，使民無敖」之文，則伏生曾說〈九共篇〉，當亦為史公所見也。

第三節　篇名在偽古文二十五篇之中者

　　今傳五十八篇本《尚書》，除自〈堯典〉分出〈舜典〉外，又自〈皋陶謨〉「帝曰來禹」以下，分為〈益稷〉，並分〈盤庚〉為三篇。即較今文之二十九篇溢出四篇，共得三十三篇，更加偽造之二十五篇而成。偽造之二十五篇，其篇目為：〈大禹謨〉、〈五子之歌〉、〈胤征〉、〈仲虺之誥〉、〈湯誥〉、〈伊訓〉、〈太甲〉（三篇）、〈咸有一德〉、〈說命〉（三篇）、〈泰誓〉（三篇）、〈武成〉、〈旅獒〉、〈微子之命〉、〈蔡仲之命〉、〈周官〉、〈君陳〉、〈畢命〉、〈君牙〉、〈冏命〉。偽古文之〈舜典〉、〈大禹謨〉、〈益稷〉、〈五子之歌〉、〈胤征〉、〈湯誥〉、〈咸有一德〉、〈伊訓〉、〈武成〉、〈旅獒〉、〈冏命〉凡十一篇，雖與逸古文篇名相同，然實非古文真本。其在《史記》中徵引情形，已見前述。其餘為史公所引述者，有〈仲虺之誥〉、〈太甲〉、〈泰誓〉、〈微子之命〉、〈蔡仲之命〉、〈周官〉、〈畢命〉諸篇，又述武丁得傅說事，與〈說命篇〉之〈序〉亦合。其〈君陳〉、〈君牙〉二篇，則未見《史記》徵引。《史記》引述情形如下：

一、〈仲虺之誥〉（《史記》作中壘之誥）

　　〈殷本紀〉云：「（湯）乃踐天子位，平定海內。湯歸，至於泰卷陶，中壘作誥。」按：壘，索隱作壘，《尚書》作仲虺，《荀子・堯問篇》作中蘬，並異文也。中壘作誥，即〈仲虺之誥〉。此載其篇名，述其行事作意也。

二、〈太甲〉（《史記》作〈太甲訓〉）

　　〈殷本紀〉云：「帝太甲既立，三年，不明，暴虐，不遵湯法，亂德。於是伊尹放之於桐宮。三年，伊尹攝行政當國，以朝諸侯。帝太甲居桐宮三年，

悔過自責，反善。于是伊尹乃迎帝太甲而授之政。帝太甲修德，諸侯咸歸殷，百姓以寧。伊尹嘉之，乃作〈太甲訓〉三篇。」按：此稱其篇名，並述其行事作意也。

三、〈說命〉

《史記》徵引〈說命〉者凡兩見：

（一）〈殷本紀〉云：「高宗夜夢得聖人，名曰說，以夢所見視群臣百吏，皆非也。於是迺使百工營野求之，得說於傅險中。是時，說為胥靡，築於傅險，見於武丁，武丁曰：『是也。』得而與之語，果聖人，舉以為相，殷國大治，故遂以傅險姓之，號曰傅說。」

（二）〈封禪書〉云：「後十四世，帝武丁得傅說為相，殷復興焉，稱高宗。」

按：此二則說武丁得傅說事，與今傳〈書序〉合，雖不稱篇名，內容亦與先秦典籍所引〈說命〉逸文未合，然先秦典籍所引〈說命〉逸文僅零章斷句，故賈逵、唐固皆以武丁所作書為〈說命〉，〔註4〕鄭玄則謂傅說作書以命高宗，〔註5〕要之，其記高宗與傅說問答之詞，蓋無疑也。史公所記視〈書序〉為詳，安知非博採眾家為說耶！

四、〈泰誓〉（《史記》作〈太誓〉）

《史記》徵引〈泰誓〉者凡三篇：

（一）〈殷本紀〉云：「西伯既卒，周武王之東伐至盟津，諸侯叛亂會周者八百。諸侯皆曰：『紂可伐矣。』武王曰：『爾未知天命。』乃復歸。」按：此疑述其行事並錄其文也。

（二）〈周本紀〉云：「十一年十二月戊午，師畢渡盟津，諸侯咸會，曰：『孳孳無怠。』武王乃作〈太誓〉，告于眾庶。」按：此稱其篇名，並述其行事作意也。又云：「今殷王紂，乃用其婦人之言……不可再，不可三。」按：此疑錄其文也。

（三）〈齊太公世家〉云：「武王即位，九年，欲修文王業，東伐，以觀諸侯集否，師行，師尚父左杖黃鉞，右把白旄以誓，曰：『蒼兕，蒼兕，總爾眾庶，與爾舟楫，後至者斬。』遂至盟津，諸侯不期而會者八百諸侯。諸侯

〔註4〕見《國語‧楚語》注。
〔註5〕見《禮記‧緇衣》注。

皆曰：『紂可伐也。』武王曰：『未可。』還師，與太公作此〈太誓〉。」按：司馬貞《索隱》及梁玉繩《史記志疑》，謂此今文〈泰誓〉之文也。

五、〈微子之命〉

《史記》徵〈微引之子命〉者凡五篇：

（一）〈殷本紀〉云：「武王崩，武庚與管叔蔡叔作亂，成王命周公誅之。而立微子於宋，以續殷後焉。」

（二）〈周本紀〉云：「初，管蔡畔周，周公討之，三年而畢定，故初作〈大誥〉，次作〈微子之命〉。」

（三）〈魯周公世家〉云：「作〈大誥〉。遂誅管叔、殺武庚、放蔡叔。收殷餘民以封康叔於衛，封微子於宋以奉殷祀，寧淮夷東土。」

（四）〈管蔡世家〉云：「武王既崩，成王少，周公自專王室，管叔蔡叔疑周公之為，不利於成王，乃挾武庚以作亂，周公旦承成王命，伐誅武庚，殺管叔而放蔡叔，遷之，與車十乘，徒七十人從，而分殷餘民為二，其一封微子於宋，以續殷祀。」

（五）〈宋微子世家〉云：「……武王崩，成王少，周公旦代行政，當國，管蔡疑之，乃與武庚作亂，欲襲成王、周公。周公既承成王命，誅武庚、殺管叔，放蔡叔，乃命微子開代殷後，奉其先祀，作〈微子之命〉以申之，國于宋。」

按：此或稱其篇名，或述其行事作意也。

六、〈蔡仲之命〉

《史記》徵引本篇者凡二見：

（一）〈管蔡世家〉云：「蔡叔度既遷而死，其子曰胡，胡乃改行率德馴善，周公聞之，而舉胡以為魯卿士，魯國治，於是周公言於成王，復封胡於蔡，以奉蔡叔之祀，是為蔡仲。」按：此云「復封胡於蔡」，封時當有命詞，疑即〈蔡仲之命〉也。

（二）太史公〈自序〉云：「嘉仲悔過，作〈管蔡世家〉。」按：此云蔡仲悔過，亦指此事也。

七、〈周官〉

《史記》徵引〈周官〉者凡二：

（一）〈周本紀〉云：「（成王）既絀殷命，襲淮夷，歸在豐，作〈周官〉。」

（二）〈魯周公世家〉云：「成王在豐，天下已安，周之官政未次序，于是周公作〈周官〉。」

按：以上並稱其篇名，且述其行事作意也。

八、〈畢命〉

〈周本紀〉云：「成康之際，天下安寧，刑錯四十餘年不用。康王命作策，畢公分居里，成周郊，作〈畢命〉。」按：此稱其篇名，並述其行事作意也。又惠棟《古文尚書考》以此篇為逸書。

以上八篇，除〈泰誓篇〉為漢時所有外，皆伏生所不傳，孔壁所未見，而史公所述，得載其篇名，並述其行事作意，〈說命篇〉雖不載篇名，然其事與〈書序〉相合，則史公或曾見其殘篇，或本〈書序〉為說也。其所錄〈泰誓篇〉，疑即今文〈泰誓〉之殘文也。又〈君陳〉、〈君牙〉兩篇為《史記》所未引，然《禮記·坊記》引〈君陳〉云：「爾有嘉猷嘉謀，則入告爾君于內，汝乃順之于外。曰：斯謀斯猷，惟我君之德。於乎！是惟良顯哉！」〈緇衣篇〉引〈君陳〉云：「未見聖，若己弗克見；既見聖，亦不克由聖。」又云：「出入自爾師虞，庶言同。」又〈緇衣篇〉引〈君雅〉云：「夏日暑雨，小民惟曰怨；資多祁寒，小民亦惟曰怨。」〈坊記〉與〈緇衣〉為漢初人所輯，猶及引之，則漢人尚見此兩篇也。

第四節　篇名僅見於百篇〈書序〉者

《漢書·藝文志》謂《尚書》百篇，據《尚書正義》（卷二）所載，鄭玄所傳百篇之〈序〉，其次第與偽孔本不同，惟其篇目則無異也。百篇之中，或為伏生所傳，或篇名見於兔古文，或篇名為偽孔所採，其餘若〈稾飫〉、〈帝誥〉、〈釐沃〉、〈湯征〉、〈汝鳩〉、〈汝方〉、〈夏社〉、〈疑至〉、〈臣扈〉、〈明居〉、〈祖后〉、〈沃丁〉、〈咸乂〉、〈伊陟〉、〈仲丁〉、〈河亶申〉、〈祖乙〉、〈高宗之訓〉、〈分器〉、〈旅巢命〉、〈歸禾〉、〈嘉禾〉、〈成王政〉、〈將蒲姑〉、〈賄肅慎之命〉、〈亳姑〉二十六篇之目，則僅見於百篇〈書序〉，而不在伏生所傳本、古文逸書及偽孔本之中。此二十六篇為史公所徵引者，有〈帝告〉、〈湯征〉、〈汝鳩〉、〈汝方〉、〈夏社〉、〈明居〉、〈祖后〉、〈沃丁〉、〈咸乂〉、〈仲丁〉、〈河亶甲〉、〈祖乙〉、〈高宗之訓〉、〈分器〉、〈歸禾〉、〈嘉禾〉、〈成王政〉、〈將蒲姑〉、〈賄肅慎之命〉、〈亳姑〉；未稱引者僅六篇而已。其徵引情形如下：

一、〈帝告〉（《史記》作〈帝誥〉）

　　〈殷本紀〉云：「自契至湯八遷，湯始居亳，從先王居，作〈帝誥〉。」按：此載其篇名並述其行事作意，與〈書序〉字句同。《尚書大傳》卷二有此篇，有云：「〈帝告篇〉曰：『施章乃服，明上下。』」〔註6〕簡朝亮《集注述疏》謂此亦伏生壁本之殘也。又〈書序〉〈釐沃〉與〈帝告〉同序，云：「作〈帝告〉、〈釐沃〉。」今史公未稱〈釐沃〉之篇，簡朝亮疑史公以〈帝誥〉〈釐沃〉爲一篇，惜無顯證。

二、〈湯征〉

　　〈殷本紀〉云：「湯征諸侯，葛伯不祀，湯始伐之。湯曰：『予有言，人視水見形，視民知治不。』伊尹曰：『明哉！言能聽，道乃進。君國子民，爲善者皆在王室。勉哉！勉哉！』湯曰：『汝不能進命，予大罰殛之，无有攸赦。』作〈湯征〉。」

　　按：此稱其篇名，述其行事作意，並錄其文也。湯征諸侯至无有攸赦，當係本篇佚文。簡朝亮《述疏》云：「蓋今古文皆無〈湯征〉，而《史記》得錄之者，殆孔氏壁本之殘，而不能作篇者也。《大傳》引〈九共〉、〈帝告〉文，亦伏生壁本之殘也。今《大傳》不引〈湯征〉文，其出於孔氏者矣，史遷從孔安國問焉，則得錄之矣。或曰：書亡篇之佚文，見於佗說者也。」又《孟子・滕文公》下篇引《書》曰：「葛伯仇餉。」又曰：「徯我后，后來其无罰」，段氏《古文尚書撰異》謂即〈湯征〉文。又《孟子・梁惠王》下篇引《書》曰：「湯一征，自葛始。」又曰：「徯我后，后來其蘇。」江聲《集注音疏》謂即〈湯征〉之文也。

三、〈汝鳩〉（《史記》作〈女鳩〉）

　　〈殷本紀〉云：「伊尹去湯適夏，既醜有夏，復歸于亳，入自北門，遇女鳩女房，作〈女鳩〉、〈女房〉。」又云：「湯出見野張網四面，祝曰：『自天下四方，皆入吾網。』湯曰：『嘻！盡之矣。』乃去其三面，祝曰：『欲左左、欲右右，不用命，乃入吾網。』諸侯聞之曰：『湯德至矣，及禽獸。』」

　　按：此載其篇名，並述其行事，文與〈書序〉同。又「湯出」以下，金德建疑即〈汝鳩〉之文，〔註7〕然則史公尚見其殘篇也。

〔註6〕《困學紀聞》卷二引。
〔註7〕見《司馬遷所見書考》，頁66。

四、〈汝方〉（《史記》作〈女房〉）

按：〈殷本紀〉引作〈女房〉。見〈汝鳩〉條。孫《疏》曰：「伊尹同時遇〈女鳩〉、〈女房〉，安得作書二篇，蓋一篇耳。」〈書序〉亦以〈汝鳩〉、〈汝方〉同序，孫說殆可信也。

五、〈夏社〉

《史記》徵引〈夏社〉者凡二見：

（一）〈殷本紀〉云：「湯既勝夏，欲遷其社，不可，作〈夏社〉。」

（二）〈封禪書〉云：「其後三世、湯伐桀，欲遷夏社，不可，作〈夏社〉。」

按：此皆稱其篇名，並述其行事作意也。

又〈書序〉云：「湯既勝夏，欲遷其社，不可。作〈夏社〉、〈疑至〉、〈臣扈〉。」三篇同序。《史記》未引述〈疑至〉、〈臣扈〉者，明不與〈夏社〉同時也。〈君奭篇〉云：「在太戊，時則有若伊陟、臣扈，格于上帝，巫咸乂王家。」則臣扈乃太戊臣，據〈殷本紀〉，太戊距湯為五世，自不得與〈夏社〉同序也。

六、〈明居〉

〈殷本紀〉云：「咎單作〈明居〉。」按：史公此篇次於湯時，在〈咸有一德〉之後，與鄭康成次第相同。偽書以為伊尹歸政所陳，遂移於〈太甲〉三篇之後，實誤，此陳仁錫《史記考》已言之矣。

七、〈徂后〉

〈殷本紀〉云：「太甲元年，伊尹作〈伊訓〉、作〈肆命〉、作〈徂后〉。」

按：此稱其篇名及作者也。裴駰《史記集解》（以下或簡稱《集解》）引鄭玄曰：「徂后者，言湯之法度也。」鄭氏未見此篇，此言蓋以意推也。

八、〈沃丁〉

〈殷本紀〉云：「帝沃丁時，伊尹卒，既葬伊尹於亳，咎單遂訓伊尹事，作〈沃丁〉。」按：此稱其篇名，並述其行事作意也。

九、〈咸乂〉（《史記》作〈咸艾〉）

《史記》徵引〈咸乂〉者凡兩見：

（一）〈殷本紀〉云：「帝太戊懼，問伊陟曰：『臣聞妖不勝德，帝之政其

有關與，帝其修德。』太戊從之而祥桑枯死而去。伊陟贊于巫咸，巫咸治王家有成，作〈咸艾〉，作〈太戊〉。」

（二）〈封禪書〉云：「（湯）後八世至帝太戊，有桑穀生於廷，一暮大拱，懼，伊陟曰：『妖不勝德。』太戊修德，桑穀死，伊陟贊巫咸，巫咸之興自此始。」

按：〈殷本紀〉作〈咸艾〉，《集解》引馬融云：「艾，治也。」則與父同。此載其篇名，並述其行作意也。〈封禪書〉雖不稱篇名，但所述行事相同，而其事又詳於〈書序〉。且〈殷本紀〉云：「作〈咸艾〉，作〈太戊〉。」亦較〈書序〉多〈太戊〉一篇，史公殆另有所本也。

十、〈仲丁〉

〈殷本紀〉云：「中丁遷於隞。」

按：〈書序〉作囂。《索隱》云：「隞亦作囂，並音敖字。」則隞、囂為異文也。〈殷本紀〉云：「〈仲丁〉書闕不具。」是〈仲丁〉即篇名也。

劉逢祿《尚書今古文集解》（卷三十）引莊述祖謂《史記》云「〈中丁〉書闕不具，當亦是〈書序〉語，蓋百篇中即有錄無書，否則漢時亡逸者甚多，不應獨舉〈中丁〉一篇也。今按《史記》書闕不具當是史公語，《索隱》云：「蓋太史公知舊有仲丁書，今已遺闕不具也。」其說近之，則此述其行事也。

十一、〈河亶甲〉

〈殷本紀〉云：「河亶甲居相。」

按：此述其行事也。〈書序〉云：「河亶甲居相，作〈河亶甲〉。」而此不言作河亶甲，依上篇「仲丁遷于隞」作〈仲丁篇〉之例推之，疑〈河亶甲〉亦作〈河亶甲篇〉也。

十二、〈祖乙〉

〈殷本紀〉云：「祖乙遷于邢。」

按：〈書序〉云：「祖乙圯于耿，作〈祖乙〉。」依〈仲丁〉之例，疑亦有〈祖乙篇〉之作也。《史記索隱》曰：「邢音耿，近代本亦作耿。」則耿邢為異文也，此述其行事，但不載篇名。作遷作圯不同者，馬融云：「圯，毀也。」鄭玄云：「祖乙又去相居耿，而國為水所毀，于是修德以禦之，不復徙也。」此說與《史記》合。

十三、〈高宗之訓〉（《史記》作〈高宗肜日〉及〈訓〉）

　　〈殷本紀〉云：「帝武丁崩，子帝相庚立。祖己嘉武丁之以祥雉爲德，立其廟爲高宗，遂作〈高宗肜日〉及〈訓〉。」

　　按：〈書序〉亦以〈高宗肜日〉〈高宗之訓〉連言之，則此兩篇殆性質相近者，鄭注曰亡。《尚書大傳》有〈高宗肜日〉，然無此篇。

十四、〈分器〉（《史記》作〈分殷之器物〉）

　　〈周本紀〉云：「（武王）封諸侯，班賜宗彝。作〈分殷之器物〉。」

　　按：此作「分殷之器物」，與〈書序〉不同，瀧川資言《會注考證》疑「殷之物」三字爲注文竄入。此蓋拘於宗彝爲器之說也。《爾雅・釋器》云：「彝、卣、罍，器也。」然定四年《左傳》云：「分魯以夏后之璜，封父之繁弱。」又云：「分之官司彝器。」杜《注》云：「繁弱，弓名。」又〈魯語〉云：「古者分同姓以珍玉、展親也；分異姓以遠方之職貢，使無忘服也。」是玉、弓及各方職貢，皆頒賜之物也，故《史記》作「分殷之器物」，以明分器非惟彝尊也。

十五、〈歸禾〉（〈周本紀〉作〈歸禾〉，〈魯世家〉作〈餽禾〉）

　　《史記》徵引〈歸禾〉者凡兩見：

　　（一）〈周本紀〉云：「晉唐叔得嘉穀，獻之成王，成王以歸周公于兵所。周公受禾東土，魯天子之命。初，管蔡畔周，周公討之，三年而畢定，故初作〈大誥〉，次〈微子之命〉，次〈歸禾〉，次〈嘉禾〉。」

　　（二）〈魯周公世家〉云：「唐叔得禾，異母同穎，獻之成王，成王命唐叔以餽周公於東土，作餽禾。」

　　按：〈周本紀〉作歸禾，與〈書序〉同；〈魯世家〉作餽，則歸讀爲餽。此稱其篇名，並述其行事作意也。

十六、〈嘉禾〉

　　〈魯周公世家〉云：「周公既受命禾，嘉天子命，作〈嘉禾〉。」

　　按：此稱其篇名，並述其行事作意也。鄭玄《注》曰：「亡」。《漢書・王莽傳》上，群臣上奏引〈嘉禾篇〉云：「周公奉鬯，立于阼階，延登。贊曰：『假王莅政，勤和天下。』」則漢代似有傳其逸文者。

十七、〈成王政〉

〈周本紀〉云:「(成王)東伐淮夷,殘奄。」

按:此雖不載篇名,而所記行事與〈書序〉合。疑〈成王政〉篇即緣此而作也。

十八、〈將蒲姑〉(《史記》薄作薄)

〈周本紀〉云:「召公爲保,周公爲師,東伐淮夷,殘奄,遷其君薄姑。」

按:此與〈書序〉略同,疑〈將蒲姑篇〉即緣此而作也。惟〈書序〉謂「將遷其君於蒲姑」,有「於」字,蓋以蒲姑爲地名,此則以爲君名。《尚書大傳》云:「奄君薄姑謂祿父曰:……」亦以薄姑爲奄君名,與《史記》同。惟據《漢書·地理志》及馬融《注》,薄姑爲齊地,或〈周本紀〉君下當有「於」字也。

十九、〈賄肅愼之命〉(《史記》〈賄息愼之命〉)

〈周本紀〉云:「成王既伐東夷,息愼來賀,王賜榮伯,作〈賄息愼之命〉。」

按:此與〈書序〉同,惟篇名肅作息,蓋古音同紐,肅在幽部,息在之部,音近通假也。〈釋文〉引馬融本作息,亦與《史記》同。此稱其篇名,並述其行事作意也。

二十、〈亳姑〉

〈魯周公世家〉云:「周公在豐,病將沒,曰:必葬我成周,以明吾不敢離成王。周公既卒,成王亦讓,葬周公於畢,從文王,以明予小子不敢臣周公也。」

按:此與〈書序〉所述同,僅文有詳略,且此未言篇名耳。疑〈亳姑篇〉亦緣此事而作也。

以上二十篇,除〈湯征〉一篇載其篇名、述其行事作意並錄其文外,〈帝誥〉、〈汝鳩〉、〈汝方〉、〈夏社〉、〈沃丁〉、〈咸乂〉、〈仲丁〉、〈高宗之訓〉、〈分器〉、〈歸禾〉、〈嘉禾〉、〈賄肅愼之命〉十二篇,皆未錄其文。〈明居〉、〈徂后〉二篇則但述作者及篇名。若〈河亶甲〉、〈祖乙〉、〈成王政〉、〈將蒲姑〉、〈亳姑〉五篇,則但述其行事作意而已。各篇均爲漢時所不傳,且除〈湯征〉、〈咸乂〉、〈高宗之訓〉三篇外,皆先秦典藉所未引而史公所述多與〈書序〉合,蓋本〈書序〉爲說也。至於〈稾飫〉、〈釐沃〉、〈疑至〉、〈臣扈〉、〈伊陟〉、〈旅巢命〉六篇,

則未見引述。段玉裁謂〈伊陟〉篇當補，其餘或史公以其書既亡而略之歟。

第五節　篇名在百篇〈書序〉之外者

各家以爲《尚書》篇名，而出於百篇〈書序〉之外者，有二篇。

一、〈太戊〉

〈殷本紀〉云：「〈伊陟〉贊言于巫咸，作〈咸艾〉，作〈太戊〉。」

按：如《史記》言，當有〈太戊〉一篇，今遺者，江聲《音疏》云：「蓋古文重字不再書，止於字下加二畫而已。下云：『〈太戊〉贊于〈伊陟〉。』承此敘之下，〈太戊〉字下，蓋皆有二畫作重文以兩屬，俗儒疏忽，誤作單文，以專屬下敘，遂闕〈太戊〉篇目矣。」簡朝亮則謂〈書序〉遺之，而史遷備之。蓋史公作史，備採眾說，故能備〈書序〉之闕也。

二、〈五官有司〉

〈周本紀〉云：「豳人舉國扶老攜幼，盡復歸古公於岐下，乃他旁國，聞古公仁，亦多歸之，於是古公乃貶戎狄之俗，而營築城郭室屋，而邑別居之，作〈五官有司〉。」

按：此稱〈五官有司〉之篇名，並述其行事作意，與他篇一例，金建德以此爲《尚書》篇名，[註8]疑是。

考典藉引書，多有出於百篇之外者，據許錟輝先生所考，計有〈太戊〉（〈殷本紀〉），〈揜誥〉、〈大戰〉、〈多政〉（《尚書大傳》），〈月采〉、〈豐刑〉（《漢書·律歷志》），〈尹吉〉（《禮記·緇衣》），〈伯禽之命〉、〈唐誥〉（《左傳》定公四年），〈夏訓〉（《左傳》襄公四年），〈高宗〉（《禮記·坊記》），〈帝典〉（《禮記·大學》），〈大誓〉（《孟子·滕文公下》）、〈距年〉（《墨子》尚賢中），〈豎年〉（《墨子·尚賢下》），〈術令〉、〈相年〉（《墨子·尚同中》），〈馴天明不解〉（《墨子·天志中》），〈禹誓〉（《墨子·兼愛下》，〈明鬼下〉）、〈湯說〉（《墨子·兼愛下》），〈禽艾〉（《墨子·明鬼下》），〈湯之官刑〉、〈武觀〉（《墨子·非樂上》），〈三代不國〉、〈召公之執令〉（《墨子·非命中》），〈禹之總德〉、〈去發〉（《墨子·非命下》），〈子亦〉（《墨子·公孟》）凡二十八篇，據諸家說去其字誤、泛稱及異名同實者十三篇，猶有十五篇之多，若益以周本紀〈五官

有司〉，則爲十六篇矣，此可證《尚書》之篇多有異名，其數亦不以百篇爲足備也。

第六節 其 他

有《史記》誤奪，當據後人之說增補者，即〈伊陟〉是也。

〈殷本紀〉云：「帝太戊伊陟于廟，言弗臣，伊陟讓，作〈原命〉。」江聲《尚書集注音疏》曰：「《史記》曰：『帝太戊贊伊陟于廟，言弗臣。伊陟讓，作〈原命〉。』然則不應有〈伊陟篇〉也。蓋俗儒誤闕〈太戊〉一篇。因而增〈伊陟〉之目以足百篇之數爾。贊伊陟者，命伊陟也。伊尹謙讓不敢受命，因再令之，故曰原命，原之言，再也。」段氏《古文尚書撰異》云：「原命者，命原非命伊陟。《史記》云：『作〈咸艾〉、作〈太戊〉』，『太戊贊伊陟于廟，言弗臣，伊陟讓，作原命。』是《史記》脫『作伊陟』三字，贋『作太戊』三字，字數適相當，實轉寫之譌。」又云「作原命」當別爲一句，其所以著原命者，未著也。

按：江氏謂不應有〈伊陟〉之目，亦拘於百篇之數。又謂原者再也，因其讓而再命之也。惟《史記集解》引馬融曰：「原，臣名也，令原以禹湯之道，我所修也。」此言必有所受，則〈伊陟〉當別爲一篇。段氏謂《史記》脫「作伊陟」三字，若以〈咸乂·序〉「伊陟贊巫咸，作咸乂」之文例之，其說蓋可信。又〈殷本紀〉述〈咸艾〉、〈太戊〉、〈原命〉，及〈封禪書〉述巫咸之興諸節，亦可窺見〈伊陟〉之大略也。則《史記》此文，或如段說，當有〈伊陟篇〉之目。惟段氏以爲贋「作太戊」三字，亦泥於百篇之數，又謂所以著原命者未著，則恐不然。《史記集解》引馬融曰：「原，臣名也」云云，簡朝亮謂馬融蓋親見逸古文〈原命〉而釋〈序〉。則此或與〈原命〉同序也。

世傳所謂百篇之〈序〉，其中〈九共〉九篇，〈咸乂〉四篇，〈太甲〉、〈盤庚〉、〈說命〉、〈泰誓〉各爲三篇，除十九篇，爲目實僅八十一而已。其爲《史記》所徵引者，得六十八篇，未引者僅十三篇。又〈太戊〉、〈五官有司〉二篇爲〈書序〉所無，合之則爲七十篇。至其徵引方式則可歸納爲以下七類：

一、載其篇名，述其行事作意，並錄其文者

共十九篇。

（一）篇名在今文本中者：〈甘誓〉、〈湯誓〉、〈盤庚〉、〈高宗肜日〉、〈牧

誓〉、〈康誥〉、〈召誥〉、〈多士〉、〈無逸〉、〈君奭〉、〈顧命〉、〈呂刑〉、〈文侯之命〉、〈費誓〉。

（二）篇名在逸古文中者：〈湯誥〉。

（三）篇名在偽古文中者：〈泰誓〉。

（四）篇名僅見於百篇序者：〈湯征〉、〈汝鳩〉、〈汝方〉。

二、載其篇名，述其行事作意，不錄其文者

共二十九篇。

（一）篇名在今文本中者：〈大誥〉、〈酒誥〉、〈梓材〉、〈洛誥〉、〈多方〉、〈立政〉、〈康王之誥〉。

（二）篇名在逸古文中者：〈五子之歌〉、〈胤征〉、〈典寶〉、〈武成〉、〈冏命〉。

（三）篇名在偽古文中者：〈仲虺之誥〉、〈太甲〉、〈微子之命〉、〈周官〉、〈畢命〉。

（四）篇名僅見於百篇〈書序〉者：〈帝誥〉、〈夏社〉、〈沃丁〉、〈咸乂〉、〈伊陟〉、〈仲丁〉、〈高宗之訓〉、〈分器〉、〈歸禾〉、〈嘉禾〉、〈賄肅愼之命〉。

（五）篇名在百篇〈書序〉之外者：〈五官有司〉。

三、載其篇名，不述其行事作意，而錄其文者

僅〈皋陶謨〉一篇，篇名在伏生二十九篇之中。

四、載其篇名，不述其行事作意，不錄其文者

共七篇。

（一）篇名在逸古文中者：〈伊訓〉、〈肆命〉、〈咸有一德〉、〈原命〉。

（二）篇名僅見於百篇〈書序〉者：〈明居〉、〈徂后〉。

（三）篇名在百篇〈書序〉之外者：〈太戊〉。

五、不載篇名，而述其行事作意，並錄其文者

計有〈禹貢〉、〈西伯戡黎〉、〈微子〉、〈洪範〉、〈金縢〉、〈秦誓〉六篇；篇名皆在伏生本中。

六、不載篇名，不錄其文，但述其行事作意者

共七篇。

（一）篇名在偽古文中者：〈說命〉、〈蔡仲之命〉。

（二）篇名僅見於百篇〈書序〉者：〈河亶甲〉、〈祖乙〉、〈成王政〉、〈將蒲姑〉、〈亳姑〉。

七、不載篇名，不述行事作意，但錄其文者

〈堯典〉一篇。篇名在今文中。

由上可知：〈書序〉百篇之篇名，見於《史記》者凡五十三篇：1.〈皋陶謨〉，2.〈甘誓〉，3.〈五子之歌〉，4.〈胤征〉，5.〈帝告〉（〈殷本紀〉作〈帝誥〉），6.〈湯征〉，7.〈汝鳩〉，8.〈汝方〉，9.〈湯誓〉，10.〈典寶〉，11.〈夏社〉，12.〈仲虺之誥〉，13.〈湯誥〉，14.〈咸有一德〉，15.〈明居〉，16.〈伊訓〉，17.〈肆命〉，18.〈徂后〉，19.〈太甲〉（〈殷本紀〉作〈太甲訓〉），20.〈沃丁〉，21.〈咸乂〉，22.〈原命〉，23.〈仲丁〉，24.〈盤庚〉，25.〈高宗肜日〉，26.〈高宗之訓〉，27.〈太誓〉，28.〈牧誓〉，29.〈武成〉，30.〈分器〉，31.〈大誥〉，32.〈微子之命〉，33.〈歸禾〉，34.〈嘉禾〉，35.〈康誥〉，36.〈酒誥〉，37.〈梓材〉，38.〈召誥〉，39.〈洛誥〉，40.〈多士〉，41.〈無逸〉，42.〈多方〉，43.〈君奭〉，44.〈周官〉，45.〈立政〉，46. 賄息慎之命，47.〈顧命〉，48.〈康王之誥〉，49.〈畢命〉，50.〈冏命〉，51.〈費誓〉，52.〈呂刑〉，53.〈文侯之命〉。依段說增〈伊陟〉，則為五十四篇。

《史記》錄其文者，凡二十七篇：1.〈堯典〉，2.〈皋陶謨〉，3.〈禹貢〉，4.〈甘誓〉，5.〈湯征〉，6.〈汝鳩〉，7.〈汝方〉，8.〈湯誓〉，9.〈湯誥〉，10.〈盤庚〉，11.〈高宗肜日〉，12.〈西伯戡黎〉，13.〈微子〉，14.〈泰誓〉，15.〈牧誓〉，16.〈洪範〉，17.〈金縢〉，18.〈康誥〉，19.〈召誥〉，20.〈多士〉，21.〈無逸〉，22.〈君奭〉，24.〈呂刑〉，25.〈文侯之命〉，26.〈費誓〉，27.〈秦誓〉。

僅述其行事者，凡七篇：1.〈河亶甲〉，2.〈祖乙〉，3.〈說命〉，4.〈成王政〉，5.〈蔡仲之命〉，6.〈將蒲姑〉，7.〈亳姑〉。此七篇皆在伏生本及逸古文之外。

以上分類之法，多本許錟輝先生所撰《先秦典籍引尚書考》，惟第六類及其所屬七篇則為今所增。〈汝鳩〉、〈汝方〉據金德建說以為曾錄其文，又〈酒誥〉、〈梓材〉，太史公〈自序〉曾稱其行事作意，皆據所見計入，非立異以求新也。

世傳今文二十九篇，均見《史記》徵引，且有達七次之多者（〈堯典〉、〈大

誥〉、〈康誥〉），此不僅足見伏生傳本爲當時所流行，亦見其關係三代史事之鉅，實爲《尚書》之菁華所在。至其於《尚書》之文，或錄或否，或多錄或少錄者，蓋司馬遷引之爲撰史材料，必加甄別選擇，並視行文需要而定。如〈五帝本紀〉及〈夏、殷本紀〉，史料較缺，故虞、夏、商書引錄較多，又〈禹貢〉、〈洪範〉難以偏舉，故幾全篇迻錄。至〈周本紀〉及齊、燕、魯、衛諸〈世家〉，則有《左傳》、《國語》、《戰國策》等可採，故於〈周書〉之〈大誥〉、〈洛誥〉、〈多方〉、〈立政〉、〈康王之誥〉等篇，皆不錄其文也。

逸古文十六篇，當爲史公所親見，而徵述者僅十篇：其中載其篇名，述其行事作意，並錄其文者二篇；載其篇名，述其行事作意，不錄其文者五篇，但載其篇名者三篇。〈舜典〉、〈汨作〉、〈九共〉、〈大禹謨〉、〈益稷〉、〈旅獒〉六篇則未道及，此亦可證史公之於《尚書》，非篇篇必採也。或謂〈舜典〉不亡，今〈堯典〉自「愼徽五典」以下，蓋〈舜典〉也。」〔註9〕是說簡朝亮已辨其非。《孟子・萬章上》趙岐《注》云：「逸書有〈舜典〉之〈敘〉，亡失其文。《孟子》諸所言舜事，皆〈堯典〉及逸《書》所載。」則今〈堯典〉中無〈舜典〉之文可知也。

晚出僞古文二十五篇，除篇名見於逸古文者外，尚有十篇，其八篇見引於《史記》：計第一類載其篇名，錄其文，並述及行事作意者一篇；第二類載其篇名，述其行事作意者五篇；第六類但述其行事作意者二篇。其未引述者，〈君陳〉、〈君牙〉二篇而已。

篇名見於百篇〈書序〉，而不見於伏生本、逸古文本及僞古文者二十六篇，《史記》引述者二十一篇：其中屬第一類載其篇名、述其行事作意者三篇；第二類載其篇名，述其行事作意，不錄其文者十一篇；僅載其篇名者二篇；第六類但述其行事作意者五篇。〈稾飫〉、〈鼇沃〉、〈疑至〉、〈臣扈〉、〈旅巢命〉五篇則未見述及。

又《史記・殷本紀》以〈太戊〉與〈咸艾〉連稱，其爲《尚書》篇名當無可疑，至〈五官有司〉，疑亦《尚書》篇名，然則司馬遷所述，有在百篇〈書序〉之外者兩篇，由此可知，《尚書》確不止百篇也。

史公所錄〈湯誥〉、〈武成〉、〈湯征〉、〈汝鳩〉、〈汝方〉之文皆爲伏生本所無，其〈湯誥〉、〈武成〉，當爲逸古文。其餘各篇亦爲後世所不傳，而史公

〔註9〕　清儒茹敦和《尚書未定稿》、梁上國《古文尚書條辨》皆有是言；簡朝亮《尚書集注述疏》引「或曰」之言，或即指此。

及錄之者，或金匱石室之中，尚有殘存，則雖僅零篇斷簡，或意在疑似之間，亦彌足珍貴也。

〈書序〉所載八十一篇目，《史記》引述者佔六十八篇，除伏生傳今文《尚書》外，逸古文僅引十篇，其餘二十九篇皆漢世所不行，且其中二十篇爲先秦典藉所未引，而《史記》所述，與〈書序〉若合符節，若云〈書序〉在《史記》後，則《史記》所錄又何所據乎！此或史公當日曾親見〈書序〉，故得據以爲書也。此容第六章討論。

《史記》未引者十三篇，其見引於《禮記》者有〈君陳〉、〈君牙〉二篇，見於《大傳》者有〈九共〉一篇，見於鄭《注》者有〈臣扈〉一篇；〔註10〕其餘〈舜典〉、〈汩作〉、〈稾飫〉、〈大禹謨〉、〈益稷〉、〈鼇沃〉、〈疑至〉、〈旅獒〉、〈旅巢命〉九篇，並未見於其他典籍，蓋已亡佚，然逸古文〈舜典〉等六篇，當爲司馬遷所親見，而皆未引者，蓋其事或與他篇相連屬，或其事難徵，故捨之也。然亦足見其抉擇之愼也。

〔註10〕《尚書正義·堯典篇》引。

第三章　《史記》引《尚書》文述例

　　史遷徵引《尚書》經文之法不一，歸納之，可有四端：一曰載其篇名，述其行事作意，並錄其文者；二曰載其篇名，不述其行事作意，而錄其文者；三曰不載篇名，而述其行事作意，並錄其言者；四曰不載篇名，不述行事作意，但錄其文者。總此四端，覆其所引今存之篇，計有〈堯典〉、〈皋陶謨〉、〈禹貢〉、〈甘誓〉、〈湯誓〉、〈盤庚〉、〈高宗肜日〉、〈西伯戡黎〉、〈微子〉、〈牧誓〉、〈洪範〉、〈金縢〉、〈康誥〉、〈召誥〉、〈多士〉、〈無逸〉、〈君奭〉、〈顧命〉、〈呂刑〉、〈文侯之命〉、〈費誓〉、〈秦誓〉，共二十二篇。其引述經文之多寡亦有別焉：若〈堯典〉、〈皋陶謨〉、〈禹貢〉、〈甘誓〉、〈湯誓〉、〈高宗肜日〉、〈西伯戡黎〉、〈微子〉、〈牧誓〉、〈洪範〉，幾全篇迻錄；若〈多士〉、〈無逸〉、〈顧命〉、〈呂刑〉、〈文侯之命〉、〈費誓〉，則節引其文、其於〈盤庚〉、〈召誥〉、〈君奭〉、〈秦誓〉，引述尤少；至〈康誥〉篇，則僅引「惟命不于常」一句。史公採入《史記》時，每隨文改易，而爲例非一。自江聲《尚書集注音疏》以下，若段玉裁《古文尚書撰異》、孫星衍《尚書今古文注疏》、皮錫瑞《今文尚書考證》等，皆頗有辨析，而綱目未明。民國以來，撰專文以考《史記》引《尚書》文例者，有張鈞才、黃盛雄諸氏，〔註1〕其文各有所勝。〔註2〕民國四十

〔註1〕　張氏撰〈史記引尚書文考例〉，見《金陵學報》第六卷第二期；黃氏撰〈史記引尚書文考釋〉，見《台中師專學報》第七期。

〔註2〕　張文分七例：一、引今文《尚書》，二、引古文《尚書》，三、以訓詁字代經文，四、以同聲及音近之字代經文，五、以通用及義近之字代經文，六、釋經，七、隱括；黃文亦分七例：一、義釋，二、音釋，三、迻錄，四、補充，五、刪削，六、改寫，七、另取他義。前者留意及今古文之別，及義近通假字之分，而未及迻錄、剪裁、增補諸例；後者特重義釋、音釋之

九年，潘師石襌撰〈史記導論〉一文，﹝註3﹞曾歸納《史記》採用舊稿五例：
一、全錄原文，二、剪裁摘要，三、繙譯字句，四、增插注釋，五、改寫原
文。每例並舉一至二證以發其凡，最稱簡要。茲遍考《史記》引述《尚書》
之文，分析歸納，廣爲舉證。又以訓詁文字之例爲數最多，特從繙譯字句例
中別出；至如經文或《史記》爲後人誤改者，亦舉以辨之。如〈堯典〉「璿璣」，
〈五帝本紀〉同，然其字蓋本作旋機，此以今視之，爲同文而可疑者；又「敬
授人時」作「敬授民時」，似經史異文，然尚書人字原亦作民；禹貢「夾右碣
石入於河」，〈夏本紀〉引河作海，然《史記》本亦作河也。此皆《史記》本
迻錄《尚書》原文，而《尚書》或《史記》經人誤改，或二者均經改字者也。
亦有以今視之，似《史記》以訓詁字代經文，然究其實，乃《史記》據今文
或古文尚書迻錄者。凡此，並加考辨，以歸其元，倘於覘視《史記》引《尚
書》之概貌有所裨益，則甚幸焉。

　　本章分爲六節：一、迻錄原文例，二、摘要剪裁例，三、訓詁文字例，
四、繙譯文句例，五、改寫原文例，六、增插注釋例。

第一節　迻錄原文例

　　《史記》引述《尚書》，全錄原文，不加改易者，爲迻錄原文例。然有《史
記》迻錄《尚書》，而《尚書》經後人誤改者，如人本作民、源本作原是也；有
《史記》本迻錄《尚書》，而其文經後人誤改者，如海本作河、荷本作菏是也；
亦有《史記》所引爲今文或古文尚書者。此類，以今視之似爲改字，夷考其實
乃據書迻錄者，並當同屬此例。

一、與今本《尚書》字句悉同者

　　今本《史記》《尚書》悉同者，如：〈堯典〉：「以親九族，九族既睦，百
姓昭明；日永星火；鳥獸希革；鳥獸毛毨；日短星昴；朕在位七十載；賓于
四門，四門穆穆；類于上帝，祈于六宗，望于山川；同律度量衡；明試以功，
車服以庸；象以典刑，流宥五刑，鞭作官刑，扑作教刑，金作贖刑；五刑有

辨析，並留意迻錄、補充、刪削、改寫之例，而未及繙譯，於今古文之別
亦不加辨析。
〔註3〕原載《學術年刊》第二期，今收《史記論文集》（木鐸《國學論文薈編》第一
輯第二冊）中。

服，五服三就；直而溫，寬而栗；聲依永，律和聲；夔曰於，予擊石拊石，百獸率舞。」均見於〈五帝本紀〉。

〈皋陶謨〉：「安民則惠，黎民懷之；何憂乎驩兜，何遷乎有苗；寬而栗，柔而立；擾而毅，直而溫，簡而廉；彊而義；九德咸事，俊乂在官；撫于五辰，庶績其凝；臣作朕股肱耳目，予欲左右有民；予欲觀古人之象，日月星辰；予欲聞六律五聲八音；外薄四海，咸建五長；乃歌曰：股肱喜哉，元首起哉，百工熙哉；元首明哉，股肱良哉，庶事康哉；又歌曰：元首叢脞哉，股肱惰哉，萬事墮哉。〈甘誓〉：乃召六卿；有扈氏威侮五行；怠棄三正，天用勦絕其命。」均見於〈夏本紀〉。

〈湯誓〉：「有夏多罪；夏德若茲，今朕必往；朕不食言。」〈高宗肜日〉：「典厥義，降年有永有不永，非天夭民；民有不若德，不聽罪。」〈西伯戡黎〉：「天既訖我殷命；非先王不相我後人；天何不降威。」均見〈殷本紀〉。

〈微子〉：「好草竊姦宄，卿士師師非度；殷遂喪，越至于今。」等句，見〈宋世家〉。

〈牧誓〉：「王朝至于商郊牧野，乃誓；王左杖黃鉞，右秉白旄以麾；牝雞無辰，牝雞之晨，惟家之索；四方之多罪逋逃，是崇是長，是信是使。」見〈周本紀〉。

〈金縢〉：「周公曰：「未可以戚我先王；乃命于帝庭，敷佑四方；今天動威以彰周公之德，凡大木所偃；盡起而築之，歲則大熟。」〈無逸〉；其在祖甲，不義惟王。」〈費誓〉：「馬牛其風，臣妾逋逃。」均見〈魯世家〉。

〈君奭〉：「在太戊時則有若伊陟、臣扈；在祖乙時則有若巫賢。」見燕〈世家〉。

〈呂刑〉：「墨罰之屬千，劓罰之屬千，剕罰之屬五百，宮罰之屬三百，大辟之罰，其屬二百，五刑之屬三千。」亦見〈周本紀〉。

〈文侯之命〉：「王若曰：「父義和，丕顯文武。」見〈晉世家〉。而〈夏本紀〉迻錄〈禹貢〉，〈宋世家〉迻錄〈洪範〉之文尤備，〔註4〕茲從略焉。

亦有以今視之為同文，而可疑者。如〈堯典〉「璿璣玉衡」，〈五帝本紀〉同；然《史記·律書》、〈天官書〉引均作旋機，《御覽》二十九引《尚書大傳》，《易乾鑿度》、〈周公禮殿記〉、〈堯廟碑〉，亦均作旋機。馬鄭諸儒始以旋機玉衡為渾天儀，云以美玉為之，其字從玉。段氏《撰異》謂唐石經以下作機，

〔註4〕　〈禹貢〉、〈洪範〉之文，《史記》幾全文照錄，請見附錄二。

此因《尚書》上文璿從玉旁而誤也。又〈禹貢〉:「東原底平」,〈夏本紀〉同;然《尚書》底字,《史記》多作致,此當不例外,故瀧川資言《史記會注考證》云:「依文例當作致」。又〈牧誓〉:「其于爾躬有戮」,〈周本紀〉亦作戮;然依《史記》文例當作僇。此類,當分別觀之。

二、《尚書》經後人誤改者

　　《史記》本迻錄《尚書》,而《尚書》經後人誤改者,如:〈堯典〉「敬授人時」,〈五帝本紀〉引人作民。按:《尚書》本作民也。僞《孔傳·洪範篇》、《尚書正義·皋陶謨篇》皆引作民,鄭注《尚書大傳》、韋注〈鄭語〉、《漢書·律曆志》、〈食貨志〉等亦同,則《尚書》今古文並作民也。又「輯五瑞」,〈五帝本紀〉引輯作揖。按:《尚書》本作揖也。《漢書·郊祀志》及魏〈孔羨碑〉引均作揖;〈兒寬傳〉,師古《注》引此文作楫,誤從木,則其字不從車可知也。

　　〈禹貢〉:「島夷皮服」,〈夏本紀〉引島作鳥。按:《尚書》原作鳥也。《集解》引鄭玄《注》作鳥,陸德明《經典釋文》(以下簡稱《釋文》)引馬融《注》同。又《大戴禮·五帝德篇》、《漢書·地理志》、王肅注亦並作鳥,可證。又「逾于洛」,〈夏本紀〉引洛作雒。按:《尚書》本作雒也。此乃豫州之雒水,源出今陝西雒南縣,流經今河南洛陽,至今鞏縣入河;另有洛水在陝西東北部,非此雒水也。《魏略》云漢火行忌水,故改洛為雒,此誤說也,段氏《撰異》辨之甚詳。許慎《說文解字》(以下簡稱《說文》)十一篇水部洛字下段玉裁《說文解字注》(以下簡稱《段注》)云:「雍州洛水,豫州雒水,其字分別,自古不紊。」則《尚書》洛字本作雒可知也。「織皮崑崙」,夏本紀崑崙作昆侖。按:《尚書》本無山旁也。《索隱》引鄭玄及王肅注並作昆侖,《漢書·地理志》金城邵臨羌縣有昆侖祠,敦煌郡廣至縣有昆侖障,亦皆作昆侖,可證。又「東至于澧」,〈夏本紀〉澧作醴。按:《尚書》本作醴也。《集解》引馬、鄭、王注並作醴,裴氏未言異文;《索隱》引騷人所歌亦作醴,洪興祖《楚辭補注》本同。《段注》說文澧字下亦云武陵醴水,字不從水,可證。小司馬謂虞喜《志林》作澧,則其誤由來久矣。又「沇水東流為濟,入于河,溢為榮」,〈夏本紀〉溢作泆,《尚書》本作泆也。《周禮·職方氏》鄭《注》、賈《疏》引此文並作泆;又《水經注·濟水篇》,《漢書·地理志》「榮波既豬」,師古注引亦同。考《說文》:「溢,器滿也」,又「泆,水所蕩泆也」,泆字與此文

義正合。又「九州滌源」，〈夏本紀〉源作原，《尚書》本作原也。《周禮‧地官》「川衡」注引此文作原，《漢書‧地理志》亦同。《說文》無源字，源即原之後起字也。

　　〈甘誓〉「左不攻于左，汝不恭命」，〈夏本紀〉引無「汝不恭命」四字。按：蓋《尚書》本無此四字也。《墨子‧明鬼篇下》引此文，無此四字；《三國志‧毛玠傳》，鍾繇詰玠引書亦同。皮錫瑞疑《尚書》古本無之，則《史記》此文乃直錄原文，非有刪節也。又「汝不恭命」，〈夏本紀〉引恭作共，《尚書》本作共也。《墨子‧明鬼篇》引作共，《詩‧閟宮》《正義》引此文亦同，可證。

　　〈高宗肜日〉「惟天監下民，典厥義」，〈殷本紀〉引無民字。按：《尚書》本無民字也。敦煌本（P2516、P2643）無民字，岩崎本、雲窗一本、內野本、神宮本同。陳鐵凡氏疑本無民字，後世據傳增補。則《史記》此處乃逐錄原文，非省文也。

　　〈西伯戡黎〉「惟王淫戲用自絕」，〈殷本紀〉引戲作虐。按：疑《尚書》本作虐也。《集解》引鄭注作虐；江艮庭以為戲當是虐字之誤。〔註 5〕或偽孔讀虐為謔，訓戲，故誤為戲也。

　　〈洪範〉「不罹于咎」，〈宋世家〉引罹作離。按：疑《尚書》本作離也。《詩‧兔爰》「雉離于羅」，〈新臺〉「鴻則離之」，〈魚漸〉「月離于畢」，句法與〈洪範〉此句同，而皆作離；又《史記‧屈原傳》：「離騷者，猶離憂也」；〈管蔡世家〉：「無離曹禍」，亦均作離。又《說文》無罹字，罹字見《說文新附》，段氏《撰異》謂古者離訓分，亦訓合，後人不知此義，於離之訓陷者，別造一罹字。〔註 6〕則今〈洪範〉作罹者，乃後人改也。又「無偏無陂」，陂字乃唐玄宗天寶四年所改〔註7〕，原本作頗，則《史記》作頗，實據《尚書》逐錄，非改字也。又「俊民用章」，〈宋世家〉俊作畯，《尚書》原本亦作畯也。《文選‧陸韓卿奉答內兄希叔詩》，李善注引此文作畯；又《北堂書鈔》十一引此文及內野本、薛季宣《書古文訓》並同，可證。

三、《史記》經後人誤改者

　　《史記》本逐錄《尚書》，而其文經後人誤改者，如：〈禹貢〉「夾右碣石

〔註 5〕　見《尚書集注音疏》卷四；《皇清經解》卷三九三。
〔註 6〕　見《古文尚書撰異》卷十三；《皇清經解》卷五八〇。
〔註 7〕　此依《冊府元龜》卷四十；《新唐書》繫之天寶十四年，誤，段氏《撰異》有說。

入于河」，〈夏本紀〉引河作海。按：字本作河也。考〈禹貢〉所言貢道均以達河爲歸，崔述《唐虞考信錄》（卷之三）謂碣石乃海畔之山；島夷在勃海東，其貢必由海，乃入于河。海道漫瀾無可指，故以山誌之曰：「夾右碣石」，言由海道夾右碣石而西行，然後入于河也。」〔註8〕程旨雲先生〈禹貢地理補義〉〔註9〕說略同。《漢書·地理志》遍引〈禹貢〉文，亦作河；《史記集解》引徐廣曰：「一作河」，是《史記》原亦作河也。梁玉繩《史記志疑》謂海字誤，是也。又「至于大別」，〈夏本紀〉至作入。按：入疑至之誤。〈夏本紀〉凡入河入海，字皆作「入」，至某山某地則作「至」，與〈禹貢〉同，此獨作入者，蓋傳鈔者誤也。《漢書·地理志》引此作至，可爲旁證。

又「浮于淮泗達于菏」，〈夏本紀〉引菏作河。按：河乃菏之誤也。《說文》十一上篇水部菏字下引〈禹貢〉此文作菏，則許君在東漢時經猶作菏也。《水經》曰：「菏水在山陽湖陸縣南」，此本《漢書·地理志》也，〈地理志〉山陽郡下作菏，《撰異》云：「據《漢志》，又知〈夏本紀〉作河，皆轉寫之誤。」閻氏《疏證》（卷二）亦有考辨。又「道荷澤」，〈夏本紀〉引菏作荷。按：荷亦菏之誤也。此菏澤與徐州「浮于淮泗達于菏（今本誤作河）之菏同，菏水即菏澤之支流也。胡渭《禹貢錐指》（以下簡稱《錐指》）云：「字以艸作菏，俗訛爲荷，又訛爲河。」〔註10〕是也。段氏注《說文》謂古《尚書》、《史記》、《漢書》、《水經注》皆作荷，或是假借，或是字誤，不可定。然其著《撰異》，則云：「菏字形聲，當左水右苛，篆隸取結構則作菏，爲艸上河下，或脫其艸則作河，或誤氵爲亻則作荷，……今直定荷爲字誤，而正其不一者。」說與胡氏略同，雖以理校得之，然證以《漢志》作菏水，則此亦當同之也。

以上二、三兩段之例，皆《史記》本迻錄《尚書》，而其一經後人誤改者。此外，亦有《史記》所引與今傳本《尚書》異，而實據今文或古文《尚書》迻錄者。如岳之作嶽，無之作毋，蓋《史記》所據今文尚書本作嶽、作毋也；又棄之作弃，奔之作犇，則《史記》所據古文《尚書》作弃、作犇也。此例甚多，並有影響及字義之解說者，因別立專章討論。

《史記》迻錄《尚書》之文甚多，其今本悉同者，固視而可識，然亦偶有例外，可知後人容有據《史記》改《尚書》，或據《尚書》改《史記》者。

〔註8〕 見《崔東壁遺書》《唐虞考信錄》頁 29。
〔註9〕 見《師大學報》二卷二期。
〔註10〕 見《禹貢錐指》徐州「浮于淮泗達于河」條；《皇清經解》卷三十二。

其今本文異而實同者，或經爲後人誤改，或史爲後人誤易。蓋今之《尚書》，自東晉梅賾奏上古文以來，即已真僞雜厠，非復安國之舊文。且字體數更，迨唐天寶時，詔學士衞包改從俗書，古隸盡失，難保本真，此經文所由異也。《史記》經增補鈔刻，甚間不免竄亂，此史文所由異也。觀今傳諸刻，即同爲一書，而用字不同；則經史之互異，尤所難免。吾人生於今日，雖不得貿然據經改史，或據史改經；然經史之足可相證者，其有助於校勘，裨益於讀者，則無可疑。好學深思之士，明辨愼擇，當可相得益彰也。

第二節　摘要剪裁例

　　《史記》引述《尚書》，有摘取原文重要字句加以貫串，或裁取重要章節以入文者，爲摘要剪裁例。

一、摘取原文重要字句者

　　摘取原文重要字句者，如：

　　〈堯典〉：「五月南巡守，至于南岳，如岱禮；八月西巡守，至于西岳，如初；十有一月朔巡守，至于北岳，如西禮。」案：此節載巡守南、西北之禮，於南，云「如岱禮」；於西，云「如初」；於北，云「如西禮」，則此三方均如岱禮也，故〈五帝本紀〉摘要爲：「五月南巡狩，八月西巡狩，十一月北巡狩，皆如初。」

　　〈皐陶謨〉「禹曰：『都，帝！愼乃在位。』帝曰：『俞！』禹曰：『安汝止，惟幾惟康，其弼直……』此節前後兩「禹曰」，〈夏本紀〉摘要爲：「禹曰：『於！帝，愼乃在位，安爾止，輔德〔註11〕……』」裁省「帝曰俞，禹曰」及「惟幾惟康」諸字，以求簡要。又「惟慢遊是好，傲虐是作，罔晝夜額額，罔水行舟。」《史記》摘要爲：「維慢遊是好，毋水行舟。」則丹朱傲慢之情狀已見。

　　〈盤庚〉：「乃有不吉不迪，顚越不恭，暫遇姦宄，我乃劓殄滅之，無遺育。」〈伍子胥傳〉摘要爲：「有顚越不恭，劓殄滅之，俾無遺育。」

　　〈微子〉：「天毒降災荒殷邦，方興沈酗於酒。乃罔畏畏，咈其耇長、舊有位人。今殷民，乃攘竊神祇之犧牷牲，用以容，將食無災。降監殷民，用乂；讎斂，召敵讎不怠。罪合于一，多瘠罔詔。」〈宋世家〉摘要爲：「天篤

〔註11〕輔德所以訓經文「弼直」二字，江聲謂直爲惠之壞字，惠即今德字。

下菑亡殷國，乃毋畏畏，不用老長。今殷民乃陋淫神祇之祀。」而殷之禍徵已兆。

〈金縢〉：「爲三壤用壇，爲壇於南方，北面、周公立焉。〈魯世家〉摘要爲：「設三壇，周公北面立。」蓋封土曰壇，除地曰墠，〔註12〕皆所以備祭祀，故史遷取其重者而略其輕者；又三壇，太王、王季、文王各一，周公主祭，自須另立一壇於南，下文云「周公北面立」，其意已明。

又〈費誓〉全文一百八十二字，〈魯世家〉摘要爲：「(〈肸誓〉)曰：陳爾甲冑，無敢不善，無敢傷牿。馬牛其風。臣妾逋逃，勿敢越逐，致復之。無敢寇攘，踰牆垣。魯人三郊三隧，峙爾芻茭糗糧楨榦，無敢不逮。我甲戌築而征徐戎，無敢不及，有大刑。」僅用六十八字。

二、裁取重要章節者

裁取重要章節以入文者，如：

〈多士篇〉，自「用告商王士」下，有兩「王若曰」起句及四「王曰」起句之文共六段，〈周本紀〉僅裁取首段之文，作：「自湯至於帝乙，無不率祀明德，帝無不配天者。在今後嗣王紂，誕淫厥佚，不顧天及民之從也，其民皆可誅。」餘皆不取，蓋次段以下反覆告諭者，莫非此意也。且即此一段之中，猶摘要剪裁之，如「亦惟天丕建，保乂有殷，殷王亦罔敢失帝」；「誕罔顯于天，矧曰其有聽念于先王勤家」；「惟時上帝不保，降若茲大喪，惟天不畀不明厥德」諸句，均在刪削之列。至其與原文對照情形，請見附錄二第二九四、二九五兩條。

〈無逸篇〉，共七段，各段皆以「周公曰」起句，〈魯世家〉僅摘取其首二段中之文一百四十六字曰：「(毋逸稱)：爲人父母爲業至長久，子孫驕奢忘之以亡其家，爲人子，可不慎乎！(以上改寫首段之文) 故昔在殷王中宗，嚴恭敬畏，天命自度，治民震懼，不敢荒寧，故中宗之饗國七十五年。其在高宗，久勞於外，爲與小人。作其即位，乃有亮闇，三年不言，言乃讙。不敢荒寧，密靖殷國。至于小大無怨，故高宗饗國五十五年。其在祖甲、不義惟王，久爲小人于外，知小人之依，能保施小民，不侮鰥寡，故祖甲之饗國三十三年。」兩「周公曰」及「嗚呼我聞曰」等文，皆不錄，較兩段原文省一百四十六字。又《史記》「周多士」下，出「文王日中昃，不暇食，饗國五

〔註12〕見《禮記・祭法》鄭注。

十年」十三字，繫於多士稱曰下，實乃摘錄〈無逸〉第三段之文，且省略甚多。至其與原文對照情形，請見附錄二第二九七至三〇三條。

〈君奭篇〉，全文載周公之語十段，〈燕世家〉僅摘取第三段「公曰」以下周公歷舉前代賢臣輔佐時王之文，曰：「湯時有伊尹，假于皇天；在太戊，時則有若伊陟、臣扈，假于上帝，巫咸，治王家。在祖乙，時則有若巫賢；在武丁，時則有若甘般，率維茲有陳，保乂有殷。」五十六字。本經「在太甲，時則有若保衡」句，《史記》無者，蓋以保衡即伊尹也。案：《詩·長發》：「允也天子，降於卿士，實維阿衡，實左右商王。」敍在成湯伐夏之次，則阿衡非伊尹莫屬，〔註13〕《史記·殷本紀》則述伊尹佐太甲事甚詳，可互見也。至其與原文對照情形，請見附錄二第三〇四至三〇六條。

〈呂刑篇〉本經稱「王曰」者六，〈周本紀〉僅摘錄其第四段之文，曰：「王曰：吁！來！有國有土，告汝祥刑。在今爾安百姓，何擇、非其人？何敬、非其人？何居、非其宜與？兩造具備，師聽五辭，五辭簡信，正於五刑，五刑不簡，正於五罰，五罰不服，正於五過，五過之疵，官獄、內獄，閱實其罪，惟鈞其過。五刑之疑有赦，五罰之疑有赦，其審克之。簡信有眾，惟訊有稽；無簡不疑，共嚴天威。黥辟疑赦，其罰百率，閱實其罪。劓辟疑赦，其罰倍灑，閱實其罪。臏辟疑赦，其罰倍差，閱實其罪。宮辟疑赦，其罰五（一本作六，與本經同）百率，閱實其罪。大辟疑赦，其罰千率，閱實其罪。墨罰之屬千，劓罰之屬千，臏罰之屬五百，宮罰之屬三百，大辟之罰，其屬二百：五刑之屬三千。」蓋以此段全載刑罰科律，爲全文重心所在，故特摘引之也。至其與原文對照情形，請見附錄二第三一二至三二〇條。

〈文侯之命〉，本經分兩段，〈晉世家〉惟摘取「王若曰」一段中之文，作：「王若曰：父義和、丕顯文武，能慎民德，昭登於上，布聞在下；維時上帝集厥命于文武，恤朕身，繼予一位永其位。」四十二字，及增減「王曰」一段載天子賞賜晉侯之文，作：「天子使王子虎命晉侯爲伯，賜大輅，彤弓矢百，玈弓矢千，秬鬯一卣、珪瓚，虎賁三百人」三十三字，視本經之二百十二字，約節略三分之二。至其與原文對照情形，請見附錄二第三二一至三二三條。

〈費誓〉本經一百八十二字，〈魯世家〉摘錄其文云：「（〈肸誓〉曰）：陳爾甲胄，無敢不善，無敢傷牿，馬牛其風，臣妾逋逃，勿敢越逐，敬復之。無敢寇攘踰牆垣。魯人三郊三隧，峙爾芻茭糗糧楨榦，無敢不逮；我甲戌築

────────────

〔註13〕郭沫若有說，見《殷契粹編考釋》頁33。

而征徐戎，無敢不及，有大刑。」僅六十七字，節略幾達三分之二。至其與原文對照情形，請見附錄二第三二四至三二七條。

摘要剪裁之例，皆擷其菁華，雖文字頗有減省，然字句鮮有改易，故精蘊盡得而原文風貌不失，此史公行文簡潔佳勝處。

第三節　訓詁文字例

以訓詁字代原文，本爲古人引書之通例，如《尚書》「克明俊德」，《大學》引作「峻德」；「禹拜昌言」，《孟子·公孫丑》作「善言」，蓋古人所重者義，非如後人之字字必較也。《史記》引述《尚書》，於艱奧之文字，每以淺近而意義相當，或義近通用之另一字以代經，亦有以同音或音近之字假借者，爲訓詁字句例。其訓詁之字，或意義相當，或義近通用，或音同、音近，細分雖殊，而其以通行易解之字爲訓，則無二致也。

一、以意義相當之字代經者

以意義相當之字代經者，如：

〈堯典〉「克明俊德」，〈五帝本紀〉作「能明馴德」；克訓能，見《爾雅·釋詁》，俊作馴，蓋義近通用，說見下文；「欽若昊天」作「敬順昊天」；欽訓敬，亦見《爾雅·釋詁》；若馴順，見爾雅釋言。又「寅賓出日」作「敬道出日」；寅訓敬，見《爾雅·釋詁》；〔註14〕賓訓道，見《說文》及《廣雅·釋詁》。說文人部云：「儐，導也」；段注云：「賓讀平聲，儐讀去聲，此自後人分別，古無是也。」又云：「導道古今字。」又「寅餞納日」作「敬道日入」；餞訓道者，《孔傳》云：「餞，送也。」道亦有送義。陳喬樅謂道即導字，導猶引也，兼有迎送二義：〈周語〉「侯人爲導」，注：「賓至爲先導也」，此迎義字；《孟子》：「有故而去則君使人導之出疆」，此送義也，〔註15〕可證。納作入，疑《史記》用今文，說見第四章。「三載」作「三年」；載訓年，見《爾雅·釋天》。「汝陟帝位」作「女登帝位」，經文汝本作女，《撰異》有說；陟訓登，見《爾雅·釋詁》。

又「濬川」作「決川」；濬訓決，見《說文》。「惇德允元，而難任人」作

〔註14〕寅本作夤，《說文》云：「夤，敬惕也。」《文選·永明九年策秀才文》「夤奉天命」，李善注引《爾雅》亦作夤。

〔註15〕見《今文尚書經說考》。

「行厚德，遠佞人」；惇訓厚，任訓佞，並見《爾雅·釋詁》。難與遠義近，說見下文。

又「惟時懋哉」作「維是勉哉」；時訓是，見《爾雅·釋詁》，懋訓勉，見《說文》。「詩言志，歌永言」作「詩言意，歌長言」；志訓意，永訓長，並見《爾雅·釋詁》。「讒說殄行，震驚朕師」作「讒說殄偽，振驚朕眾」；行訓為者，《呂覽·愛類篇》：「無不行也」，注：「行，為也」；又《國語·晉語》：「諸侯之為」，注：「為，行也」；行為二字互訓。震與振同音通用，說見下文。師訓眾，見《爾雅·釋詁》。

又「允釐百工」作「信飭百官」；此句除百字外，皆以訓詁字代之。允訓信，見《爾雅·釋詁》。釐與飭，工與官則音近通用也。

又「庶績咸熙」作「眾功皆興」；全句皆以訓詁字代之。庶訓眾，績訓功，咸訓皆，熙訓興，並見《爾雅·釋詁》。

〈皋陶謨〉「謨明弼諧」，〈夏本紀〉作「謀明輔和」，亦皆以訓詁字釋經。謨訓謀，弼訓輔，並見《說文》；諧作和，見《爾雅·釋詁》。又「庶明勵翼」作「眾明高翼」；勵訓高，見《淮南子·脩務訓》。「巧言令色」作「巧言善色」；令訓善，見《爾雅·釋詁》。「載采采」作「始事事」；載訓始，采訓事，並見《爾雅·釋詁》。「底可績」作「致可績行」；底訓致，見爾雅釋言。「距川」作「致之川」，距作致，亦訓詁字，見《廣雅·釋詁》。「烝民乃粒」作「眾民乃定」；烝訓眾，見《爾雅·釋詁》；粒作定，見《經義述聞》（卷三）。「師汝昌言」作「此而美也」；師訓此，二字古音同屬第十五部，音相近，然二字義不相類；江聲說師為斯之誤，以師音近斯而誤為師，斯則訓此也。汝與而音近通用。昌訓美，見《說文》。言字不訓也，考《史記》引《尚書》，言字皆不易字，疑也為言之誤。「帝不時敷」作「帝即不時布」；敷訓布，見《詩·小旻》傳。〔註16〕

〈禹貢〉「隨山刊木」，〈夏本紀〉作「行山表木」；隨訓行，見《廣雅·釋詁》；刊與表義相近。「達于河」作「通于河」；達訓通，見《說文》。于於古今字。「九江孔殷」作「九江甚中」；孔訓甚、殷訓中，分見《爾雅·釋言》、〈釋詁〉。「雲土夢作乂」作「雲土夢為治」；作訓為，乂訓治，亦分見《爾雅·釋言》、〈釋詁〉。「底柱」作「砥柱」：底作砥，二字《說文》為重文，底砥古今字也。

〈湯誓〉：「非台小子敢行稱亂」，〈殷本紀〉作「匪台小子敢行舉亂」，非

〔註16〕《詩·小旻》：「敷于下土」，傳：「敷，布也。」

與匭音近通用。稱訓舉，見《爾雅‧釋詁》，「我后」作「我君」；后訓君，見《爾雅‧釋詁》。「穡事」作「嗇事」；穡訓嗇，嗇穡古今字也；朱駿聲《說文通訓定聲》及徐灝《說文箋》有說。「率遏眾力」作「率止眾力」；遏訓止，見《爾雅‧釋詁》。

〈高宗肜日〉「雊雉」，〈殷本紀〉作「飛雉登鼎耳而呴」；雊作呴，二字音義俱同也。《說文》四篇上佳部：「雊，雄雉鳴也。」夏小正「雉震呴，……呴也者，鳴也。」並訓雉鳴。「王司敬民」作「王嗣敬民」；司作嗣，司爲嗣之初文也；呂大臨《考古圖》載晉姜鼎云：「余惟司朕先姑」，《集古錄》、劉原父皆釋司爲嗣，又宗周鐘：「我隹司配皇天」，司即嗣也。「罔非天胤」作「罔非天繼」；胤訓繼，見《爾雅‧釋詁》。「典祀」作「常祀」；典訓常，亦《爾雅‧釋詁》文。

〈西伯戡黎〉：「不有康食」，〈殷本紀〉作「不有安食」；康訓安，見《爾雅‧釋詁》。

〈微子〉：「弗或亂正」，〈宋世家〉作「不有治政」；弗與不通用，或訓有，見〈考工記〉柱人注；亂訓治，見《爾雅‧釋詁》。正訓政者，《廣雅‧〈釋詁〉》云：「政，正也。」是也。

〈牧誓〉：「逖矣」，〈周本紀〉作「遠矣」；逖訓遠，見《易‧渙卦》注及《左傳》僖公二十八年注。〔註17〕「不愆于」作「不過於」；愆訓過，見《說文》；于作於，古今字也。「夫子勖哉」作「夫子勉哉」；勖訓勉，亦見《說文》。

〈洪範〉：「九疇」作「九等」；疇訓等。案《後漢‧宣帝紀》：「復其後世，疇其爵等」，張晏曰：「疇者等也。」

〈金縢〉：「乃自以爲功」，〈魯世家〉作「乃自以爲質」；功訓質，見《爾雅‧釋詁》。「罔不祗畏」作「罔不敬畏」；祗訓敬，亦見《爾雅‧釋詁》。「武王既喪」作「武王既崩」；喪訓崩者，〈曲禮〉云：「天子死曰崩。」

〈無逸〉：「舊勞于外」，〈魯世家〉作「久勞于外」；舊訓久。案：《說文》：「龜，舊也」；《白虎通‧蓍龜篇》：「龜之爲言久也。」是舊與久同義，孫《疏》有說。

〈呂刑〉：「五辭簡孚」，〈周本紀〉作「五辭簡信」；孚訓信，見《爾雅‧釋詁》。「墨辟疑赦」作「黥辟疑赦」；墨訓黥。案：鄭注《周禮‧司刑》云：「墨，黥也。」故漢人英布受墨刑，遂稱黥布。

〔註17〕《易‧渙卦》上九爻辭：「渙其血，去逖出，旡咎。」注：「逖，遠也。」《左傳》僖公廿八年傳：「紂逖王應」，注同。

－52－

〈費誓〉：「三郊三遂」作「三郊三隧」；隧本作遂，見《說文通訓定聲》。「峙乃楨榦」作「峙爾……楨榦」，峙作峙，《孫疏》云：「峙從止，俗從山」，則峙為正字。

二、以義近通用之字爲訓者

以義近通用之字爲訓者，如：

〈堯典〉「克明俊德」，〈五帝本紀〉作「能明馴德」；俊作馴，王叔岷先生謂二字皆有美善之義，「史公蓋以馴說俊耳」。〔註18〕是二字義相近也。〈大學篇〉引〈帝典〉作峻，《論衡・程才篇》作俊、《漢書・平當傳》作峻，則今古文皆有作俊、作峻者，作馴非今古文之異也。徐廣曰：「馴，古訓字。」小司馬謂《史記》馴字，徐廣皆讀曰訓，訓，順也；蔡《傳》釋俊爲大，則與駿同義。然順與大，亦有美善之義也。又「愼徽五典」作「愼和五典」；徽訓和。按：馬融云：「徽，善也」，〔註19〕《呂覽・貴公》：「夷吾善鮑叔牙」，注：「善，猶和也」，故徽可訓爲和。「烈風雷雨」作「暴風雷雨」；烈訓暴。按：《說文》火部云：「烈，火猛也」；本部云：「暴，疾有所趣也」，今隸變作暴；疾與猛義近。「而難任人」作「遠佞人」；難訓遠者，《爾雅・釋詁》云：「阻，難也」，阻有疏遠之義。

〈禹貢〉「隨山刊本」，〈夏本紀〉作「行山表木」；刊訓表者，刊，說文作栞，篆文作㭊，云：「槎識也」，槎識謂斫木爲記，即表記也。《索隱》云：「刊木立爲表記」，刊者，所以表也，二字義相近。

〈湯誓〉「率割夏邑」，〈殷本紀〉作「率奪夏國」，割與奪義相近。

〈多士〉：「明德恤祀」，〈魯世家〉作「率祀明德」；恤訓率。案：《經義述聞》說恤訓愼，率則訓循，遵循不違，則與愼義相近。

〈呂刑〉：「其罪惟均」，〈周本紀〉作「惟鈞其過」；罪訓過。案：過之引伸義爲失，失與犯法〔註20〕義相近，而有輕重之別。

〈費誓〉：「敹乃甲冑」，〈魯世家〉作「陳爾甲冑」；敹作陳。按：說文訓敹爲擇，孫《疏》曰：「〈夏小正〉云：『陳筋革者，省兵甲也。』省亦擇也。」是陳亦有擇義，與敹義通也。

〔註18〕見《史記斠證》頁40。
〔註19〕見《經典釋文》引。
〔註20〕罪本作辠，《說文》云：「犯法也。」

三、以音同音近之字爲訓者

以同音或音近之字爲訓者，如：

〈堯典〉：「納于百揆」〈五帝本紀〉作「徧入百官」；揆作官。案：揆乃官之假借，同爲見母也。「肆類于上帝」作「遂類于上帝」；肆作遂。案：肆與遂，音相近，古音同在第十五部，此非祭名也。故《周禮・鐘師》職，杜子春引呂玉《國語注》云：「肆，遂也」；〈夏小正〉傳同。「惟刑之恤哉」作「惟刑之靜哉」，恤訓靜。按：《集解》及《索隱》均謂古文作恤，今文作謐；謐，靜也，見《爾雅・釋詁》。段玉裁《古文尚書撰異》說恤與謐同部相假借，故可訓爲靜，王引之《經義述聞》說同。〔註21〕「震驚朕師」作「振驚朕師」；震訓振者，二字同音通用：《易・恆卦》：「振恆」，《釋文》云：「張注本作震」；《荀子・正論》：「莫不振動從服」，注：「振與震同。」是振與震通用也。「允釐百工」作「信飭百官」；釐訓飭，古音同在一部，皆訓理，〔註22〕工訓官，並見母字，故《詩・臣工》，《毛傳》云：「工，官也。」此音近義通也。

〈皋陶謨〉：「勑天之命」，〈夏本紀〉作「陟天之命」，勑訓陟，古音同屬第一部，音近通用也。〈封禪書〉「〈伊陟〉」，《集解》引徐廣云：「陟，古作勑」，可證。

〈禹貢〉：「奠高山大川」，〈夏本紀〉作「定高山大川」，奠訓定。鄭注《周禮・司市》，奠讀爲定；二字雙聲也。故《漢書・地理志》，師古曰：「奠，定也。」「大野既豬」作「大野既都」，豬作都，古同音通用也，二字古音並爲端母、第五部。揚雄〈揚州箴〉、《論衡・書篇》、《漢書・地理志》皆不作都，則都非今文也。「九江納錫大龜」作「九江入賜大龜」，錫訓賜，二字同從易得聲，故經典多假錫爲賜。《說文》金部：「錫，銀鉛之間也」；貝部：「賜，予也」；是賜爲本字。「陪尾」作「負尾」；陪作負者，丁顯曰：「古無輕脣音，負字本讀如陪」；〔註23〕案：古無輕脣音，錢大昕所證明，故負與陪雙聲；又二字同在第一部。「大伾」作「大邳」；伾作邳，同音假借也。江聲說地名當從阜，〈地理志〉、〈溝洫志〉及〈禹貢〉作伾，均用假借字也。「滄浪之水」作「蒼浪之水」；滄作蒼，同音假借也。《孟子・離婁》、《楚辭・漁父》、《水經注・沔水》、〈地理志〉均作滄，《說文》一篇艸部：「蒼，艸色也」，則蒼爲

〔註21〕見《經義述聞》卷三「惟刑之邮哉」條。

〔註22〕鄭注《易・噬嗑》云：「飭猶理也」；又《詩傳》云：「釐，理也。」

〔註23〕此本錢大昕說：見丁顯《十三經諸家引經異字同聲考》（卷二）。

假借字也。「逾于洛」作「踰于雒」；逾訓踰。案：說文二篇下辵部：「逾，迻進也」；足部「踰，越也。」二字並從俞得聲，音同義近也。

〈甘誓〉：「孥戮」，〈夏本紀〉作「帑僇」；孥作帑，戮作僇，均同音假借字。段玉裁說古奴婢、妻奴字但作奴；《說文》七篇下巾部：「帑，金幣所藏也」；《詩・小雅常棣》傳云：「帑，子也」，此假借之法，與《史記》同。《集韻》：「戮，《說文》殺也，古作僇」，此謂古書假僇爲戮也。說文八篇上人部：「僇，癡行僇僇也」，與戮義有別，則僇僇爲假借字可知。

〈湯誓〉：「非台小子敢行稱亂」，〈殷本紀〉作「匪台小子敢行舉亂」；非作匪，音近通也。《說文》十二篇下匚部：「匪，器似竹篋」，此借爲非也，《詩・柏舟》「我心匪鑒」、「我心匪石」均同。「如台」作「奈何」；皆以雙聲通用也。如，日母，奈，泥母，日母古同泥；台，喻母；何，匣母；喻母古同匣。

〈西伯戡黎〉：「格人元龜」，〈殷本紀〉作「假人元龜」；格作假，二字爲見母，音近通用也。〈君奭〉「格于上帝」，〈燕世家〉引格亦作假。

〈微子〉：「弗或亂正」，〈宋世家〉作「不有治政」；弗訓不，音近通用。《說文》十二篇下：「弗，矯也」，段注：「矯者，揉箭箝也，引伸爲矯拂之用」。故無輕脣音，弗音如不，故經典多二字通用，[註24]〈堯典〉：「續用弗成」，〈五帝本紀〉作「功用不成」，亦此例也。「殷其淪喪」作「殷其典喪」；淪訓典，蓋典讀如殄，《說文》四篇下歹部：「殄，盡也」，十一篇上水部：「淪，一曰沒也」，故典與淪義相近也，錢大昕《史記考異》亦有說。[註25]「天毒降災」作「天篤下菑」；毒訓篤，毒篤雙聲，古音同屬三部，音相近，又二字並訓爲厚，見《說文》及《爾雅・釋詁》。災作菑，音近假借，古音同屬精母、一部。《說文》一篇艸部：「菑，不耕田也」，又裁害字籀文作災，則菑爲假借字也。

〈牧誓〉：「姦宄」，〈周本紀〉作「姦軌」；宄作軌。案：二字同屬見母，古音並第三部，同音假借也。《孫疏》謂《史記》借車軌字爲宄，是也。

〈洪範〉：「陰騭下民」，〈宋世家〉作「陰定下民」；騭訓定，孫《疏》謂騭訓格，格訓正，正訓定，則騭可訓定。按：騭，古聲爲定母，與字子雙聲。「沈潛」作「沈漸」；潛作漸，二字並從母字，古音潛在第七部，漸第八部，音近通用也。「衍忒」作「衍貣」；忒作貣，同音通用。《集解》引鄭《注》作

〔註24〕如《禮記・檀弓》：「士弗能死也」，《釋文》云：「弗本作不。」又〈祭義〉「如弗勝」，《釋文》云：「弗本亦作不。」
〔註25〕錢大昕云：「典讀如殄，典喪者，殄喪也。」說見《史記考異》。

貣，《易‧豫卦》、《詩‧緇衣》，《釋文》並云：「忒，一本作貣。」「庶草蕃廡」作「庶草繁廡」；蕃作繁，同音通用也。繁爲緐之俗字，《漢書‧谷永傳》、班固〈靈臺詩〉並引作蕃，《說文》六篇林部棥字下引作緐，是蕃緐通用也。

「威用六極」作「畏用六極」，威作畏者，二字雙聲，古音並屬十五部，音近通用也。「王省惟歲」作「王眚維歲」；省作眚，同音通用也。〈康誥〉「人有小罪非眚」、「乃惟眚災」，《潛夫論》引之，兩眚皆作省；《公羊傳‧莊二年》：「肆大省」，《左氏》、《穀梁》皆作眚，可證。此處馬訓爲省察，則省爲本字矣。

〈金縢〉「穆卜」，〈魯世家〉作「繆卜」；穆作繆，徐廣曰：「古書穆字多作繆。」同音假借也。惟穆繆二字本義皆不敬，疑本字作睦，《一切經音義》引此經及孔《傳》作睦，《說文》曰：「睦，一曰敬和也」，與經義正合。「寶命」作「葆命」；寶作葆，徐廣曰：「《史記》珍寶字皆作葆」，同音通假也。葆，說文訓「艸盛兒」，此假爲寶也。

〈君奭〉：「甘盤」，〈燕世家〉作「甘般」；盤作般。案：般爲盤之本字，二字同音通用。卜辭有「自般」，董作賓《甲骨文斷代研究例》以爲即甘盤；《漢書‧古今人表》則作盤。

〈呂刑〉：「其罰百鍰」作「其罰百率」；鍰作率，假借字也。鍰本作爰、金文屢見，〔註26〕〈散氏盤〉則借爰字爲之，後又加金作鍰，故《說文》云：「鍰，鋝也。」戴震謂鋝讀如刷，〈呂刑〉之鍰當爲鋝，故《史記》作率，《漢書》作選，《伏生大傳》作饌；〔註27〕此謂作率、作選、作饌，爲音近假借也。郭沫若云：「《尙書》古本必作爰，其晚出者或作鋝，今文家本於口授，故以率字寫其音，古文家則誤讀爰若鋝，爲鍰也。」〔註28〕亦以率爲鋝之音假字。黎建寰先生云：「爰字乃鋝之形近假借字，鍰則又爰假爲將之後起俗字也。」〔註29〕以是言之，作鍰、作率，皆假借字也。

〈文侯之命〉：「盧弓」，〈晉世家〉作「旅弓」；盧作旅，音近假借也。案：二字古音同屬來母、五部，伯晨鼎：「旅弓旅矢」。胡師自逢云：「據銘知古但作旅也。」〔註30〕

意義相當之字，或爲本義，或爲經典常詁，故多見於《爾雅》、《說文》，

〔註26〕如：禽彝作，商尊作，毛公鼎作（五）梁布作。
〔註27〕見《東原集》卷三：〈辨《尚書》、〈考工記〉鋝鋝二字〉。
〔註28〕見《兩周金文辭大系考釋》。
〔註29〕見《尚書周書考釋‧呂刑篇》。
〔註30〕見《金文釋例》頁293。

然此類字亦有可以聲音說之者，如《爾雅》陟訓登、任訓俒、時訓是，陟、登同為端母，任、俒古同為泥母，時、是同為禪母；說文懋訓勉，彌與輔均為雙聲。即義近之字，如恤與率；恤為心母，率為疏母，疏母古同心母也。蓋音聲、詁訓相為表裡，義恆存乎聲，昔黃季剛先生有言：「詳考吾國文字，多以聲音相訓，其不與聲音相訓者，百分之中不及五六。」〔註31〕以是言之，則知凡詁訓字多有聲音之關係也。

　　至如邦之作國，納之作入，宅之作度，啟之作開，雖為經典常訓，然實據今文而書，非以訓詁字代經也。

第四節　翻譯文句例

　　《史記》引述《尚書》，遇艱奧文句，輒以簡明之語譯之，為繙譯原文例。繙譯固為訓詁之一途，然前例所訓者為文字，此所譯者乃文句，其譯文又可分縮短與增長兩類。

一、譯文縮短者

　　〈堯典〉：「疇咨若時登庸」，〈五帝本紀〉譯為「誰可順此事」。案：吳汝綸說疇咨猶言誰哉，此以誰釋疇也；順釋若，見《爾雅‧釋言》，此釋時，見《廣雅‧釋詁》；事指上文所言之事。是此句乃直譯與意譯兼用。書《疏》云：「此言誰能咸熙庶績，順是事者，將登用之。」說與《史記》合。又「疇咨若予采」譯為「誰可者」，若予采三字未譯，然其意可承上文而明。「二十有八載帝乃殂落」譯為「二十八年而崩」。案：此以年譯載，而譯乃，崩譯殂落，又省「有、帝」二字。「四海遏密八音」譯為「四方莫舉樂」。案：此以四方譯四海，莫舉樂譯遏密八音。

　　〈皋陶謨〉：「思曰贊贊襄哉」，〈夏本紀〉譯為「思贊道哉」。案：孫《疏》說下贊字史公訓為道，〈周語〉：「內史贊之」，韋昭注云：「贊，道也」，道，謂導之。

　　〈金縢〉：「乃并是吉」，〈魯世家〉譯為「遇吉」。案：《論衡‧卜筮篇》引作「乃逢是吉」，此今文也，段氏說《史記》遇蓋逢之訓詁，是遇吉為譯文。「予小子新命于三王」譯為「且新受命三王」。案：予小子即周公自稱，故《史記》

譯為旦；新命于三王，與前文「乃命于帝庭」語例相同，《史記》「乃命于帝庭」照錄原文，孔《傳》釋為「受命於天庭」，又釋此句為「新受三王之命」，並有「受」字，此或本《史記》為說，《史記》譯「命」為「受命」，義極明確。「公歸乃納冊于金縢之匱中」譯為「周公藏其策金縢匱中」。案：此以藏譯納，冊從今文作策，加「其」字而省歸、乃、于、之，諸字，譯文簡潔。

〈召誥〉：「越若來三月」，〈魯世家〉譯為「其三月」。案：越若二字為發證詞，與〈堯典〉〈皋陶謨〉「粵若稽古之粵若同，無義；來，猶來年、來生之來，此承上文「惟二月」言之也。《史記》前文云：「成王七年二月」，則此逕譯為「其三月」，語義已顯。

二、譯文增長者

〈堯典〉：「明明揚側陋」，〈五帝本紀〉譯為「悉舉貴戚及疏遠隱匿者」。案：此以舉字譯上明字及揚字，以貴戚譯下明字，以疏遠隱匿譯側陋，並加悉、及、者三字以貫串之，其義甚明。孔《傳》云：「明舉明人在側陋者」，此注未釋側陋，又以所舉者僅明人在側陋者，書《疏》云：「側陋者，僻側淺陋之處，意謂不問貴賤，有人則舉。」於明、側陋雖有釋，究不如《史記》所說為明白簡易，讀經者當取此以證之，此《史記》之足以證成經說者也。朱駿聲《尚書古注便讀》釋此經云：「明明，察舉貴戚也；揚側陋，超舉疏遠者也。」此本《史記》為說，是也。又「師錫帝」譯為「眾皆言於堯」。案：此以眾譯師者，見《爾雅・釋詁》；以言譯錫者，吳汝綸《尚書故》曰：「爾雅錫予同訓，予言同訓，故錫訓言。」史公以上言眾，故增「皆」以修飾言字，又增於字為介詞，以合當時口語也。

「女于時」譯為「於是堯妻之二女」。案：楊筠如《尚書覈詁》謂女字因下兩女字而衍，于時當屬下讀；屈翼鵬先生本之，謂「《史記》之說，乃用此事，非釋此文也。」〔註32〕然《孔傳》釋此經云：「堯於是以二女妻舜」，《書疏》云：「妻舜於是」，並以妻釋女，與《史記》同；《淮南・泰族訓》、《論衡・正說篇》、《金樓子・后妃篇》並作「妻以二女」，戴氏《九經古義》亦云：「言于是女之」，似以不改經為是。《史記》之文，乃以當時口語譯之也。

「納于百揆」譯為「乃徧入百官」。案：此以入譯納，以官譯揆，〔註33〕

〔註32〕見屈萬里《尚書集釋》，頁16。
〔註33〕魯實先先生以揆為官之假借，二字上古音同為見母也。

並增「乃徧」二字而省介詞于字以暢文意也。又「弗迷」作「舜行不迷」，亦
繙譯之文。

「懋遷有無化居」譯爲「食少，調有餘補不足徙居」。案：《孫疏》謂史
公說懋爲調者，《廣雅・釋詁》云：「調，賣也。」調爲鬻，義同貿也，有爲
有餘，無爲不足；遷爲徙者，釋詁文；化即古貨字，古布以化爲貨；居，史
公讀爲著，積貯之名。又「艱食」作「難得之時」，亦繙譯之文。

〈禹貢〉：「禹錫玄圭」，〈夏本紀〉譯爲「於是帝錫禹玄圭」。案：依《史
記》說，則禹賜乃錫禹之例文，故《蔡傳》不從，而以錫與師錫之錫同，謂
水土既平，禹以玄圭爲贄而告成功于舜也。然《孔傳》及師古注《漢書》均
與《史記》說同，《史記》著一「帝」字而義尤明確。

〈微子〉：「殷其弗成亂正四方」，〈宋世家〉譯爲「殷不有治政，不治四
方。」案：漢人多以有釋或：《詩・商頌・玄鳥》：「正域彼四方」，毛《傳》
云：「域，有也」，域之初文作或；〈考工記〉匠人注：「或，有也」；高誘注《淮
南子》亦屢言之。亂譯爲治，見《爾雅・釋詁》。正，譯爲政，〈甘誓〉「御非
其馬之正」，〈夏本紀〉及《墨子・明鬼篇》亦引作政。《史記》譯語以「不治
四方」補充「不有治政」，義尤明確。

〈金縢〉：「二公曰我其爲王穆卜」，〈魯世家〉「二公」譯爲「太公召公」。
案：此乃義譯《尚書》之文；下「周公乃告二公」之「二公」，作「太公望、
召公奭」，亦同。

繙譯之文視本經用字或增或省，不必字字對應，皆與原意吻合，又能保
持本經語氣，而使文意更爲明白曉暢，蓋多以漢代語文釋經之故也。

第五節　改寫原文例

《史記》引述《尚書》，有但取其義，而別造詞句代之，或變易原文次序
及語氣者，此與繙譯之處處依傍原文且保持原文語氣者不同，是爲改寫原文
例。此或原文語氣與所需不合，或原文簡奧難明，或原意晦澀費解，故改爲
簡明通俗之文句。凡此，皆視行文需要而定。

一、檃括原文者

〈皋陶謨〉：「無教逸欲有邦，兢兢業業，一日二日萬幾。無曠庶官，天

工人其代之。」此言有國者無教以佚游，當戒其危，日日事有萬端也。庶官毋置非其人，當使有司各司厥職以代天工也。〈夏本紀〉隱括之云：「勿教淫邪奇謀，非其人居其官，是為亂天事。」此以「淫邪奇謀」說「逸欲」，以「非其人居其官是為亂天事」說「無曠庶官，天工人其代之」，而兢兢業業，一日二日萬幾之意，不言可喻。

又：「侯以明之，撻以記之，書用識哉，欲並生哉。工以納言，時而颺之，格則承之庸之，否則威之。」此言庶頑讒說者，當以侯、撻、書懲之，皆不致之死地；有美德善言令舉者則進用之，〈夏本紀〉櫽括之云：「君德誠施皆清矣」，此以「君德誠施」總括全文，並言其效應也。

〈西伯戡黎〉：「祖伊反曰：鳴呼！乃罪多參在上，乃能責命于天，殷之即喪，指乃功，不無戮于爾邦。」〈殷本紀〉櫽括之，云：「祖伊反曰；紂不可諫矣。」又〈宋世家〉云：「及祖伊以西伯昌之修德，滅阢國，懼禍至，以告紂，紂曰：我生不有命在天乎！是何能為。」〈周本紀〉云：「……明年，伐密須，明年，敗耆國。殷之祖伊聞之，懼以告帝紂，紂曰：不有天命乎！是何能為。」並櫽括〈西伯戡黎〉之文。

〈微子〉：「商今其有災，我興受其敗。商其淪喪，我罔為臣僕。詔王子出迪，我舊云刻子；王子弗出，我乃顛躋。自靖，人自獻于先王；我不顧行遯。」此載父師告微子之言；〈宋世家〉櫽括之云：「今誠得治國，國治，身死不恨，為死終不得治，不如去。遂去。」又〈殷本紀〉云：「……紂愈淫亂不止。微子數諫不聽，乃與太師少師謀，遂去。」〈周本紀〉云：「（武王）二年，聞紂昏亂，暴虐滋甚，殺王子比干，囚箕子，太師疵、少師彊，抱其樂器而犇周。」並櫽括〈微子篇〉之文。

〈金縢〉前段載武王有疾，周公卜於三王，欲以身代，並藏策於金縢匱中。王翼日乃瘳。其文敘龜卜之事及策祝之詞甚詳；〈周本紀〉約之云：「武王病，天下未集，群公懼，穆卜。周公乃祓齋，自為質，欲代武王。武王有瘳，後而崩。」此亦櫽括改寫之法。

〈召誥〉、〈洛誥〉二篇記召公、周公經營洛邑事，篇中敘召公及周公與成王對答之辭甚詳，〈周本紀〉櫽括之云：「成王在豐，使召公復營洛邑，如武王之意。周公復卜，申視，卒營築，居九鼎焉，曰：此天下之中，四方入貢道里均。作召誥、洛誥。」

〈多士〉：「惟天不畀不明厥德，方小大邦喪，罔非有辭于罰。」此言天

不予不能昭明其德之人，凡四方小大邦之喪，無非有應受懲罰之罪狀。〈魯世家〉則以「其民皆可誅」一語以括之。

〈無逸〉：「周公曰：嗚呼！君子所其無逸，先知稼穡之艱難，乃逸，則知小人之依。相小人，厥父母勤勞稼穡，厥子乃不知稼穡之艱難，乃逸、乃諺，既誕。否則侮厥父母曰：昔之人，無聞知。」此節言君子與小人勞逸之辨，〈魯世家〉改爲：「爲人父母，爲業至長久，子孫驕奢忘之，以亡其家。爲人子可不愼乎！」此以「父母爲業至長久」櫽括「先知稼穡之艱難，乃逸」；「子孫驕奢」至「以亡其家」櫽括「厥子乃不知稼穡之艱難」以下之文，並加「可不愼乎」一語以告戒之。

〈顧命〉：「乃同召太保奭、芮伯、彤伯、畢公、衛侯、毛公、師氏、虎臣、百尹、御事，……用敬保元子釗，弘濟于艱難。」〈周本紀〉作：「乃命召公畢公以相太子而立之。」又：「太保率西方諸侯入應門左，畢公率東方諸侯入應門右。」作：「二公率諸侯以太子釗見於先王廟。」亦均櫽括改寫之文也。

二、敷衍原文者

〈堯典〉：「岳曰：异哉！」异字古奧難解，〈夏本紀〉改爲：「四嶽曰：等之未有賢於鯀者，願帝試之。」則明白易解。又：「帝曰：俞！汝往哉。」往字含義籠統，〈夏本紀〉改爲：「舜曰：女其往視爾事矣」，則文義明確。又：「瞽子，父頑、母嚚，象傲，克諧以孝，烝烝乂，不格姦」，〈舜本紀〉改爲：「舜父瞽叟盲，而舜母死，瞽叟更娶妻而生象，象傲，瞽叟愛後妻子，常欲殺舜，舜避逃，及有小過則受罪，順事父及後母與弟，日以篤謹，匪有解。」又：「女于時，觀厥刑于二女，釐降二女于嬀汭，嬪于虞，帝曰：欽哉！」〈舜本紀〉改爲：「於是堯乃以二女妻舜，以觀其內；使九男與處，以觀其外。舜居嬀汭，內行彌謹，堯二女不敢以貴驕，事舜親戚甚有婦道，堯九男皆益篤。」此皆雜採《孟子》以敷衍成文，而較原文尤爲生動。

又：「舜生三十徵庸，三十在位，五十載，陟方乃死。」〔註34〕此節文句簡質，〈五帝本紀〉改爲：「舜年二十以孝聞，年三十堯舉之，年五十攝行天子事，年五十八堯崩，年六十一代堯踐帝位，踐帝位三十九年，南巡狩，崩於蒼梧之野，葬於江南九疑，是爲零陵。」此兼採《大戴記・五帝德》爲說，

〔註34〕鄭注讀作：「舜生三十，徵庸二十，五十載，陟方乃死。」

於帝舜之履歷，敘述尤詳。〔註35〕

　　〈禹貢〉：「禹敷土」，文亦簡質；〈夏本紀〉改爲：「禹乃遂與益、后稷，奉帝命，命諸侯百姓，興人徒以傅土。」此兼採《孟子‧滕文公篇》，並增「命諸侯百姓興人徒」八字爲文，義尤詳盡。

　　〈盤庚〉：「盤庚遷殷，民不適有居，率籲眾慼出矢言，……不常厥邑，于今五邦」一節，〈殷本紀〉改爲：「帝盤庚之時，殷已都河北，盤庚渡河南，復居成湯之故居，乃五遷五定處，殷民咨胥皆怨，不欲徒。」此文於遷徙前後之地均有說明，視原文爲明白可解。至所遷之殷，後世雖有爭論，〔註36〕然此恐非史公當日所能預知者也。

　　〈高宗肜日〉：「高宗肜日，越有雊雉。祖己曰：惟先格王，正厥事。」此節文義質奧，〈殷本紀〉改云：「帝武丁祭成湯明日，有飛雉登鼎耳而呴。武丁懼，祖己曰：王勿憂，先修政事。」不僅於原文「高宗肜日」、「雊雉」、「正厥事」等詞均有著落，且云飛雉登鼎耳而呴，武丁懼，又改「惟先格王」爲「王勿憂」，均較原文爲平易可解。其釋肜日雖未必是，〔註37〕而其改寫以求曉暢之意則不容忽視。

　　〈金縢〉：「乃卜三龜，一習吉。」〈魯世家〉改云：「於是乃即三王而卜，卜人皆曰吉。」此文不言三龜，而云「乃即三王而卜」，「一習吉」改爲「卜人皆曰吉」，文義尤爲淺顯。

三、變更原文語氣者

　　〈堯典〉：「帝曰：『咨！汝羲暨和，朞三百有六旬有六日……庶績咸熙。』」此節載帝稱羲和而命之，爲記言體。〈五帝本紀〉省略「帝曰咨汝羲暨和」，而以「歲三百六十六日」云云，直承上文「鳥獸氄毛」句，則爲敘事體。

　　又：「帝曰：『往欽哉！』」改爲：「堯於是聽嶽用鯀」；「帝曰：『欽哉！』」

〔註35〕按《大戴禮‧五帝德》云：「二十以孝聞乎天下，三十在位嗣帝所，五十乃死。」爲《史記》所本。

〔註36〕《史記》云：「復居成湯之故居」，〈書序〉又「亳殷」連稱，故班固〈地理志〉以西亳偃師爲湯都，皇甫謐以爲南亳穀熟（見書《疏》）；《括地志》以爲湯始居南亳，後居西亳；臣瓚又以爲湯都於山陽薄縣，即皇甫謐所謂北亳。此四說，當以臣瓚說爲是。至殷之所在，當在今河南安陽縣，〈項羽本紀〉所謂「洹水南殷虛」是也。王國維有說。

〔註37〕王國維說〈高宗肜日〉爲祖庚祭高宗之廟，非高宗祭成湯也；說見《觀堂集林》卷一〈高宗肜日說〉。

改爲：「堯善之」；「咨十有二牧曰：『食哉惟時，柔遠能邇，惇德允元』，改
爲：「命十二牧，論帝德，行厚德」；「舜曰：『咨！四岳』」，改爲「舜謂四嶽
曰」；「帝曰：『俞咨！垂，汝共工』」，改爲：「於是以垂爲共工」；「帝曰：『俞
咨！益，汝作朕虞』」，改爲：「於是以益爲朕虞」；「帝曰：『夔！命汝典樂』」，
改爲：「以夔爲典樂」。又〈金縢〉：「二公曰：『我其爲王穆卜』」，〈魯世家〉
改爲：「太公召公乃繆卜」。均改記言爲記事，亦即改直接語氣爲間接語氣。
若「囂訟，可乎」改爲：「頑凶，不用」，則是改疑問語氣爲否定語氣。

四、其 他

此外，亦有改變經文次序入文者，如〈堯典〉：「湯湯洪水方割，蕩蕩懷
山襄陵，浩浩滔天。」〈五帝本紀〉作：「湯湯洪水滔天，浩浩懷山襄陵。」
案臧琳《經義雜記》以爲今文《尚書》當作「湯湯洪水，懷山襄陵，浩浩滔
天」，《史記》倒爲「滔天浩浩」。皮氏《考證》謂今文當作「湯湯鴻水滔天，
浩浩懷山襄陵」。惟臧說別無佐證，皮說取《論衡》爲證，然《論衡·感虛
篇》引此但作「洪水滔天，懷山襄陵，」無湯湯浩浩諸字，其爲摘錄經文甚
明，實不足據。〈皋陶謨〉云：「洪水滔天，浩浩懷山襄陵」，《史記》蓋取此
文以改爲也。又「明四目，達四聰」作「明通四方耳目」，亦此之比也。

亦有不引原文而參考他文改寫者，如：

〈堯典〉：「欽明文思安安，允恭克讓，光被四表」，〈五帝本紀〉改作：「其
仁如天，其知如神，就之如日，望之如雲，富而不驕，貴而不舒，黃收純衣，
彤車乘白馬。」案：《大戴禮·五帝德》曰：「其仁如天，其知如神，就之如
日，望之如雲，富而不驕，貴而不豫，黃黼黻衣，丹車白馬。」劉師培氏〈史
記述堯典考〉謂《史記·五帝本紀》即本此爲說，「惟不豫作不舒，黃黼黻衣
作黃收純衣，丹作彤，白上有乘字。考遷書堯紀均述〈堯典〉，此獨舍〈堯典〉
用《大戴》，則以〈五帝德篇〉所述，即〈堯典〉舊誼，乃《尚書》古文說也。
蓋《史記》其仁如天四語，即分釋欽明文思，以欽爲寬和之誼（原注：《詩》
鼓鐘欽欽，《毛傳》云：言使人樂進也。陳《疏》引〈鳧鷖〉傳欣欣然樂，以
證欣欽聲轉。）故曰其仁如天；以明爲明察，故曰其知如神；以文爲煥乎有
文章之文，故曰就之如日；以思爲思念之思，言堯爲天下所懷歸，故曰望之
如雲。至貴而不驕二語，則允恭克讓之確詁。黃收以下，又詮釋光被四表之
辭。黃純（原注：《索隱》云：讀曰緇。）彤白爲四色之名，光蓋光華之光，

言帝堯車服應四方之色也。《禮・月令》言天子乘輅駕馬，載旗衣衣，均應五方之色，亦其旁徵。」〔註38〕則此節爲據《大戴禮・五帝德》文改寫無疑。惟《史記》據他文改寫以補充者多，如此類者，尚不多見。

改寫原文例，僅變更原文語氣及變更原文次序二例，尚能保持原文語詞，其外，多另造詞句以代之，而文義與原文不違，此較訓詁、繙譯之法尤費斟酌，於此益見史公譯述之技巧。

第六節　增插注釋例

《史記》引《尚書》，遇艱深難解處，除以訓詁字、繙譯、改寫諸法以代經外，凡因事義隱晦，而增插注釋者，爲增插注釋例。有注釋原文者；有補足上下文義者；有補充史事者。其意在使讀者易於瞭解。

一、注釋原文者

〈堯典〉：「正月上日，受終于文祖。」文祖爲專詞，不便改易，又恐讀者不明，故〈五帝本紀〉既引此文作：「正月上日，舜受終於文祖」，復於其下增注云：「文祖者，堯太祖也。」

又記舜巡狩四方云：「歲二月，東巡守，至于岱宗，柴，望秩于山川，肆覲東后，……五月，南巡守，至于南岳，如岱禮；八月，西巡守，至于西岳，如初；十有一月，朔巡守，至于北岳，如西禮。」岱宗、南岳、西岳、北岳，均爲專詞，〈五帝紀〉引此，僅改岳作嶽，又東后作東方君長；〈封禪書〉引，則各於其句下增注云：「岱宗，泰山也」、「南嶽，衡山也」、「西嶽，華山也」、「北嶽，恆山也」，又云：「東后者，諸侯也」。此類增注之文，均以訓詁之體行之，爲增插注釋例之典型。

二、補足上下文義者

〈堯典〉：「九載，績用弗成」，〈五帝本紀〉引此，僅以訓詁字易之，作「九歲，功用不成」，而〈夏本紀〉引，則作「九年而水不息，功用不成」，增「而水不息」，以明功不成者，乃水不息也。下文述放四罪云：「流共工于幽州，放驩兜于崇山，竄三苗于三危，殛鯀于羽山」，〈五帝本紀〉引作：「……

於是舜歸而言於帝，請流共工於幽陵，以變北狄；放驩兜於崇山，以變南蠻；遷三苗於三危，以變西戎；殛鯀於羽山，以變東夷。」增「舜歸而言於帝」，以明流放四罪乃應舜之請，「以變北狄」云云，則明放四罪之目的也。又下文記舜命益掌虞，云：「益拜稽首，讓于朱虎熊羆為佐」以明舜不遺賢之意。又文末云：「三載考績，三考，黜陟幽明，庶績咸熙，分北三苗。」〈五帝本紀〉引之，於「分北三苗」下，增「此二十二人，咸成厥功」云云，蓋以補足「庶績咸熙」之意也。

　　〈皋陶謨〉：「懋遷有無化居」，〈夏本紀〉既譯為「調有餘相給」，又增「以均諸侯」四字為目的語。「方祇厥敘，方施象刑」，〈夏本紀〉既譯為「於是敬禹之德，令民皆則禹」，又增「不如言，刑從之」六字，以明用刑輔德之意。

　　〈禹貢〉述五服貢賦一節，〈夏本紀〉引之，於甸服下，侯服上，增「甸服外」三字，以明侯服在甸服之外。又綏服上增「侯服外」，要服上增「綏服外」，荒服上增「要服外」，亦同其例。又本篇末句「告厥成功」，〈夏本紀〉既譯為「以告成功于天下」，又增「天下於是太平治」，亦屬增釋之文。

　　〈高宗肜日〉：「典祀無豐于昵」，〈殷本紀〉既譯為「常祀毋禮于棄道」，復於其下增：「武丁修政行德，天下咸驩，殷道復興」，以明事件之結果。

　　〈金縢〉：「公歸乃納冊于金縢之匱中，王翼日乃瘳」，〈魯世家〉既譯其文為：「周公藏其策金縢匱中，明日，武王有瘳」，又於「明日」上增「誡守者勿敢言」，以明藏策於金縢匱中者，欲其不為外人知也。又：「我之弗辟，我無以告我先王」，此語簡質，故生異解，〈魯世家〉作：「我之所以弗辟而攝行政者，恐天下畔周，無以告我先王。」則釋辟為避，而其攝行政之意亦昭然明白矣。

　　〈泰誓〉：「尚猷詢茲黃髮，則無所愆。」〈秦本紀〉既譯其文為：「謀黃髮番番，則無所過」，復於其下云：「以申思不用蹇叔百里奚之謀，故作此誓，令後世以記余過。」此語益彰穆公改過之勇，故下文又有「君子聞之，皆為垂涕」云云，並增釋之文也。

三、補充史事者

　　〈堯典〉記流放四罪，而未言其所犯者何罪，〈五帝本紀〉則於其上則增一節補充之，云：「讙兜進言共工，堯曰：不可，而試之工師，共工果淫辟；四嶽舉鯀治鴻水，堯以為不可，嶽彊請試之，試之而無功，故百姓不便；三苗在江淮荊州數為亂，於是舜歸而言於帝。」讀此，則四罪之所以遭放者可知矣。

　　按《左傳‧昭公元年》云:「虞有三苗,夏有觀扈」,此或史公所本也。又「四海遏密八音」以下,〈五帝本紀〉敍堯讓於舜及舜未遇時事,自「堯知子丹朱之不肖」至「三年成都」二節,均雜采自《孟子》、《帝繫》、《墨子》、《韓非》等文而成,以爲〈舜本紀〉張本者。

　　〈禹貢〉:「禹敷土,隨山刊木,奠高山大川。」此爲全文之總冒,而文甚簡質;〈夏本紀〉引此文,於其上,增「禹爲人敏克勤,其德不違,其仁可親,其言可法,聲爲律,身爲度,稱以出,亹亹穆穆,爲綱爲紀」一節,此採《五帝德》文以補述禹之德也。於其下,則增「禹傷先人父鯀功之不成受誅」至「山川之便利」一節,此採《五帝德》、《論語》諸書以補述禹之功也。

　　〈牧誓篇〉之文,〈周本紀〉全採之,又於篇末增注云:「誓已,諸侯兵會者車四千乘,陳師牧野。」此述牧野會師之陣容。爲〈牧誓〉所無。

　　〈金縢〉:「武王既喪,管叔及其群弟乃流言於國。」此文於新君即位事無所述,〈魯世家〉引則增補其事云:「成王少,在強葆之中,周公恐天下聞武王崩而畔,周公乃踐阼,代成王攝行政當國。」據此,則下流言所謂公將不利於孺子,其言有自矣。又經云:「我之弗辟,我無以告我先王」,然何以無以告先王,經無明文。〈魯世家〉則於其下增注云:「太王、王季、文王三王之憂勞天下久矣,於今而後成。武王蚤終,成王少,將以成周,我所以爲之若此。」據此,則知周公所心心念念者,在於先王創業維艱,懼成王少,守成之不易也。由是又引出下文「於是卒相成王而使其子伯禽代就封於魯」一節,則周公謀國之忠,昭若日月矣。

　　又經言「周公居東二年,則罪人斯得」,何謂居東,罪人何指,經亦無明文,致解說各異。〈魯世家〉云:「管蔡武庚等果率淮夷而反,周公乃奉成王命,興師東伐,作〈大誥〉。遂誅管叔、殺武夷、放蔡叔,收殷餘民以封康叔於衛,封微子於宋,以奉殷祀。」則《史記》以居東爲東征,以罪人爲管蔡武庚也。

　　〈文侯之命〉:「嗚呼!有績,予一人永綏在位。」〈晉世家〉既易其文爲「繼予一人永其在位」,其下又增插「於是晉文公稱伯。癸亥,王子虎盟諸侯於王庭」一節,以補充此段史事。

　　增插注釋之例,型式非一,注釋原文者,均先舉原文而釋之,皆以「某者某也」之句式行文。補足上下文義者,多與本文密合爲句,且多屬因果句。補充史事者,則皆於本文前後另起其句。行文方式雖各不同,其文或有所據,

或以意增，而其意在使讀者易明了，則一也。

　　以上六例，皆遍考《史記》引述《尚書》之文，分析歸納之，其中迻錄原文例，有以今視之爲經史異文，而其實相同者，亦有以今視之爲同文，而實有可疑者，此因《尚書》、《史記》每經後人誤改，遂失其眞，今則加以辨析。其他各例，皆據所見以歸其例，間或異於前說，乃今所見如此，非苟爲立異也。

第四章 《史記》引今古文《尙書》考

　　《史記》據今文或古文《尙書》迻錄者，實亦迻錄原文之例，以其可討論者多，故別立此章。

　　司馬遷生當今文方興之際，然於古文亦所素習。〈自序〉稱十歲則誦古文，蓋自父談時已掌天官，宜家藏舊典；既爲太史，紬史記石室金匱之書，亦必先秦寫本舊藉也。〈五帝本紀〉云：「孔氏所傳宰予《五帝德》及《帝繫姓》」；〈三代世表〉云：「余讀《牒記》及《終始五德傳》」；〈十二諸侯年表〉云：「太史公讀《春秋歷譜牒》」；〈吳太伯世家〉云：「余讀《春秋》古文」；〈七十二弟子列傳〉云：「孔氏所傳《弟子籍》」；此皆古文。而河間獻王亦有先秦舊書《周官》、《尙書》、《禮》、《禮記》等，亦皆古文也。《漢書·儒林傳》稱司馬遷從安國問故，故遷書載〈堯典、禹貢、洪範、微子、金縢〉諸篇多古文說。然孔安國雖傳古文，彼實以今文立爲博士，司馬遷既從其學，則兼通今古文蓋無可疑。而《史記》所錄，亦必今古文兼採也。

　　段玉裁撰《尙書今古文撰異》，孫星衍撰《尙書今古文注疏》，莊述祖撰《尙書今古文考證》，劉逢祿撰《尙書今古文集解》，皮錫瑞撰《今文尙書考證》，皆嘗分別今古文，有益於後學。然段氏「以梅氏所傳之古文三十一篇，字字爲孔安國眞本」，〔註1〕孫氏以《史記》皆古文說，〔註2〕莊氏於考證多略，〔註3〕劉氏、皮氏則以《史記》皆今文，均有所偏。茲參稽眾說，重爲考訂，並舉其較可信據者臚列於此。

〔註1〕　見李慈銘《越縵堂讀書記》。
〔註2〕　見《尙書今古文注疏·凡例》。
〔註3〕　見吳光耀《古文尙書正辭》。

本章分爲三節：

一、《尚書》今古文之區別：辨今文《尚書》及古文《尚書》之名實，及其區別方法，以爲分辨之標準。

二、引今文《尚書》考；

三、引古文《尚書》考：此二節多就《史記》《尚書》字句立異處參考鉤稽以得之，亦有《史記》《尚書》同文，而知其所錄爲今文或古文者。至於二書取義有別或所載不同者，則別立專章。

第一節　《尚書》今古文之區別

兩漢經學有今古文之分。今古文之所以分，其先由於文字之異：今文者，漢世以當時通行之隸書寫定相傳授之本，世所傳熹平石經、孔廟等處漢碑及今出土漢代簡書是也；古文者，漢人所傳先秦舊籍，如張蒼所獻《春秋左氏傳》及石室金匱所藏，凡以古文籀文書寫者是也。

《說文解字・敍》稱孔子寫定六經，皆用古文。自秦時焚書，伏生壁藏古文《尚書》，漢定，伏生求其書，亡數十篇，獨得二十九篇，即以教於齊魯之間，學者由是頗能言《尚書》，諸山東大師無不涉尚書以教。當其口授傳寫之時，必改爲今文，乃便誦習。傳其學者，歐陽、大小夏侯三家，皆立爲博士，是爲今文《尚書》。而孔安國亦以今文爲博士，顧於時古文未興，未嘗別立今文之名。景帝時，〔註4〕魯恭王壞孔子宅，得《尚書》、《禮記》、《論語》、《孝經》等數十篇，安國悉得其書，以考二十九篇，得多十六篇，皆科斗文，是爲古文《尚書》。自孔氏以今文讀之說之，傳以教人，其後遂有古文家。此所謂讀者，其義不一，段氏撰異云：「諷誦其文曰讀；定其難識之字曰讀；得其假借之字曰讀；抽繹其義而推演之曰讀。」王國維云：「古文《尚書》初出，其本與伏生所傳頗有異同，而尚無章內訓詁，孔安國因以今文定其章句，通其假借，讀而傳之，是謂以今文讀之。其所謂讀，與班孟堅所謂『齊人能正倉頡讀』，馬季長所謂『杜子春始通《周官》讀』之讀，無以異也。」〔註5〕由是言之，今古文之別，非僅古籀與隸書之異，亦有字句與解說之分也。

〔註4〕　此據《論衡・正說篇》；《漢書・藝文志》謂在武帝末，非。閻若璩《尚書古文疏證》（第一條）有說。

〔註5〕　段玉裁說見《尚書今古文撰異・堯典》「平秩東作」條下；王國維說見《觀堂集林》卷七，〈史記所謂古文說〉。

字體之異者，如古文作𢽤，隸作蠢；古文作𩅘，隸作斷；朋之假借爲堋；好之假借爲妝；桓兒之假借爲狟絤；此乃古文與隸書之異。漢魏人注《漢書》，多言古文以別於歐陽夏侯，如云：「容，古文作睿」；「台，古文作嗣」；「祖，古文言阻」；「隔，古文作擊」是也。魏晉以後，古文《尚書》盛行，又有言今文尚書以別於古文者，如晉末徐廣《史記音義》所載：「今文《尚書》作不怡」；「今文曰惟刑之謐哉」，「今文《尚書》作祖飢」。此或舉古文以別於今文，或舉今文以別於古文，皆文字之異也。

字句之異者，如「文思安安」，《尚書考靈曜》作「文塞晏晏」；「心腹腎腸」，歐陽夏侯本作「憂賢揚歷」；「劓刵劅黥」，作「臏宮劓割腽庶剠」；見書《疏》。至如歐陽說「欲若昊天」云：「春曰昊天，夏曰蒼天，秋曰旻天，冬曰上天，總爲皇天」；見《詩·黍離》疏。歐陽夏侯說「至于五千里」云：「中國方五千里」；見《五經異義》。此則解說之異也。

唐人以伏生及歐陽、夏侯所傳者爲今文。如《經典釋文》稱伏生所誦者爲今文；《五經正義》稱伏生所傳三十四篇爲今文，又稱晁錯所受伏生二十九篇、夏侯歐陽所傳者爲今文，〔註6〕而以孔安國所傳者爲古文。惟唐人誤信僞孔之本爲古文，如司馬貞《史記索隱》所載古文《尚書》作某云者，非眞古文也。

清人分辨今古文，多能就史傳所載漢儒習《尚書》之師承以辨別之，故所取尤廣。段玉裁撰《古文尚書撰異》即明用此法，其〈序〉云：「約而論之，漢諸帝、伏生、歐陽氏、夏侯氏、司馬遷、董仲舒、王褒、劉向、谷永、孔光、王舜、李尋、揚雄、班固、梁統、楊賜、蔡邕、趙歧、何休、王充、劉珍，皆治歐陽夏侯尚書者；孔安國、劉歆、杜林、衛宏、賈逵、徐巡、馬融、鄭康成、許愼、應邵、徐斡、韋昭、王粲、虞翻，皆治古文《尚書》者，皆可參伍鉤考而得之。」至陳喬樅，則列舉尤詳，其〈今文尚書敍錄〉所載，自伏生以下至董扶，二百十餘人，史傳稱其習歐陽或大小夏侯《尚書》者，均屬今文家。及皮錫瑞，又遍採漢魏碑文所載《尚書》屬之今文，蓋以當時今文爲朝廷所重，詔冊章奏皆用今文故也。其間雖不無例外，如班固《漢書·地理志》即間取古文說，然諸氏所言，仍不失爲客觀而可據之標準。民國以來，漢魏石經出土，其魏石經所載，尤可爲分辨今古文之依據，雖殘存無幾，亦足葆貴也。

〔註6〕 見《尚書正義》卷二及《禮記正義》〈月令〉篇。

第二節　引今文《尚書》考

　　《史記》用今文者實多，段玉裁《古文尚書撰異・序》謂「馬班之書，皆用歐陽夏侯字句」，其意蓋以《史記》用歐陽，《漢書》用夏侯《尚書》也。茲就文字、章句、解說三方面舉例說明之。

一、文字之異者

　　《史記》引今文尚書，文字與古文異者，如：

　　〈堯典〉：「朞三百有六旬有六日」，〈五帝本紀〉引作「歲三百六十六日」；朞作歲，二字皆今文也。班固於《白虎通・四時篇》引《尚書》作朞，於《漢書・律歷志》則作歲，《後漢書・律歷志》引杜預〈長曆〉亦作朞，班固、杜預皆習今文《尚書》者，則《史記》引作歲，乃從今文《尚書》也。

　　又朔作北：「十有一月朔巡守」及「宅朔方」，〈五帝本紀〉引，朔皆作北。陳喬樅《今文尚書經說考》云：「《大傳》於朔易，云：『朔，始也』，於朔方，朔字無訓，是伏生《尚書》本作北方，與《史記》所錄〈堯典〉文同也。」《史記》與《大傳》文同，乃用今文也。

　　又岳作嶽：「四岳」，五帝本紀引岳皆作嶽，作嶽乃今文也。《尚書大傳》及《白虎通・號篇》引此文作嶽、可證。又《說文》嶽字下引古文作岳，則僞孔本作岳者乃據古文，此亦嶽為今文之證也。

　　又無作毋：「簡而無傲」、「無相奪倫」，〈洪範〉「無偏無陂」、「無有作好」、「無有作惡」，〈五帝本紀〉及〈宋世家〉引無字並作毋，作毋者今文也。漢石經〈洪範〉，無字皆作毋，〔註7〕可證。

　　又啓作開：「啓明」作「開明」；〈金縢〉「啓籥見書」、「以啓金縢之書」，〈魯世家〉亦並作開。段氏以《禮》古文作啓，今文啓皆作開，疑今文《尚書》作開，與古文尚書作啓異，是也。《周禮・卜師》注引《書》曰：「開籥見書」，此引今文《尚書》，正與〈魯世家〉同，可證：非以訓詁字代經也。

　　又巽作踐：「巽朕位」作「踐朕位」，亦今文也。《漢書・王莽傳》及〈成陽靈臺碑〉等引作踐，可證。皮錫瑞有說。

　　又否作鄙：「否德忝帝位」作「鄙德忝帝位」，臧琳《經義雜記》據《論語》「予所否者」，《論衡・問孔篇》作「予所鄙者」；是古文《論語》作否，

今文《論語》作鄙，與書今古文正合。段、孫、皮各家說同，是也。《周易·師卦》〈釋文〉云：「否，音鄙，惡也。」則古文作否，今文作鄙，皆訓惡也。

又象作弟：「象傲」作「弟傲」，臧琳說作弟爲今文，皮氏《考證》本之，並云舜之弟名象，堯未必知之，又舉《論衡》「舜兄狂弟傲」爲佐證，其說可信。

又惟作維：「惟時懋哉」作「維是勉哉」，下文「惟明克允」、「夙夜惟寅」、「直哉惟清」及〈皋陶謨〉、〈禹貢〉等篇惟字，《史記》均引作維，與漢石經殘字同；〔註8〕此今文《尚書》作維之證也。

又宅作度：「五流有宅，五宅三居」作「五流有度，五度三居」，又〈禹貢〉「三危既宅」作「三危既度」，與前「宅嵎夷」、「宅南交」訓爲居者不同，與大傳及漢石經作度者同，此用今文《尚書》之證也。

〈皋陶謨〉「夙夜浚明有家」，〈夏本紀〉引浚作翊，作翊者今文也。段氏《撰異》說今文《尚書》作翊，翊同翌，《爾雅》：「翌，明也」，翊明重言之。皮氏《考證》說《華嚴經音義》七十四卷下引《尚書大傳》「翊，輔也」，似解此經之傳；又蔡邕〈司空文烈侯楊公碑〉曰：「翊明其政」，與《史記》文正合，乃今文作翊之明證。

又彰作章：「彰厥有常」作「章其有常」，亦今文也。後《漢書·鄭均傳》引《尚書》作章，可證。

又邦作國：「亮采有邦」及〈禹貢〉「二百里男邦」、〈堯典〉「協和萬國」，〈夏本紀〉及〈五帝本紀〉引邦皆作國，今文本作國也。段氏《撰異》曰：「今文《尚書》皆作國：《漢書》引毋教佚欲有國，《史記》二百里任國，《白虎通》侯甸任衛作國伯，此等國字非爲本朝諱，自是今文《尚書》本作國。漢人《詩》《書》不諱，不改經字，蔡邕所書今文〈般庚〉試以爾遷，安定厥國，此可以相證。」〔註9〕又〈高祖功臣侯者年表〉及《法言·先知篇》、《漢書·王莽傳》等引〈堯典〉文，邦字均作國，可證。

又孜作孳：「予思日孜孜」，〈夏本紀〉引孜作孳，今文本作孳也。《說文》三篇攴部孜下引〈周書〉「孜孜無怠」作孜者，古文也；《史記》引〈泰誓〉彼文作孳，與此句同，亦今文也。又《漢書·谷永傳》、〈王莽傳〉、〈東方朔傳〉，均作孳孳，皆用今文也。

又洪作鴻：「洪水滔天」，〈夏本紀〉引洪作鴻；〈洪範〉，〈宋世家〉作〈鴻

〔註8〕　馬衡《漢石經集存》所載《尚書》殘字皆作維。
〔註9〕　見〈堯典〉第一，「百姓昭明，協和萬邦」條下。

範〉；作鴻乃今文也。《隸釋》卷十四載漢石經殘字作「鴻水」，《大傳》〈洪範〉作〈鴻範〉，可證。《說文》十三篇士部堙下引《書》曰：「鯀堙洪水」，此古文也。

〈禹貢〉「禹敷土」，〈夏本紀〉引敷作傅，作傅者今文也。張衡〈司徒公誄〉引作傅，《漢書‧地理志》作敷者，《撰異》以爲後人誤改，敷淺原，〈地理志〉豫章邵下作傅淺原，作傅，與《史記》同，可證。

又兗作沇：「濟、河惟兗州。」〈夏本紀〉引兗作沇，用今文《尚書》也。《說文》水部曰：「沇，古文沇。」又口部云：「㕣，山間陷泥地，从口，从水敗兒。讀若沇州之沇。」段氏《撰異》云：「古文《尚書》蓋沇水字作沇，兗州字作㕣，不以水名爲州名。」皮氏《考證》云：「案：如段說，則《史記》作沇自是今文。」是也。

又斥作潟：「海濱廣斥」，〈夏本紀〉引斥作潟，今文《尚書》作潟也。《漢書‧地理志》與《史記》同，可證。又檿作酓：「其篚檿絲」，〈夏本紀〉引檿作酓，亦今文也。《說文》六篇木部云：「檿，山桑。」又十四篇酉部云：「酓，酒味苦也，」此二字音同義異，既非訓詁字，復與《史記》改字之例不合，《撰異》云：「蓋今文尙書作酓而太史公仍之，斷非太史公好爲改易矣，其義則當爲六書之假借。」陳喬樅說同。

又翟作狄：「羽畎夏翟」，〈夏本紀〉翟作狄，亦從今文也。《漢書‧地理志》引作狄，又詩邶風：「右手秉翟」，韓詩翟作狄，毛詩，古文；韓詩，今文。則史記作狄爲今文也。

又沿作均：「沿于江海」，〈夏本紀〉引沿作均，今文《尙書》作均也。《漢書‧地理志》作均，釋文引馬《注》同，馬《注》此文用今文《尙書》也。

又潛作涔；「沱潛既道」，〈夏本紀〉引潛作涔，亦今文也。《詩‧周頌‧潛》：「潛有多魚」，《韓詩》潛作涔；又《水經》作涔水，此皆今文也。

又男作任：「二百里男邦」〈夏本紀〉引男作任。《白虎通‧爵篇》引〈酒誥〉「侯甸男衛邦伯」之男作任，又《晉書‧地理志》「二百里任」，字亦作任，此今文《尙書》作任之證也。

又簵作簬：「惟箘簵楛」〈夏本紀〉引簵作簬，今文也。《說文》五篇竹部簬字下云：「箘簬也，從竹路聲。《夏書》曰：惟箘簬楛。簵，古文簬，從輅」。則簵爲今文也。

又枲作絲：「厥貢漆、枲、絺、紵」，〈夏本紀〉引枲作絲，《撰異》云：「蓋

今文《尚書》也，二字古音同在第一部。」今案：《說文》七篇木部云：「枲，麻也。」則〈夏本紀〉作絲，非訓詁字也，段氏以爲今文用音近之字假借，疑是。

又岷作汶：「岷嶓既藝」，〈夏本紀〉引岷作汶，《撰異》云：「岷，俗字也，當依說文作㟨，或省作崏。〈夏本紀〉作汶，又曰：汶山之陽；又曰：汶山道江。蓋此古文《尚書》作㟨，今文《尚書》作汶也。」〈地理志〉作岷者，蓋從古文之俗字也。

又黎作驪：「厥土青黎」，〈夏本紀〉引黎作驪，今文也。陳喬樅《今文尚書經說考》云：「《尚書釋文》引馬云：『黎，小疏也。』《正義》引王云：『青，黑色；黎，小疏也。』此古文《尚書》說也。以青爲其色，以黎爲其質，與今文家說不同。劉熙《釋名·釋地》云：『土青曰黎，似黎草色也。』此據今文家說。知其然者，《史記》青黎作青驪，此據歐陽今文。黎可訓小疏，驪不可訓小疏也，故知今文家說以青黎爲青黑色也。」《御覽》三十七引〈禹貢〉梁州土青驪，與《史記》同，蓋歐陽《尚書》也；〈地理志〉作黎，蓋夏侯《尚書》也。

又隩作奧：「四隩既宅」，〈夏本紀〉引隩作奧。段氏謂《玉篇》土部墺字，引〈夏書〉四墺既宅，此古文《尚書》作墺之明證也。《尚書大傳·唐傳》：「壇四奧」，鄭注：「奧，內也。」均用今文《尚書》也。

〈甘誓〉「恭行天之罰」，〈夏本紀〉引恭作共，今文《尚書》作共也。《漢書·王莽傳》、翟義傳引均作共，又〈皋陶謨〉「愿而恭」，〈牧誓〉「恭行天之罰」，《史記》亦均作共，並從今文也。

〈高宗肜日〉「天既孚命」，〈殷本紀〉引作「天既附命」，孚作附，今文也。漢石經殘字作付，《漢書·孔光傳》：「天既付命正厥德」，字亦作付，孔光習大夏侯《尚書》，石經亦用夏侯本，《史記》作附，蓋歐陽《尚書》也。

〈西伯戡黎〉「大命不摯」，〈殷本紀〉引作「大命胡不至」，摯作至，今文也。《論衡·藝增篇》：「民之望天降威，與大命之至，急欲革命，去暴主也。」摯作至，與《史記》同，可證。

〈微子〉「我其發出狂」，〈宋世家〉引狂作往，今文《尚書》本作往也。段氏《古文尚書撰異》云：「蓋今文《尚書》作往，古文《尚書》作狂，鄭《注》從今文《尚書》讀狂爲往，與告去說合。」崔適及皮錫瑞亦以往爲今文。案：狂群母，往匣母，群匣古雙聲，《孟子·萬章篇》：「晉亥唐」，《抱朴子》作「期唐」，亥，匣母，期，群母，與此例同。又《水經·泗水注》云：「狂黃聲相

近」，黃亦匣母也。蓋今文以音近假借字爲之，其本字則作徔，《說文》云：「徔，遠行也。」義與此文合。

又酗作湎：「我用沈酗于酒」作「紂沈湎於酒」，酗作湎，今文也。《漢書‧敍傳》，班伯曰：「沈湎于酒，〈微子〉所以告去也。」揚雄〈徐州牧箴〉曰：「帝癸及辛，不祇不恪，沈湎于酒，而忘其東作」，皆作湎，可證。

〈牧誓〉「今商王受」，〈周本紀〉引作「今殷王紂」，商作殷、受作紂，皆今文也。《漢書‧五行志》引此句作「今殷王紂」，可證。

〈洪範〉「是彝是訓」，〈宋世家〉引作「是夷是訓」，彝作九者，據今文《尚書》也。皮氏《考證》云：「史公於上文彝倫字，皆以故訓改彝爲常。而此直作夷，疑今文《尚書》本作彝字。」按皮說是也。《詩》「民之秉彝」，三家詩作「秉夷」，《孟子》書亦同，是今文本作夷，非改字也。

又威作畏：「威用六極」，〈宋世家〉引威作畏，用今文《尚書》也。《漢書‧五行志》及〈谷永傳〉引此，威均作畏，可證。又驛作涕：「曰蒙曰驛」，〈宋世家〉作「曰涕曰霧」，經文蒙、驛二字互倒。《史記集解》引鄭注及鄭君《周禮‧太卜注》，引〈洪範〉皆驛字在前，與《史記》同。惟釋作圛，蓋經本作圛，《史記》從今文作涕也。段氏《撰異》謂知涕爲今文者：馬、鄭、王本皆作圛，乃古文《尚書》；則〈宋世家〉作涕爲今文也，此其一；《詩‧秦風載驅》：「齊子豈弟」，鄭《箋》：「古文《尚書》（以）悌爲圛，〔註 10〕則悌爲今文也，此其二。合此二證，知作涕者爲今文也。

又燠作奧、豫作舒：「曰燠曰寒」「曰豫，恆燠若」，〈宋世家〉引燠作奧、豫作舒，此用今文也。《漢書‧五行志》引《書》作：「悉，時奧若。」又《引洪範五行傳》曰：「視之不明，是謂不悉，厥咎舒，厥罰恆奧。」又〈王莽傳〉，莽策群司曰：「南嶽《大傳》，典致時奧」，皆今文作奧之證也。又《論衡‧寒溫篇》、《漢紀‧高后紀》、《三國志‧毛玠傳》，引《書》皆作「舒，恆燠若」，則今文豫作舒，奧又作燠也。

〈金縢〉「植璧秉珪」，〈魯世家〉引作「戴璧秉圭」，植作戴今文也。段氏《古文尚書撰異》謂《漢書‧王莽傳》、《太玄‧掜背》皆作載，可證。又《易林》无妄之繇曰：「載璧秉珪」，載與戴通。又鄭注以植爲古置字，《論語》「植其杖而芸」，熹平石經作置，亦可證植爲古文，戴爲今文也。《說文》十三篇土部云：「圭，瑞玉也；古文圭從玉」，許君所謂古文，乃指壁中書或張

蒼所獻書之文字，〔註11〕珪爲古文，則圭爲今文可知也。

又爲作設：「爲三壇同墠」，〈魯世家〉作「設三壇」。《論衡・死僞篇》：「周武王有疾不豫，周公請命，設三壇同一墠，植璧秉圭。」爲亦作設，是今文作設也。又冊作策：「史乃冊祝」，作「史策祝」，亦用今文也。《漢書・韋玄成傳》，《論衡・死僞篇》皆作策，可證。

〈無逸〉「言乃雍」，〈魯世家〉引雍作讙，段氏《撰異》云：「《史記》作讙，今文《尚書》也。」〈檀弓篇〉子張問曰：「《書》云：『三年不言，言乃讙。』」亦與《史記》合。王肅家語亦作讙，注云：「尚書作雍」；蓋以古文《尚書》正今文《尚書》也。又「中宗之享國」、「高宗之享國」、「祖甲之享國」，〈魯世家〉引享並作饗，與熹平石經同，亦今文也。

又嘉作密：「嘉靖殷邦」作「密靖殷邦」，嘉作密，今文也。《撰異》據《太平御覽》九十一引《東觀漢記》檃括〈無逸〉之文作「密靜天下」，字作密，與《史記》同，謂今文《尚書》作密，古文《尚書》作嘉，非以密訓嘉也。

〈呂刑〉「剕辟疑赦」，〈周本紀〉引剕作臏；今文《尚書》本作臏也。《尚書大傳》剕刑下次以臏，則臏即剕可知。《漢書・刑法志》：「臏罰之屬五百」，《白虎通》：「髕辟之屬五百」，髕即臏之本字，是今文皆作臏也。

〈文侯之命〉「昭升于上」，〈晉世家〉引作「昭登于上」，與蔡邕注《典引》所引《尚書》同，段氏以此爲今文《尚書》，是也。〈高宗肜日〉「升鼎耳而雊」，《史記》、《漢書》皆作登鼎耳，可證。

二、章句之異者

《尚書》今古文，不僅有文字之異，亦有章句之不同，蓋傳讀之際，所重在義，故字句之間容有差別也。此例非多，然亦有助於討論。如：

〈堯典〉「既月乃日」，〈五帝本紀〉引作「擇吉月日」，二者文句不同，蓋〈五帝本紀〉用今文《尚書》也。〈封禪書〉及《漢書・郊祀志》引此句均作「擇吉月日」，皮氏《考證》云：「史公或以故訓改經，班孟堅則不然，而《史》《漢》所引皆用，蓋皆引用今文《尚書》，與古文《尚書》本異也。」按：皮說是也。

又：「嚚訟」作「頑凶」，亦今文也。皮氏《考證》據《潛夫論》及漢碑引

皆作頑凶，且下文謂舜「父頑母嚚」，《史記》嚚字未易，則此非改為易解之字甚明，是也。

〈皋陶謨〉：「予乘四載」，〈夏本紀〉引作「予陸行乘車，水行乘舟，泥行乘橇，山行乘樺」，此十六字，今古文《尚書》本有之，非解釋「四載」之文也。《說文》六篇木部欙字下引〈虞書〉曰：「予乘四載：水行乘舟，陸行乘車，山行乘欙，澤行乘軌。」此蓋古文也。〈河渠志〉云：「〈夏書〉曰：禹……陸行乘車，水行乘舟，泥行蹈毳，山行即橋。」《漢書‧溝洫志》云：「夏書曰：禹……陸行載車，水行乘舟，泥行乘毳，山行則桐。」此蓋今文也。是今古文皆有此十六字，惟古文《尚書》有「予乘四載」句，《說文》可證，今文則無，此今古文之異也。毳又作橇，徐廣曰：「他書或作𣛠」；樺，徐廣曰：「一作橋」，裴駰又音「紀錄反」，故〈溝洫志〉作樞，並字之異也。又《史記‧河渠書》，《集解》引《尸子》云：「以軌行沙，以楯行塗，以檋行險，以欙行山」；書《疏》引《尸子》云：「泥行以𣛠，山行以欙」；《文子‧自然篇》云：「水用舟，沙用鳩，泥用輴，山用欙」；《呂覽‧慎勢》云：「水用舟，陸用車，塗用楯，沙用鳩，山用欙」；此有塗、沙、險者，俞正燮云：「蓋《尸子》以沙為陸，以塗險為泥，呂氏以沙附陸，以塗為泥。」〔註12〕又《淮南子‧脩務訓》云：「水用舟，沙用鳩，泥用輴，山用蔂」，不數乘車，諸書所載文雖不同，蓋皆本《尚書》為說也。此亦可為旁證。瀧川氏《史記會注考證》以此十六字為釋「予乘四載」之文，誤也。

又「篠簜既敷」，〈夏本紀〉引作「竹箭既布」，段氏以為訓詁字，《孫疏》及陳壽祺則謂今文異字。按《說文》楉字下引《書》曰「竹箭，如楛」，嚴可均以為古文經說，〔註13〕今考《玉篇》楉下引《說文》，亦有「書曰竹箭如楛」之語，當是許君引經以說字音者，若為經說，何至取以證音？是必許君所見本有作竹箭者，故五篇竹部簜下引「瑤琨篠簜」，以兩存之也。《儀禮‧大射》賈《疏》引鄭《注》：「篠，箭；簜，竹也。」與《爾雅‧釋草》合，若依字作訓，則當曰箭竹，而紀作竹箭者，蓋本於今文《尚書》也。

〈牧誓〉「如虎如貔，如熊如羆」，〈周本紀〉引作「如虎如羆，如豺如離」，亦從今文《尚書》也。班固〈十八侯銘〉曰：「休休將軍，如虎如羆」；〈封燕然山銘〉曰：「螭虎元士」；《典引》曰：「虎離其師」。離、螭皆离也，段氏謂

〔註12〕見《癸巳存稿》卷一。
〔註13〕見《說文校議》「楉」字下。

此皆用今文《尚書》也。《說文》九篇夂部貌下引〈周書〉「如虎如貌」，此用古文《尚書》，故與史遷、班固所用今文《尚書》異也。

〈洪範〉「一、五行」、「二、五事」、「三、八政」、「四、五紀」、「五、皇極」、「六、三德」、「七、稽疑」、「八、庶徵」、「九、五福」，〈微子世家〉引，皆無一二三等數目字，此今文本無之也。皮氏《考證》云：「〈漢志〉載此篇，五行上無「一」字，五事上無「二」字。〈食貨志〉載〈洪範〉文，八政上無「三」字。〈谷永傳〉引〈皇極〉，皇建其有極，無「五」字。《說文》引《書》云：卟疑，無「七」字。石經：為天下王，三德，無「六」字，是今古文皆無一二等數目字也。」按：〈五行志〉，〈食貨志〉、〈谷永傳〉及漢石經所引均無此一、二等數目字，則今文本無之也。

又「無虐煢獨」作「毋侮鰥寡」，亦從今也。王應麟《困學紀聞》引《大傳·洪範》曰：「不叶于極，不麗于咎，毋侮矜寡，不畏高明。」又《後漢書》元和二年詔曰：「經曰：毋侮鰥寡」。均作「毋侮鰥寡」，與《史記》同，可證。《大傳》鰥作矜者，用假借字也。

《金縢》「遘厲虐疾」，〈魯世家〉作「勤勞阻疾」，亦用今文也。孫《疏》云：「云勤勞阻疾者，遘厲為勤勞，蓋古今文之異，非史公詁訓，言武王勤勞以致險疾也。《說文》云：『阻，險也。』《集解》引徐廣曰：『阻，一作淹。』淹與險聲相近，疑經文本作淹疾，史公易為阻也。」然則今文本作遘厲淹疾也。

三、解說之異者

《史記》所引為今文，而與古文解說立異者，如：

〈禹貢〉：「厥土青黎」，〈夏本紀〉引黎作驪。陳喬樅《今文尚書經說考》云：「〈尚書釋文〉引馬云：『黎，小疏也。』《正義》引王云：『青，黑色；黎，小疏也。』此古文《尚書》說也。以青為其色，以黎為其質，與今文家說不同。劉熙《釋名·釋地》云：『土青曰黎，似藜草色也。』此據今文家說。知其然者，《史記》青黎作青驪，此據歐陽今文。黎可訓小疏，驪不可訓小疏也。故知今文家說以青黎為青黑色也。」案：馬氏古文說訓黎為小疏，《史記》作驪，訓青黑，此今文說也，陳喬樅《今文尚書經說考》有說。

〈金縢〉載武王卒，管蔡流言曰：「公將不利於孺子」。許慎《五經異義》、譙周《五經然否論》引古文《書》說，皆云武王崩時成帝年十三，《史記·魯世家》則云在強葆之中，又〈蒙恬傳〉亦云：「昔成王初立，未離襁褓。」

《大傳》云：「武王死，成王幼，在強褓，周公盛養成王。」《史記》說與《大傳》同，是今文說也。

〈呂刑〉：「惟呂命王享國百年」，〈周本紀〉作「甫侯言於王」。案：書疏引鄭玄云：「呂侯受王命，入爲三公。」《孔傳》云：「呂侯見命爲天子司寇」，此蓋讀「惟呂命」爲句，謂王命呂侯也。《論衡》則云：「甫侯諫之」，《撰異》云：「呂侯命穆王也」，此蓋以「惟呂命王」爲句，謂甫侯言於王也，《論衡》用今文說。然則，《史記》此文亦用今文說也。

以上所述，皆《史記》所引與《尚書》立異，而可據漢魏今文家說以考見《史記》所引爲今文者。此外，亦有以今視之爲同文，而不無可疑者。如〈堯典〉「湯湯洪水」，〈五帝本紀〉引同，然洪字於〈皋陶謨〉及〈洪範〉凡三見，〈夏本紀〉及〈宋世家〉均引作鴻，漢石經亦作鴻，是鴻爲今文也；史記多本今文，於〈五帝本紀〉亦當作鴻，今作洪者，或後人改之也。

第三節　引古文《尚書》考

昔段玉裁稱漢人援引《尚書》，皆用見立學官今文之本，《史記》亦然，陳壽祺亦謂司馬遷時，書惟有歐陽，大小夏侯未立學官，然則《史記》所採《尚書》乃歐陽本也。此二說，皆足發千古之覆矣。然以今傳《史記》考之，其徵引古文者，亦頗有之，茲亦就文字之異、章句之異及解說之異者，分別舉例說明之。

一、文字之異者

《史記》引古文《尚書》文字與今文異者，如：

〈堯典〉「徧于群神」，〈五帝本紀〉引徧作辯。辯乃古文也：《說苑・辨物篇》，《漢書・王莽傳》、《論衡・祭意篇》、〈白石君帝碑〉、〈魏公卿上尊號奏〉，皆引作徧。《儀禮・士虞禮》鄭《注》云：「今文辯皆爲徧。」又《儀禮・大射》注同，則作辯者，古文也。

又：「肇十有二州」，〈五帝本紀〉同。《尚書大傳》肇作兆，《史記》作肇者，陳壽祺《左海經辨》云此用古文《尚書》也，皮氏說同。

又棄作弃：「棄！黎民阻飢」，〈五帝紀〉引棄作弃，作弃者古文也。《說文》四篇下半部曰：「弃，古文棄。」敦煌本（P2643）古文《尚書・西伯戡

黎〉：「故天弃我」，字正作弃。則《史記》乃從古文本作，非改字也。

〈禹貢〉：「嵎夷既略」，〈夏本紀〉引嵎作堣。古文《尚書》作堣也。《尚書正義》卷二曰：「夏侯等書宅嵎夷為宅嵎鐵」；《說文》十三篇下土部曰：「堣夷在冀州陽谷。」此引古文《尚書》也。段氏《撰異》謂作堣者古文，是也。于省吾《尚書新證》曰：「《說文》作堣，則與金文作𩋃字同，金文從土之字多作𡐀，如堵作𡐀，城作𩋃之類是也。」作堣與金文同，則為古文無疑，蓋漢初猶有作堣之本為《史記》所據，非改字也。

又既作暨：「蠙珠暨魚」，〈夏本紀〉引暨作既。作暨者，古文《尚書》也。《索隱》云：「暨，古暨字」；段氏《撰異》曰：「以暨咎繇例之，壁中本暨作暨，後有改易耳」；是也。敦煌本（P3469 號）古文《尚書·禹貢》殘篇作暨，知古文《尚書》本作暨也。

又漾作瀁：「潘冢導漾」，〈夏本紀〉引漾作瀁。古文《尚書》本亦作瀁也。《說文》十一篇水部漾字下云：「瀁，古文从養」，《索隱》引《水經》，《正義》引《括地志》，鄭《注》（《集解》引）引〈地理志〉均作瀁，並與《說文》所載古文合。

〈牧誓〉：「弗迓克奔」，〈周本紀〉引奔作犇。古文《尚書》作犇也。《左傳·定公》十四年：「自鄭犇齊」，字作犇，《左傳》用古文也。又《漢書·刑法志》曰：「或犇走赴秦，號哭請求」。師古曰：「犇，古奔字」。又《集韻》云：「奔，古作犇」，可證。

〈多士〉：「誕淫厥泆」〈魯世家〉引泆作佚。古文《尚書》作佚也。《一切經音義》（二十三）云：「佚，古文泆，同。」可證。

二、章句之異者

《史記》所引古文《尚書》章句與今文異者，如：

〈堯典〉：「宅南交」，〈五帝本紀〉引亦作「南交」，蓋從古文也。今文《尚書》則作「日大交」。王引之《經義述聞》云：「交上當有『日大』二字。（中略）日大交，猶言日暘谷、日昧谷、日幽都也。《通鑑·前編》引《尚書大傳》：『中祀大交』，與秋祀柳谷、冬祀幽都對文。鄭《注》曰：『南稱大交，《書》曰：宅南交也。』《大傳》所引皆今文《尚書》，鄭注《大傳》所引皆古文《尚書》，是古文作交，今文作大交也。」

〈洪範〉：「五曰思」、「思曰睿」，〈宋微子世家〉引此文同，此古文《尚書》

也，今文《尚書》則作「五曰思心」、「思心曰容」。段氏《撰異》考辨甚詳，其略曰：「古文《尚書》五曰思，今文《尚書》作五曰思心。《尚書大傳・洪範五行傳》：『……次五事曰思心，思心之不容（原注：今本改云：五事曰心維思，思之不容。）是謂不聖。』此一證也。又曰：『僕思心于有尤』，此二證也。《大傳》注云：『凡貌言視聽思心（原注：今刻本無此二字，《文獻通考》有。）……此三證也。《漢書・藝文志》曰：『貌言視聽思心失而五行之序亂』，此四證也。〈五行志〉曰：「思心者，心思慮也」，此五證也。高誘注《戰國策》引《五行傳》曰：『思心之不容是謂不聖』，此六證也。荀悅〈孝惠皇帝紀〉：『五曰思心（原注：今本無心。），土爲思心……』此七證也。孝昭皇帝紀曰：『思心霧亂之應』，此八證也。司馬紹統《五行志》曰：『思心不容，是謂不聖』，此九證也。」其於今文下句作「思心曰容」，亦舉七證以明之。則《史記》此文乃用古文《尚書》甚明。至今文作容，與古文作睿，解說亦異矣。

又便便作平平：「無黨無偏，王道平平」，〈微子世家〉引此文同，此亦用古文《尚書》也，今文《尚書》則平作便，或作辨。皮氏《考證》云：「〈堯典〉平章，《史記》作便章。鄒誕生本作辨章。平秩，《史記》作便程，《大傳》作辨秩。是古文作平，今文作便，一作辨也。《詩・采菽》：『平平左右』，《釋文》引《韓詩》作便便，《韓詩》今文，《毛詩》古文，亦今文作便便；古文作平平之一證。」案：皮說是也；〈宋世家〉引〈洪範〉作平平，亦〈洪範〉多古文說之一也。

又「作威作福」作「作福作威」：「臣無有作福作威玉食，臣之有作福作威玉食，其害于而家，凶于而國。」〈宋微子世家〉引同，此亦古文也。今文《尚書》作「作威作福」：《漢書・王嘉傳》云：「臣亡有作威作福，亡有玉食；臣之有作威作福，害于而家，凶于而國。」又〈楚元王傳〉、《後漢書・荀爽傳》、〈張衡傳〉、〈第五倫傳〉、〈楊震傳〉引〈洪範〉此文，均作「作威作福」，〈蔡邕傳〉引，亦威字在上，此皆今文《尚書》也。然則〈宋世家〉引作「作福作威」者，從古文《尚書》也。

又〈殷本紀〉引〈湯征〉及〈湯誥〉之文，均伏生今文所無，當爲古文無疑。

三、解說之異者

《史記》依古文說，而與今文說有異者，如：

〈堯典〉：「欽明文思安安，允恭克讓，光被四表，格于上下。」〈五帝本紀〉述之云：「其仁如天，其知如神，就之如日，望之如雲。富而不驕，貴而不舒，黃收純衣，彤車乘白馬。」案：《史記》此用《大戴禮・五帝德》文。〈五帝德〉云：「其仁如天，其知如神，就之如日，望之如雲，富而不驕，貴而不豫，黃黼黻衣，丹車白馬。」劉師培氏《史記述堯典考》云：「考遷書〈堯紀〉均述〈堯典〉，此獨舍〈堯典〉用《大戴》，則以〈五帝德篇〉所述即〈堯典〉舊誼，乃《尚書》古文說也。蓋《史記》其仁如天四語，即分釋欽明文思，以欽爲寬和之誼（原注：《詩》鼓鐘欽欽，《毛傳》云：『言使人樂進也。』陳《疏》引〈鳧鷖傳〉『欣欣然樂』，以證欣欽聲傳。）故曰其仁如天；以明爲明察，故曰其知如神；以文爲煥乎有文章之文，故曰就之如日；以思爲思念之思，言堯爲天下所懷歸，故曰望之如雲。至貴而不驕二語，則允恭克讓之確詁。黃收以下，又詮釋光被四表之詞也。」〈五帝本紀・贊〉載〈五帝德〉不離古文者近是，高師仲華云孔子所傳〈五帝德〉、〈帝繫〉，蓋與古文《尚書》同出於孔壁，爲孔安國所得，司馬遷從孔安國問故，故得據以撰寫〈五帝本紀〉也。皮氏反以此爲今文家說，非也。

又「乃命羲和，欽若昊天」，〈五帝本紀〉引此文同。案：昊天一詞，今古文同而解說有別：今文家以春曰昊天，古文家則總四時而言。許氏《五經異義》云：「今尚書歐陽說：春曰昊天，夏曰蒼天，秋曰旻天，冬曰上天，總爲皇天。《爾雅》亦然。謹案：《尚書》堯命羲和欽若昊天，總敘四時，知昊天不獨春。」今以經文審之，羲和之職爲欽若昊天，歷象日月星辰，敬授人時，當是總四時而言，《史記・天官書》云：「昔之傳天數者，於唐虞羲和。」又〈歷書〉云：「堯立羲和之官，明時正度，則陰陽調，風雨節，茂氣至。」皆包四時爲言，知《史記》此用古文說也。

又：「疇咨若時登庸」，〈五帝本紀〉作「誰可順此事」。案：登庸一詞，今文家說爲登帝位：張守節《正義》曰：「言將登用之，嗣位也。」皮氏《考證》謂此本漢人舊說三家今文之遺，揚雄〈美新〉云：「陛下以至聖之德，龍興登庸」，此今文說以登庸爲帝位之證。《史記》作「順此事者」，蓋指上文「允釐百工，庶績咸熙之事，其非登帝位可知，則此爲古文說也。

又：「納于大麓」，〈五帝本紀〉作「入山林川澤」。案：馬鄭古文說訓麓爲山足；今文家則讀麓爲錄：《尚書大傳》云：「山足曰麓，麓者錄也。古者天子命大事、命諸侯，則爲壇國之外。堯聚諸侯，命舜陟位居攝，致天下之

事，使大錄之。」《風俗通義》云：「堯禪舜，納于大麓。」《漢書‧于定國傳》云：「缺唐典之明憲，遵大麓之遺訓，遂於繁昌築靈壇，大赦天下，改元正始。」則今文家以大麓爲禪位之處也。《史記》作山林川澤，從古文說也。

〈洪範〉：「思曰睿」，〈宋微子世家〉引同。案：《史記》本古文《尚書》，今文則作「思心曰容」，說已見前節。《集解》引馬融云：「睿，通也」；書疏引鄭注云：「睿通於政事」，亦訓通，此古文說也。《春秋繁露‧五行五事篇》云：「五曰思，思曰容，言無不容；容作聖，聖者設也，王者心寬大無不容，則聖能施設，事各得其宜也。」《漢書‧五行志》曰：「經曰：『五事：五事，五曰思心，思心曰容，容作聖。』傳曰：思心之不容，是謂不聖，思心者，心思慮也，容，寬也；孔子曰：居上不寬，吾何以觀之哉。』」均訓爲寬，是今文也。《史記》作睿，則從古文說可知。

又〈宋微子世家〉引〈洪範〉文既竟，又增釋之云：「於是武王乃封箕子於朝鮮而不臣也。」案：據此，則《史記》以封箕子在箕子陳〈洪範〉後。《尚書大傳》云：「武王勝殷……釋箕子之囚。箕子不忍爲周之釋，走之朝鮮，武王聞之，因以朝鮮封之。箕子既受周之封，不得無禮，故于十三祀來朝，武王因其朝而問鴻範。」則謂封箕子在問洪範之前。《大傳》爲今文說，則《史記》用古文說也。

〈召誥〉：「惟二月既望，越六月乙未」，〈魯世家〉引此文云：「成王七年二月乙未」。案：《史記》云七年者，據〈洛誥〉文「惟周公誕保文武受命、惟七年」而知也。鄭《注》則云：「是時周公居攝五年」，此據《尚書大傳》說周公攝政五年營成也。《大傳》今文說，則《史記》作七年者爲古文說也。

以上乃就諸家著錄，擇其確可辨別今古文者，條析之。計用古文字者有〈堯典〉、〈禹貢〉、〈牧誓〉、〈多士〉；用古文章句者，有〈堯典〉、〈洪範〉；用古文說者有〈堯典〉、〈洪範〉、〈金縢〉、〈召誥〉、〈無逸〉，又段氏嘗舉《史記》說〈禹貢〉云：天子之國千里以外，甸、侯、綏、要、荒，每服五百里，方六千里；不云甸服千里，加侯綏要荒，每服五百里，方五千里。說〈微子〉云：太師若曰：今誠得國治，死不恨，不得治，不如去；不云微子若曰，我舊云孩子，王子不出。謂此皆古文說之異於今文。若並此計之，則《史記》之用古文說者，除〈堯典〉、〈禹貢〉、〈洪範〉、〈微子〉、〈金縢〉五篇外，尚有〈召誥〉、〈無逸〉二篇，僅各一見。昔許愼《五經異義》嘗詳舉《尚書》今古文說之異，惜其書今已不全，古《尚書》之存於今者，已不多見，然即

就今存者觀之，班氏〈儒林傳〉所謂「遷書載〈堯典〉、〈禹貢〉、〈洪範〉、〈微子〉、〈金縢〉諸篇多古文說」者，蓋非虛語也。

然其用今文《尚書》者尤夥，計用今文字者，有〈堯典〉、〈皋陶謨〉、〈禹貢〉、〈甘誓〉、〈微子〉、〈洪範〉、〈金縢〉、〈無逸〉、〈呂刑〉，用今文章句者有〈皋陶謨〉、〈牧誓〉；用今文說者有〈皋陶謨〉、〈禹貢〉、〈金縢〉、〈呂刑〉。其非專屬今文或古文《尚書》者，蓋今古文皆同也。余嘗統計《史記》引《尚書》文句，可辨為今文者，計二百十三條，古文僅十五條，而解說之異者尚未計入，即此，亦可知《史記》採取今古文之多寡矣。清儒段玉裁、陳壽祺謂《史記》用今文《尚書》，又謂《史記》採《尚書》兼取古文，確為不刊之論也。

第五章 《史記》《尚書》異說考

　　《史記》引述《尚書》，除直錄原文外，字句之間每多增損改易。此或《尚書》多古語，不易通，須加以訓釋改寫；或另有所見，須加以補充。故其所錄文字，與原書不能盡同，而自有其義例，說已見前。綜其六例，文字或別，義則少殊，而《史記》所述，視《尚書》本經尤爲簡明易解，昔賢或目之爲太史公之書傳，則其成就可知也。

　　然其間亦有取義與今傳本《尚書》立異者，如〈五帝本紀〉述舜之年，計爲百歲；〈夏本記〉述文繡服色，不數日月星辰；〈殷本紀〉謂盤庚之時已都河北。或與經文不同，或爲經所未載，其間有是有非，此在當日，必有所據，並經一番考辨，擇善而從。於此亦可見《史記》徵用材料及取捨材料之態度，而爲研究司馬遷《尚書》學之重要問題。茲就研究所得，舉其關係《書》說之大者說明之。至如〈甘誓〉，或以爲禹伐有扈，或以爲夏后相與有扈戰，《史記》則稱啓伐有扈作〈甘誓〉；又〈秦誓〉，〈書序〉以爲作於殽之戰敗歸時，《史記》則繫於穆公三十六年，然其人其時，經無明文，今皆不舉。又如〈湯征〉、〈湯誥〉等篇，其文不傳，故亦略之。

　　《史記》所述篇次，與今傳〈書序〉略有不同，與鄭序亦未相符，此關係及於書說，茲略考其梗概，附於篇末焉。

　　本章分五節：

　　一、〈五帝本紀〉異說；二、〈夏本紀〉異說；三、〈殷本紀〉異說；四、〈魯世家〉異說；五、〈晉世家〉異說。

第一節 〈五帝本紀〉異說

〈五帝本紀〉所述,以〈堯典〉爲主,而舜事亦在其中。《史記》之文,幾全取於〈堯典〉,然其所述有與經文立異者,如釐降二女及舜之年歲是也。

一、釐降二女

《史記》以釐降二女爲舜事,〈五帝本紀〉云:

> 堯曰:『吾其試哉。』於是堯妻之二女,觀其德於二女。舜飭下二女
> 於嬀汭,如婦禮;堯善之。

此謂堯以二女妻舜,舜則飭下二女於嬀汭;是飭之者舜也。堯善之者,嘆其能治家也。〈堯典〉則云:

> 帝曰:『我其試哉!』女于時,觀厥刑于二女,釐降二女于嬀汭,嬪
> 于虞,帝曰:『欽哉!』

釐字上無舜字,是飭降二女者乃堯之意也。《蔡傳》云:「堯治裝下嫁二女於嬀水之北,使爲舜婦於虞氏之家也;欽哉,堯戒二女之辭。」此云「下嫁二女於嬀水之北」,亦以飭之者爲堯也。故瀧川資言《史記會注考證》云:「史公句上冠以舜字,與經殊。」

段氏《撰異》云:

> 釐降二女于嬀汭,嬪于虞。此二句自堯言之;上三句(指「我其試哉」、「女于時」、「觀厥刑于二女」)記言,此二句記事。……〈五帝本紀〉用今文《尚書》說云:『於是堯妻之二女,觀其德於二女』二句不爲堯言,『舜飭下二女于嬀汭,如婦禮』二句爲舜事,似非經義。

段氏以《史記》採今文說,故與古文說異也。班固《漢書》用今文《尚書》,其說與《史記》同,〈五行志〉云:「昔舜飭正二女,以崇至德。」師古注:「舜謹敕正躬,以待二女,其德益崇。」又〈外戚傳〉云:「書美釐降,《春秋》譏不親迎。夫婦之際,人道之大倫也。」師古注:「《尙書·堯典》稱舜之美,云釐降二女于嬀汭,言堯欲觀舜治迹,以已二女妻之,舜能以治,降下二女以成其德。」則此爲今文家言也。二孔注疏亦以釐降爲舜意,然別有說辭。《孔傳》云:「舜爲匹夫,能以義理下帝女之心於所居嬀水之汭,使行婦道於虞氏。」《孔疏》釋之云:「舜爲匹夫,帝女下嫁,以貴適賤,必自驕矜。故美舜能以義理下帝女尊亢之心於所居嬀水之汭,使之能行婦道於虞氏。」又云:「二女能行婦道,乃由舜之教,故帝言欽哉,歎能修已行敬以安民也。」此釋「下」

字為「以義理下帝女尊亢之心」，則其事自非屬舜不可。然經文「女于時，觀厥刑于二女，釐降二女于嬀汭，三句連屬，皆統於堯，今必以釐降屬舜，亦有未安。而張氏《史記正義》謂「舜能整齊二女以義理，下二女之心於嬀汭，使行婦道於虞氏也。」雖從《孔傳》，然《史記》本有舜字，以之屬舜，固其宜也。皮氏《考證》云：「如史公說以飭下二女屬舜，乃於下文慎徽五典文義相承，蓋堯見舜能以理下二女，使行婦道於虞，乃知舜果能齊家，而試以為臣之事，故史公云堯善之，乃使舜慎徽五典也。」《孫疏》以「帝曰欽哉」屬下「慎徽五典」為文，蓋亦有見於此也。

若就義理而言，則經史之說亦各有優劣。《撰異》云：「降者，禮不備也。然不曰二女降于嬀汭，而曰釐降二女于嬀汭者，曰二女降，別二女為奔矣；曰釐降二女，則堯之深心妙用如見，而二女無所失也。若如〈本紀〉及偽《孔傳》釐降自舜言之，聞逆王女姬矣，聞尚公主矣，未聞人臣婚帝女而曰降之者也。」此乃就經文立言。皮氏《考證》云：「堯之於舜，使其子九男事之，二女女焉，當屬堯之獨斷，史公今文家說最塙。若如古文說，四嶽試舜而遽請以帝女事舜，殊非人情。且堯試舜而先女以二女，正欲觀其夫婦之法。」此則偏主《史記》之說。

從經古文說，乃見堯之深心妙用，從《史記》今文說，則見舜能齊家治事。《孟子》曰：「堯使其子九男二女，百官牛羊倉廩備，以事舜於畎畝之中。」此與經文說同，蓋孟子所本為古文說，而《史記》則從今文說也。二說互異，不必強同。

二、二十二人

〈堯典〉：「帝曰：『咨！汝二十有二人』」，此二十二為誰，諸家解說不一，馬融云：「契、稷、皋陶皆居官久，有成功，但述而美之，無所復敕；禹及垂以下，皆初命，凡六人，與上十二牧、四嶽，凡二十二人。」鄭玄云：「自咨十有二牧，至帝曰龍，皆月正元日格於文祖所敕命也。」蔡《傳》云：「四岳、九官、十二牧也。」王引之又以為二十二當是三十二之誤，《經義述聞》云：「三十二人者，四岳為四人，十二牧為十二人，禹、稷、契、皋陶、垂、益、伯夷、夔、龍為九人，殳、斨、伯與為三人，朱、虎、熊、羆為四人，合計之則三十二人也。」《史記》則有彭祖、與經異。崔適《史記探源》（卷三）云：「自禹至彭祖，共為十人，加以十二牧，乃為二十二人也。」《史記》之

說，皮氏釋之尤詳，《今文尚書考證》云：

> 錫瑞謹案：《史記‧五帝本紀》曰：「禹、皋陶、契、后稷、伯夷、
> 夔、龍、垂、益、彭祖，自堯時而皆舉用，未有分職，於是舜乃至
> 于文祖」云云。又曰：「此二十二人，咸成厥功，皋陶為大理，平民
> 各伏，得其實；伯夷主禮，上下咸讓；垂主工師，百工致功；益主
> 虞，山澤辟；棄主稷，百穀時茂；契主司徒，百姓親和；龍主賓客，
> 遠人至，十二牧行而九州莫敢辟違。唯禹之功為大，披九山，通九
> 澤，決九河，定九州，各以其職來貢，不失厥宜。」據《史記》之
> 文，則史公用今文家說，二十二人為禹、皋陶、契、稷、伯夷、夔、
> 龍、垂、益、彭祖凡十人，合十二牧，適符其數；不及四嶽者，蓋
> 四嶽即在十二牧之中，故史公數二十二人之功不及四嶽；九官之外
> 增彭祖者，蓋史公所據古說有之，《大戴禮‧五帝德篇》：「孔子曰：
> 舉舜、彭祖而任之」，則彭祖自堯時已舉，正與史公說合。

案：馬說以初命六人：禹、垂、益、伯夷、夔、龍、與十二牧、四嶽當
之，不數稷、契、皋陶。鄭於前注亦謂此三官是堯時事，收攽、斯、伯與、
朱、虎、熊、羆四臣，不數四嶽。《孔傳》與馬注同。依馬說，則稷、契、皋
陶，不在亮功之列，依鄭說則舜為敕牧而遺嶽，《蔡傳》以四嶽為一人，則何
以解「僉曰」之文，且四嶽為一人，羣牧可謂之一人乎？昔王引之嘗致其疑
矣，然王氏以三十二人為說，備則備矣，而改經以適其說，亦未為得也。《史
記》數彭祖在內，彭祖之名不見於〈堯典〉，然《大戴禮‧五帝德》載孔子之
言，有謂堯舉舜、彭祖而任之，則彭祖自堯時已舉，《史記》蓋即據此為說也。
惟陳夢家《尚書通論》據先秦典籍但稱九牧，是〈堯典〉本作九牧，秦乃改
為十二牧，遂以四嶽、九官、九牧合為二十二人。〔註1〕果如其言，則前據十
二牧為說者，並當重作檢討矣。

三、舜之年壽

《史記》說，舜之年適為一百，以經史計之，則為一百一十。〈五帝本紀〉
云：

> 舜年二十以孝聞，年三十，堯舉之；年五十，攝行天子事；年五十

八，堯崩，年六十一，代堯踐帝位；踐帝位三十九年，南巡狩，卒
於蒼梧之野，葬於江南九疑，是爲零陵。

此文於舜之履歷述之甚詳，六十一代堯踐帝位，踐帝位三十九年卒，則適爲
百歲。《尚書·堯典》云：

舜生三十徵庸，三十在位，五十載，陟方乃死。

合之則爲一百一十歲。二説顯有不同。

《史記》所載，清人段玉裁、崔適皆曾爲之解説。《撰異》云：

〈五帝本紀〉曰：「舜生三十堯舉之」此生三十而徵庸也；「年五十
攝行天子事」，此徵庸二十而在位也；「年五十八堯崩」，此所謂二十
有八載放勳乃殂落也；「年六十一代堯踐帝位」，此三年闋密之後乃
踐帝位；「踐帝位三十九年南巡狩，崩於蒼梧之野」，此在位五十載
陟方乃死也。司馬子長據今文《尚書》爲《史記》，此今文《尚書》
之一證也。

《史記探源》云：

「年三十堯舉之」，即《尚書》所謂「三十徵庸也」；「年五十攝行
天子事」，即上文所謂「舜得舉用事二十年而堯使攝政」也；「堯崩
時年六十一代堯踐帝位」，即上文所謂「攝政八年而堯崩，三年喪
畢讓丹朱，天下歸舜」也；「踐帝位三十九年崩」，乃《尚書》所謂
五十載陟方乃死。自攝政八年，居喪三年，在位三十九年，合爲五
十載也。

此皆取經證史，而崔適更引《尚書》爲文，以證《史記》之有據。然段以《史
記》此文爲今文説，則恐未必。《大戴禮·五帝德》乃古文説，其文有云：「舜
之少也，惡頓勞苦，二十以孝聞乎天下，三十在位，嗣帝所，五十乃死，葬
於蒼梧之野。」此蓋史公所本。又《論衡·氣壽篇》云：「舜生三十徵用，二
十（案：原作三十，此依段氏《撰異》改）在位，五十載陟方乃死，適百歲
矣。」此今文説也，而亦作百歲，則舜年百歲，今古文説所同也。

而二孔《注》《疏》則以爲百一十二歲。與《史記》及今古文《尚書》均
異。《孔傳》云：

三十徵庸，三十在位，服喪三年，其一在三十之數，爲天子五十年，
凡壽百一十二歲。

《孔疏》從而釋之云：

孔子國以月正元日在三年過密之下，又孟子云舜服堯三年喪畢，避
堯之子，故服喪三年，三年之喪，二十五月而畢，其一年即在三十
在位之數，惟有二年，是舜年六十二，爲天子五十年，是舜凡壽百
一十二也。

曾運乾氏亦列本經前文及《孟子》以證之，云：「按《史記》『舜年三十以孝
聞，年三十堯舉之』，年三十尙未娶，經所謂『有鰥在下曰虞舜也。以後歷試
三載，攝位凡二十有八載，經所云『二十有八載。放勛乃徂落』，《孟子》所
謂『舜相堯二十有八載』也。三年之喪，二十五月而畢，則舜年六十二，經
所謂『百姓加喪考妣三載，《孟子》所謂『堯崩，三年之喪畢』也。又五十載
陟方乃死，則壽一百一十二歲。」

　　是舜之年壽有三種異說，其致異之由，乃因《論衡》引此作舜生三十徵用，
二十在位；大戴禮作二十以孝聞，三十在位，嗣帝所，合之均爲五十，較之經
文短少十年。今古文說以攝政八年，如喪考妣三年即在「五十載」之中，益以
前文之五十年，適爲百歲；注疏據經文加三年之喪二年，不讀徵庸三十爲二十，
不牽合前文「二十有八載」，不謂攝位爲在位，又在位始於三年服喪之後，故較
今古文書說及《史記》多十二年。《史記》以踐帝位在服喪之後，與《注》《疏》
同，然其說即位年數僅三十九年，故所計年數與今古文書說同也。

　　考《書疏》引鄭玄讀此經作舜生三十，登庸二十；不云登庸三十，說與
《史記》合，與《大戴禮》、《論衡》亦合。是漢人均以爲舜年百歲，其時近
古，當較孔《傳》爲可信也。

第二節　〈夏本紀〉異說

　　〈夏本紀〉引述者，有〈皋陶謨〉、〈禹貢〉、〈甘誓〉之文，茲分篇舉其
異說。

一、文繡服色

　　〈皋陶謨〉：「予欲觀古人之象，日、月、星辰、山、龍、華蟲、作會，宗
彝、藻、火、粉米、黼、黻、絺繡，以五采彰施于五色，作服，汝明。」〈夏本
紀〉引此作：「余欲觀古人之象，日、月、星辰，作文繡服色，女明之。」案：
《尚書正義》謂馬融以此經上句日、月、星辰、山龍、華蟲，尊者在上，下句

藻火粉米、黼黻，尊者在下。又引鄭玄云：「自日月至黼黻，凡十二章，天子以飾祭服。凡畫者爲繪，刺者爲繡，此繡與繪各有六；衣用繪，裳用繡。」此以日月星辰至黼黻均在文繡服色之中，古文說也。《大傳》云：「山龍，青也；華蟲，黃也；作繪，黑也；宗彝，白也；躁火，赤也；自天子至士皆有山龍，天子服五，諸侯服四，次國服三，大夫服二，士服一。」此述服色不數日月星辰，今文說也。皮氏《今文尚書考證》云：「史公云作文繡服色，所以解經之山龍華蟲至作服也。而日月星辰別出於上者，蓋史公之說亦不謂日月星辰文繡服色之中，其義與伏生同。」然則，《史記》此文爲本今《尚書》說也。

二、帝禹問答

〈夏本紀〉引〈皋陶謨〉之文，「毋若丹朱傲」上，有「帝曰」二字；又下文「予辛壬娶塗山」上有「禹曰」二字，與《尚書》異。其文云：

> 帝曰：「毋若丹朱傲，維慢游是好，傲虐是作，罔晝夜雒雒，毋水行舟。朋淫于家，用絕其世，予不能順是。」禹曰：「予辛壬娶塗山，癸甲生啓，予不子，以故能成水土功。」

此爲帝與禹君臣答之辭，《尚書》則以此節直承上文「禹曰俞哉」之下，均爲禹言。

考漢人引述此經，均有「帝曰」、「禹曰」四字，《漢書·楚元王傳》云：「向上奏曰：『臣聞帝舜戒伯禹，毋若丹朱敖』」；《論衡·遺告篇》云：「帝戒禹曰：『毋若丹朱放（《孫疏》云：「放當作敖」）」；又〈問孔篇〉云：「《尚書》毋若丹朱敖，惟慢遊是如，謂帝敕禹，毋子不肖子也」；《後漢書·梁冀傳》表箸上書曰：「昔舜禹相戒，無若丹朱傲。」均謂上句爲帝戒禹之詞，當有「帝曰」二字甚明，則其下有「禹曰」二字亦無可疑。

惟上文所引均今文說，至於古文說是否同此，則乏文可證。《孫疏》謂今古文俱有「帝曰」二字者，蓋以《史記》皆用古文之故也。〔註2〕然《史記》實兼用今古文，前已論及，知其說不可據信。

《尚書正義》云：「此二字及下『禹曰』，《尚書》並無，太史公有四字，帝及禹相答極爲次序，當應別見書。」孔氏雖不明言經文非，然亦以《史記》之說爲是，故存於《正義》，以供讀者抉擇也。

〔註2〕　説見《尚書今古文注疏·凡例》。

皮氏《考證》云:「據史公、劉向、王充、袁著引經,兩漢今文《尚書》皆有帝曰及禹曰字;今本無之者,欵偽孔妄刪,或古文《尚書》本無之,要以今文有此四字為長。」皮氏《考證》,多偏主今文,然於此說則稱公允。

第三節　〈殷本紀〉異說

《史記·殷本紀》所引《尚書》之文,有〈湯誓〉、〈盤庚〉、〈高宗肜日〉、〈西作戡黎〉等篇。〈殷本紀〉所引〈湯誓〉,除「予惟聞女眾言,夏氏有罪,予畏上帝,不敢不正,今夏多罪」二十二字,在「天命殛之,今女有眾,女曰:我君不恤我眾,舍我穡事而割政」二十三字之上,與今本《尚書》先後倒置,疑為史公所據本有錯簡外,餘無異說。其餘三篇則有之。如以〈盤庚〉所遷之殷乃湯之故居,是以殷為亳也;以〈高宗肜日〉為武丁祭成湯;以殷始咎周在西伯滅飢之後,皆與《尚書》立異。

一、〈盤庚〉遷都

〈殷本紀〉云:

　　帝〈盤庚〉時,殷已都河北,〈盤庚〉渡河南,復居成湯之舊居。

此謂〈盤庚〉之時,殷已都河北,又以殷即湯都亳,與《尚書》異。

考《尚書·盤庚篇》《正義》引汲冢古文云:「〈盤庚〉自奄遷于殷。」又〈祖乙篇·序〉《正義》引同。又《太平御覽》卷八十三〈皇王部〉引《紀年》曰:「〈盤庚〉即位,自奄遷于北蒙,曰殷。」均謂〈盤庚〉自奄遷。《太平御覽》(八三)又引《紀年》曰:「南庚更自庇遷于奄」、「陽甲即位,居奄。」則自南庚遷於奄,陽甲居之,至盤庚即位時始遷于殷也。奄,在後之魯地,王國維〈北伯鼎跋〉云:「奄地在魯,《左·襄二十五年傳》,魯地有弇中,漢初古文禮經出於魯淹中,皆有證也。」〔註3〕魯地則在河南,遷殷自須渡河,本經云:「盤庚作,惟涉河以民遷。」與此正相契合。

殷地則在河北,《史記·項羽本紀》所謂「洹水南殷虛」是也。《集解》引臣瓚曰:「汲冢古文曰:『盤庚遷于北蒙(案:北蒙,原作「此汲冢」,張文虎《史記札記》曰:「此冢,當為北蒙之偽,妄人增汲字。」今據改),曰殷虛,南去鄴三十里。』」謂殷即殷虛,在鄴南三十里。《尚書·盤庚正義》、《史

〔註 3〕見觀堂集林卷十八。

記・項羽本紀索隱》及《通鑑外紀》卷二引汲冢古文說同；《史記・殷本紀》《正義》引《括地志》作四十里，或李泰所見書作四十里也。其地當今河南安陽縣，即近世甲骨出土所在地。王國維有〈說殷〉一文，論之甚詳。

　　湯都之亳，舊說不一。《史記・六國年表》言收功實者常於西北，故禹於西羌，湯起於亳。徐廣以京兆杜陵之亳亭當之；《漢書・地理志》（河南郡）則云偃師有尸鄉，殷湯所都，《書疏》引《鄭注》，亦以爲湯都偃師，此其一；皇甫謐則以爲湯居南亳，此其二；《史記・殷本紀》《正義》引〈地理志〉兼采二說，以爲湯始居南亳穀熟，後居西亳偃師，此其三；而臣瓚又以《漢書・地理志》山陽郡之薄縣爲湯所都，此其四。察此四說，恐當以臣瓚說爲是。薄縣即皇甫謐所謂北亳，在蒙之西北，當今山東曹州府曹縣南二十餘里，王國維「說亳」一文嘗舉三證：一以春秋時宋之亳證之，二以湯之鄰國證之。三以湯之經略北方證之，可爲採信。

　　《史記》以亳殷爲一地者，其誤蓋始於〈書序〉之訛字。今傳〈書序〉云：「盤庚五遷，將治亳殷。」《史記》本之，遂以盤庚所遷，即湯之舊居也。然束皙謂孔子壁中古文作「將始宅殷」，則治爲始之譌，亳爲宅之誤也。孔穎達嘗疑束皙之文，謂壁中古文「治」皆作亂，無緣誤爲始字，知束皙未見壁內之書。其說之非，段玉裁嘗辨之，謂治之作亂乃僞古文，束皙當晉初，未經永嘉之亂，或孔壁原文尚存。〔註4〕王國維亦據隋唐〈經籍志〉所載，晉世秘府所存，有古文《尚書》經文，謂束皙所見自當不誣；且亳殷二字未見古籍，宅殷則見於〈商頌〉。又謂盤庚遷殷，經無亳字；武丁徂亳，先入于河；洹水之虛，存於秦世，此三事已足證〈書序〉及《史記》之誤，說詳《觀堂集林・說殷》一文。又雷學淇《介庵經說》卷二〈商都殷亳考〉一文，亦有此說。

　　《史記》既以殷亳爲成之故居，在黃河之南，爲遷就渡河之說，遂謂盤庚之時殷已都河北，盤庚始渡河南。然紂之亡，又都河北，乃不得不以去亳涉河北歸之武乙。班固、皇甫謐及僞孔均襲《史記》之說，《尚書正義》又申《孔傳》，然格於「洹水南殷虛」之文，遂謂「或當餘王居之」，謂盤庚後王有從河南亳地遷於洹水之南，後又遷於朝歌。今據《殷本紀・正義》引《竹書紀年》：「自〈盤庚〉從殷，至紂之滅，七百七十三年，更不徙都。」又《太平御覽》卷八三皇王部引《紀年》云：「小辛頌即位，居殷」、「小乙斂居殷」、「祖庚躍（鮑刻本作曜，此據影宋本）居殷」、「帝甲載居殷」、「馮辛（《史記・

殷本紀》及〈三代世家〉作廩辛）先居殷」、「庚丁（羅振玉云《史記》庚丁
爲康丁之譌）居殷」、「帝乙處殷」、「帝辛受居殷」。所載盤庚以下小辛、小乙、
祖庚、帝甲、馮辛、庚丁、辛乙、帝辛皆居殷，惟小乙下缺武丁，庚丁下缺
武乙、太丁，然《御覽》又載「太丁三年、洹水一日三絕」，其時仍居殷無疑。
則《殷本紀·正義》所引《紀年》所載盤庚徙殷，至紂之滅，更不徙都，當
屬事實。惟七百七十三年當係二百七十三年之誤，〔註5〕則〈殷本紀〉謂〈祖
乙〉去亳徙河北者，實誤。

　　盤庚遷殷，乃自奄遷於殷，又遷殷之後，至紂之滅皆未再遷，非自河北
遷於河南，武乙又遷於河北也。

二、〈高宗肜日〉

　　《尚書·高宗肜日》篇云：

　　　　高宗肜日、越有雊雉，祖己曰：惟先格王，正厥事。

〈殷本紀〉云：

　　　　帝武丁祭成湯明日，有飛雉登鼎而呴，武丁懼。〈祖乙〉曰：王勿憂，
　　　　先修政事。（中略：）帝武丁崩，帝祖庚立，祖己嘉武丁之以祥雉爲
　　　　德，立其廟爲高宗，遂作〈高宗肜日〉及〈訓〉。

是《史記》以此爲武丁事，作於祖庚之朝。然經云「高宗肜日」乃殷人習慣
用語，其例甲骨文中恆見，如：「丁未卜，貞：王賓康祖丁肜日，亡尤？」（前
編一、二三、八）「丁未卜，貞：王賓武丁肜日，亡尤？」（前編一、十八）
等是。肜。祭名；《爾雅·釋天》：「繹、又祭也。周曰繹，商曰肜，夏曰復胙。」
孔《傳》云：「祭之明日又祭。殷曰肜，周曰繹。」《公羊傳·宣八年》：「繹
者何？祭之明日也。」注云：「繹者，據今日道昨日，不敢斥尊言之、文意也。
肜者，肜肜不絕，據昨日道今日，斥尊言之，質意也。」王國維以卜辭證之
云：「〈高宗肜日〉者，高宗廟之繹祭也。」又云：「凡辭中某甲某乙，皆謂所
祭之人，而非主祭之人。」〔註6〕至其作成之時代，屈翼鵬先生謂本篇既稱高
宗，又稱祖己，知其必後人追述之作，非作於祖庚朝；〈書序〉謂作於武丁之
世，亦非也。〔註7〕

〔註5〕見方詩銘、王修齡合著《古文竹書紀年輯證》頁31。
〔註6〕《觀堂集林》卷一·〈高宗肜日說〉。
〔註7〕見《尚書集釋·高宗肜日》解題。

案《尚書大傳》云：「武丁祭成湯，有飛雉升鼎耳而雊，武丁問諸祖己，祖己曰：『雉者，野鳥也，不當升鼎，今鼎者，欲爲用也，遠方將有來朝乎！』故武丁內反諸己，以思先王之道。三年，編髮重譯來朝者六國。孔子曰：『吾於〈高宗肜日〉，見德之有報之疾也。』」亦以爲武丁祭成湯，或即《史記》所本也。

三、〈西伯戡黎〉

《尚書》「西伯戡黎、祖伊恐，奔告于王。」〈殷本紀〉作「及西伯伐飢國，滅之。紂之臣祖伊聞之而咎周，恐，奔告紂王。」《史記》以滅飢爲咎周之因，咎周爲滅飢之果。經未明言「咎周」，然〈序〉云：「殷始咎周，周人乘黎，祖伊恐，奔告于紂。」則以咎周在乘黎之前，此或經文本義如此，《史記》之說與經異也。

考〈書序〉「殷始咎周」，鄭玄云：「咎，惡也，紂聞文王斷虞芮之訟，又三伐皆勝，而始畏惡之，拘于羑里。」〔註8〕江聲《尚書集注音疏》云：「咎是畏惡，惡亦忌也。」是鄭意以文王三伐皆勝而得咎，遂受拘於羑里；此說於古有據。《韓非子·難二》云：「昔者文王侵盂、克莒、舉酆，三事舉而紂惡之。」或即鄭說所本。又《詩·文王》《疏》引《大傳》云：「西伯得四友獻寶，免於虎口而克耆。」《韓非》與《大傳》所載，事正相接。則咎周在伐黎之前也。

章太炎亦謂殷先咎周，周始乘黎。《古文尚書拾遺定本》云：「及是殷始咎周，是必有責讓之辭，征討之命，則在伐魏後矣（原注：《春秋·昭四年傳》：商紂爲黎之蒐，東夷叛之，黎當即此黎國。業已咎周，故蒐黎以燿武，屯兵西部。）端居而受討，其如諸侯何！如百姓何！慸事無益，於是改圖以從民望，始乘黎，次伐邢。」此並推文王乘黎之用心。亦合於情理。

《史記》以文王之囚歸於竊歎及崇侯虎之譖。〈殷本紀〉云：「九侯有好女，入之紂，九侯女不憙淫，紂怒殺之，而醢九侯；鄂侯爭之彊，辨之疾，并脯鄂侯。西伯昌聞之竊歎，崇侯虎知之，告紂，紂囚西伯羑里。」案《呂氏春秋·行理篇》，以羑里之囚爲因文王之歎，《淮南子·道應訓》則謂因崇侯虎之譖，二說不同，〈殷本紀〉兼採其說。〈周本紀〉則專依《淮南子》，曰：「崇侯虎譖西伯於殷紂曰：『西伯積善累德，諸侯皆嚮之，將不利於帝。』帝

〔註8〕見《詩·文王》疏及《左傳·襄公三十一年》疏。

紂乃囚西伯於羑里。」又以西伯出釋後始釋虞芮之訟，伐犬戎、密須、敗耆，殷之咎周則在此時。說與鄭注異。

案：《左傳・襄公三十一年》《正義》引《大傳》云：「文王一年質虞芮，二年伐于，三年伐密須，四年伐畎夷，紂乃囚之，四友獻寶，得免於虎口，出而伐耆。」不言咎周。則咎周在伐耆之後也，此蓋史公所本。鄭言三伐皆勝，紂始畏惡之，拘于羑里，蓋依〈書序〉說。此或今古文之異也。

又宋薛季宣《書古文訓》、金履祥《通鑑・前編》等，謂伐耆者文王，戡黎者武王，《史記》誤〈西伯戡黎〉之篇載於伐耆之下，清梁玉繩《史記志疑》（卷二）、雷學淇《竹書紀年義證》亦申其說。雷氏引《呂氏春秋・貴因篇》，膠鬲稱武王爲西伯以說之，然《尚書》黎字，《說文》引作𠼤，〈宋微子世家〉作阢，〈殷本紀〉作飢，《尚書大傳》、〈周本紀〉及《史記》作耆，各字同屬古音第十六部，蓋音近通假，非耆黎爲二國也；陳正香碩士所撰《尚書商書研究》曾辨之。〔註9〕

第四節　〈魯世家〉異說

《史記・魯世家》所引《尚書》之文，有〈金縢〉、〈召誥〉、〈洛誥〉、〈多士〉、〈無逸〉、〈費誓〉六篇。其〈金縢篇〉與經文多有異說，又述〈多士〉、〈無逸〉作意亦與經文抵牾。

一、〈金縢〉

〈金縢〉一篇，記成王初年事也。因王感風雷之變，得金縢之書，悔悟迎公，故並前此之事，詳細記之，所以著周公之忠，管叔之罪，以見其居東之有由也。經言武王卒後有風雷之變，成王出郊親迎周公，天乃雨反風。《史記・魯世家》載成王病，周公揃蚤沈河，祝神藏策，及成王用事，周公被譖奔楚，成王發府見書，乃反周公，非因天變開金縢，又載周公卒後乃有暴風雷雨、命魯郊祭之事。均與經文立異。

〈魯世家〉云：

> 初，成王少時，病，周公乃自揃其蚤，沉之河以祝於神曰：『王少未有識，奸神命者乃旦也。』亦藏其策於府，成王病有瘳。及成王用

事，人或譖周公，周公奔楚。成王發府，見周公禱書，乃泣反周公。
又〈蒙恬傳〉亦載此事。蓋別有所據。《論衡·感類篇》云：「古文家以武王
崩，周公居攝，管蔡流言，王意狐疑，周公奔楚。」王充以此為古文說，蓋
當時尚有傳也。而《史記索隱》引譙周曰：「秦既燔書，時人欲言金縢之事，
失其本末，乃云成王少時病，周公禱河」云云，則以為時人之說。惟《尚書》
無此文，而《史記》所載，蓋從孔安國問故所得，乃周公逸事，故並載於周
公之篇。王應麟《困學紀聞》以為藏策金縢與前揃蚤禱河乃一事之異傳，然
《史記》所傳一在周公生前，一在死後，前後次序釐然，且此說亦與《史記》
存疑之義法不合。孫德謙以此為史公搜訪得之者，近是。〔註10〕

後代學者或牽合奔楚與居東為一事，俞正燮《癸巳類稿》曰：「周公居東
二年，東者楚也。」徐鴻博又謂王季歷葬於楚山之尾，《括地志》終南山一名
楚山，周公奔楚當是因流言出居，依于王季之墓，非遠涉東都也。〔註11〕然
此說既非經文所有，亦與《史記》未合。《史記》前文記管蔡流言，周公乃告
二公曰：「我之所以弗辟而攝行政者，恐天下畔周，無以告我先王……」於是
卒相成王。未言其避居也。

至《史記》載風雷示警之事則云：「周公在豐，病將沒，曰：『必葬我成
周，以明吾不敢離成王。』周公既卒，成王亦讓，葬周公於畢，從文王，以
明予小子不敢臣周公也。周公卒後，秋未穫，暴風雷雨，禾盡偃、大木盡拔，
周國大恐。成王與大夫朝服，以開金縢書。王乃得周公所自以為功代武王之
說……成王執書以泣，曰：『自今後其無繆卜乎！昔周公勤勞王家，惟予幼人
弗及知。今天動威以彰周公之德，惟朕小子其迎，我國家禮亦宜之。』王出
郊，天乃雨反風，禾盡起。」則此風雷之變，在周公卒後，為葬周公而起，
與本經繫於武王卒後，以疑周公者異矣。且經上言「雷電」，其下始言「天乃
雨」，而《史記》上言「雷雨」，下又云：「天乃雨」，似嫌重複。故王引之說
當作天乃霽也。

考《漢書·梅福傳》，梅福曰：「成王以諸侯禮葬周公，而皇天動威，雷
風著災。」顏師古注引《尚書大傳》云：「周公疾，曰：『吾恐必葬於成岡，
示天下臣於成王也。』周公死，天乃雷雨以風，禾盡偃，大木斯拔，國恐，
王與大夫開金縢之書，執書以泣曰：『周公勤勞王家，予幼人弗及知。』乃不

〔註10〕 《太史公書義法》頁 53。
〔註11〕 案原文未見，此據清儒《書經彙解·金縢篇》「周公居東」條下引。

－99－

葬於成周而葬之於畢，示天下不敢臣。」據此。則〈魯世家〉「周公卒後」云云，乃補敍前節之文，明風雷之後，乃葬周公於畢也。《論衡‧感類篇》於此，亦有釋焉，曰：「周公死，儒者說之，以為成王狐疑於周公，欲以天子禮葬周公，公，人臣也；欲以人臣禮葬周公，公有王功，狐疑於葬周公之間，天大雷雨動怒示變，以彰聖功。」此說同《史記》、《大傳》，蓋今文說也。故王仲任謂此與古文說不同。夫一雷一雨之變，今文家以為葬疑，古文家以為信讒，解說不一，王充作《論衡》時已不能辨，〔註12〕則各存其說可也。

二、〈多士〉、〈無逸〉

〈多士篇〉乃周公於成周洛邑告殷遺民之書，〈無逸篇〉則周公戒成王勿耽於淫逸之辭也。〈書序〉云：

　　成周既成，遷殷頑民，周公以王命誥，作〈多士〉。

此說與經文內容合。《史記‧周本紀》云：

　　成王既遷殷遺民，周公以王命告，作〈多士〉、〈無佚〉。

亦謂〈多士〉作於遷殷遺民後。〈魯世家〉則記此事於周公奔楚，成王泣反周公之後，云：

　　周公歸，恐成王壯，治有所淫佚，乃作〈多士〉，〈毋逸〉。

不言遷殷遺民事，且所誡為成王乃〈無逸篇〉之義也。而《史記》於〈周本紀〉、〈魯世家〉皆二篇連言，不免詞贅。

金若盧云：「今考之〈多士〉，為殷民而作者也；〈無逸〉，為成王而作者也，在〈本紀〉則併〈無逸〉為告殷民，在〈世家〉，則併〈多士〉為誡成王，混淆差互。」〔註13〕此言深中肯綮。

梁玉繩《史記志疑》亦云：「〈多士〉非誡成王之作，與〈周紀〉言無佚同謬。蓋于〈紀〉不當云作〈無佚〉，于〈世家〉不當云作〈多士〉。」可謂正本之言。《史記》以二篇連言者，或因皆記周公之事，且其時代相近之故。然究其實，〈本紀〉所言乃〈多士〉之義，〈世家〉所言乃〈無逸〉之義也。

又〈魯世家〉引〈多士〉文，於「周多士」下，接以「文王日中昃，不暇食，饗國五十年」十三字，然此十三字在今〈無逸〉篇中，而《史記》承「多士稱」下，若非錯簡，則是史公所見書與今本有異也。

〔註12〕《論衡‧感類篇》云：「二家未可審」。
〔註13〕見《潯南集》卷九。

第五節 〈晉世家〉異說

〈晉世家〉引述〈文侯之命〉，以文侯爲晉文公重耳。經雖未明言文侯之名，然〈書序〉云：「平王錫晉文侯秬鬯圭瓚，作〈文侯之命〉。」更以經文考之，知本篇當爲平王命文侯仇，非襄王命晉文公事也。

〈晉世家〉云：

> 晉文公……五年五月丁亥，獻楚俘於周，駟介百乘，徒兵千。天子使王子虎命晉侯爲伯，賜大輅、彤弓矢百，玈弓矢千，秬鬯一卣、珪瓚、虎賁三百人，晉侯三辭然后稽首受之，周作〈晉文侯命〉。

此以文侯爲文公重耳也。《經典釋文》引馬融說，謂〈書序〉「王」字上本無平字，蓋從《史記》說也。

《史記》之誤，《索隱》及《正義》嘗有辨。《索隱》曰：「按《尚書‧文侯之命》，是平王命晉文侯仇之語。今此文乃襄王命晉文公重耳之事，代數懸隔，勳業全乖，太史公雖復彌縫左氏，而〈系家〉頗亦時有疏繆。……然計平王至襄王爲七代，仇至重耳爲十一代而十三侯，又平王元年至魯僖二十八年，當襄王二十年，爲一百三十餘歲矣。」《正義》說略同。

《書疏》云：「〈周本紀〉云：『幽王嬖褒姒，褒姒生子伯服，幽王廢申后，并去太子。用褒姒爲后，伯服爲太子。申侯怒，乃興西夷犬戎攻殺幽王。於是諸侯乃與申侯共立太子宜臼，是爲平王。東遷於洛邑避戎寇。』隱六年《左傳》：周桓公言於王曰：『我周之東遷，晉鄭焉依。』〈鄭語〉云：『晉文侯於是乎定天子，是迎送安定之，故平王錫命焉。」曾運乾《尚書正讀》云：「今案《左‧僖二十八年傳》，敍晉文公城濮之捷，獻俘錫命之事，曰：『用平禮也』。杜《注》云：『以周平王享晉文侯仇之禮享晉侯。』是平王錫命晉文侯仇之證。」

又考之晉諡，文公不得稱文侯。晉之諡，有武侯寧族，亦有武公稱；有成侯服人，亦有成公黑臀；有厲侯福，亦有厲公壽曼；有獻侯籍，亦有獻公詭諸；有昭侯伯，亦有昭公夷；有孝侯平，亦有孝公頎；有哀侯光，亦有哀公驕；有文侯仇，亦有文公重耳。楊樹達曰：「同是晉君，其號諡相襲者達七君之眾，所以不相避者，以公侯異稱，不虞其混也。」〔註14〕經以〈文侯之命〉名篇，其非文公甚明。

〔註14〕見《積微居小學述林》。

即以本經考之，亦當屬文侯事。經云：「王若曰：父義和。」《書疏》云：「《左傳》以文侯名仇，今呼曰義和，知是字也。天子於同姓諸侯皆呼為父，稱父者非一人，若不稱其字，無以知是文侯。鄭玄讀義為儀，儀仇皆訓匹也，故名仇字儀。」然鄭君不解和字，曾運乾補之云：「今謂和與仇義相反亦相成，《周官・調人》掌司萬民之難而調和之，是名仇字義和之義。」此謂義和即文侯仇，證一也。又從文義觀之，經云：「閔予小子嗣，造天不衍。」屈翼鵬先生《尚書集釋》謂此明是新王即位而遭大難之辭。此與平王合；又謂本篇敍錫秬鬯等事，亦與僖公二十八年所記襄王錫晉文公者不同。是經文所記乃平王事，證二也。

然平王錫晉文侯，襄王錫晉文公，皆實有其事，黃震《日鈔》云：「晉文侯當周東遷有功，平王錫文侯，有文侯之命，此一時也。其後晉文公入襄王，乃獻楚俘，天子使王子虎，命晉侯為伯，錫大路、弓、矢、柜鬯，此又一時也。史遷乃取文侯命，屬之文公之下。」是《史記》以文侯之命為襄王錫晉文公重耳者，蓋誤。陳第〈尚書評〉曰：「文侯之命，平王命晉侯仇作也，今以為襄王命文公重耳之詞，蓋見左傳彤弓矢、旅弓矢、秬鬯一卣之錫，未及察其詞之異也。」〔註15〕此言得之。

又《新序・善謀篇》載襄王命晉文公事，稱「晉文公之命」，明與《史記》作「晉文侯命」不同。而梁玉繩《史記志疑》謂《新序》同史誤，蓋偶失檢也。蔡信發先生已辨之，見所著《新序疏證》。〔註16〕

《史記》採《尚書》之文夥矣，而前舉各例則與本經立異。蓋史公意在罔羅天下放失舊聞，厥協六經異傳，整齊百家雜語，以成一家之言；故經史異，或各遵其所聞，非苟異也。後世學者各據所見以考其異同，論其是非，自亦學者之本分，苟得其是，非僅有裨於來學，亦有功於經史也。

《史記》所載各篇次序與孔本不同，與鄭本〈書序〉亦異。如〈夏本紀〉述〈皋陶謨〉在〈禹貢〉後，孔鄭本則反是。〈殷本紀〉述〈湯誓〉在〈典寶〉前，依次為〈湯誓〉、〈典寶〉、〈夏社〉，孔本在〈夏社〉前，於百篇〈書序〉為第二十六，〈典寶〉為第三十，鄭本在〈臣扈〉後，第二十九。又〈咸有一德〉在〈湯誥〉後，鄭本同，孔本則次於〈太甲〉，以為〈太甲〉時事。〈周本紀〉述分殷之器在〈武成〉後，〈洪範〉前，孔鄭本則在〈洪範〉後。〈魯

〔註15〕見陳第〈尚書評〉；《尚書疏衍》卷一。
〔註16〕文載《女師專學報》第十期。

世家〉述〈周官〉在〈立政〉前，鄭本同，孔本則反之。

　　考孔、鄭本次序，大體依時代先後爲次，二者所以不同者，《書疏》云：「孔依壁內篇次及序爲文，鄭依賈氏所奏別錄爲次。」然《史記》所述，亦依時代先後爲次，而與孔、鄭本立異者，蓋所認定時代不同之故也。

第六章 《史記》與〈書序〉

　　《書》之有序，亦如〈詩序〉，有大序、小序之分。其冠於僞孔傳書首，陸德明謂孔安國作，述《尚書》所起之時代及作注之由者，是爲大序。馬鄭諸儒總爲一篇，僞孔傳分冠各篇之首，以述百篇之作意、行事者，是爲小序。大序乃魏晉間人所託，前人辨之己明；小序之作者，自漢以降，頗有爭議：馬鄭二家咸謂孔子所作，朱子謂周秦間低手人作，康有爲謂劉歆僞託，今人吳康先生又謂始於武昭而後，成於向、歆之手；眾說紛紜，莫衷一是。今欲探討《史記》與〈書序〉之關係，則小序究出於司馬遷之前，或出於其後，厥爲關鍵所在。

　　考〈書序〉六十七條，其爲《史記》所述及者，計六十一條，如〈五帝本紀〉、夏、殷、周〈本紀〉及魯、燕、晉、宋各〈世家〉所載，多有與〈書序〉雷同者，或字句悉同，或義同字異，可見《史記》與〈書序〉之關係至爲密切。學者或謂《史記》採〈書序〉，或謂〈書序〉採《史記》，此不僅關係〈書序〉作成之時代，亦關係《史記》之是否採用〈書序〉，誠爲探究司馬遷《尚書》學所當注意之問題。

　　本章先探討〈書序〉與《尚書》之關係，以瞭解〈書序〉之內容真象；次比較〈書序〉與《史記》之同異，以推闡二者相承之跡；復就前二節研究所得，說明其相承關係。皆據《史記》與〈書序〉之文立論，非苟同於舊說，亦不立異以求新。

第一節 〈書序〉與《尚書》之關係

　　〈書序〉六十七條，大抵皆述作書之意。《漢書・藝文志》云：「言其作

意」；〔註1〕《隋書・經籍志》云：「各陳作者所由」；〔註2〕此均就〈書序〉之
撰作目的或就其功用立言。若從內容上觀察，則可發現〈書序〉之於各篇經
文，或總括全篇大意，或摘錄經文前段文句，或另據史事以言其行事作意，
或但述作者而不及其他，性質各異，然皆有助於吾人對《尚書》之瞭解則一
也。

一、總括全篇行事及大意

序有總括經文全篇行事及大意者，如〈皋陶謨〉是也。

〈皋陶謨〉：（經文略）

〈序〉：皋陶矢厥謨，禹成厥功，帝舜申之，作〈大禹〉、〈皋陶謨〉、〈益
稷〉。

按：本篇述皋陶與帝舜及禹之謀議，序以三篇同序，今禹謨〈益稷〉已
佚。自首段「允迪厥德」起，並以下各皋陶曰云云，皆述皋陶之謨，〈序〉
總括之曰：「皋陶矢厥謨。」「帝曰來禹汝亦昌言」以下諸「禹曰」云云，
雖述及大禹之功，疑佚大禹謨中，所記禹之謨議當尤備，故〈序〉總之
曰：「禹成厥功。」又「帝曰臣作朕股肱耳目」以下，為「帝舜申之」之
詞。是此序實為總括全篇行事大意而成者。又此序亦不言益稷事，經文
僅載禹言「既益奏庶鮮食，既稷播奏庶艱食」。疑非〈益稷〉篇文；蓋其
序不在此篇，段氏《撰異》云：「按其實，則棄稷不統於此序，所以作棄
稷者不傳也。」〔註3〕其說良是。曾運乾氏以為，〈皋陶謨〉〈益稷〉二篇
合稱〈皋陶謨〉，〔註4〕猶〈顧命〉與〈康王之誥〉合稱〈顧命〉，然〈康
王之誥篇〉別有一序述其本事，恐不得與此一例也。

二、檃括經文前數句以成文

經文前段，每有總冒性之文字，蓋史官所加，以說明全篇大意或撰作緣
由者，〈序〉即檃括其意以成，如盤庚、〈金縢〉、〈召誥〉、〈多方〉、〈顧命〉、
〈康王之誥〉等篇屬之。

〔註1〕 見書類小序。
〔註2〕 見書類小序。
〔註3〕 見〈酒誥〉、〈梓材〉序；《古文尚書撰異》卷三十二。
〔註4〕 見《尚書正讀・皋陶謨篇》。

1. 《盤庚》：盤庚遷于殷，民不適有居，率籲眾慼，出矢言。……不常厥邑，于今五邦。

   〈書序〉：盤庚五遷，將治亳殷。民咨胥怨，作盤庚三篇。

   案：〈序〉云「盤庚五遷」乃據經「于今五邦」為言，云「將治亳殷」，乃據「盤庚遷于殷」為言。孔氏《正義》述束晳所引孔壁《尚書》作「將始宅殷」則〈書序〉「治亳」二字乃「始宅」之訛，宅殷與遷于殷意合。云「民咨胥怨」，則櫽括「民不適有居，率籲眾慼出矢言」之意而成者。

2. 〈金縢〉：既克商二年，王有疾，弗豫。

   〈書序〉：武王有疾，周公作〈金縢〉。

   案：〈序〉云「武王有疾」，即襲經文「王有疾」而作者。惟〈序〉言周公作〈金縢〉者，蓋指緣周公之事而作，非本篇為周公作也。以篇中屢言「周公」可知；東坡《書傳》已明言之。

3. 〈召誥〉：惟二月既望，越六日乙未，王朝步自周，則至于豐。惟太保先周公相宅。……太保朝至于洛，卜宅。

   〈書序〉：成王在豐，欲宅洛邑，使召公先相宅，作〈召誥〉。

   案：本篇為召公相宅後，誥成王之詞。經云「王朝步自周，則至於豐」是成王在豐也。又云「惟太保先周公相宅」，太保即召公，是使召公先相宅也。又云：「太保朝至于洛，卜居。」是欲宅洛邑也。〈序〉文櫽括經文前數句之迹甚為顯明。

4. 〈多方〉：惟五月丁亥，王來自奄，至于宗周。周公曰：「王若曰：『告爾四國〈多方〉。……』」

   〈書序〉：成王歸自奄，在宗周，誥庶邦，作〈多方〉。

   案：四國〈多方〉即庶邦，王若曰云云，則此為成王之誥語也。

5. 〈顧命〉：惟四月哉生魄，王不懌。甲子，王乃洮頮水，相被冕服，憑玉几。乃同詔太保奭、芮伯、彤伯、畢公、衛侯、毛公、師氏、虎臣、百尹、御事，王曰：「嗚呼！疾大漸，惟幾，病日臻，既彌留，恐不獲誓言嗣，茲予審訓命汝。……今天降疾、殆，弗興弗悟，爾尚明時朕言，用敬保元子釗，弘濟于艱難。柔遠能邇，安勸小大庶邦。」

   〈書序〉：成王將崩，命召公、畢公率諸侯相康王，作〈顧命〉。

案：「疾大漸，惟幾，病日臻，既彌留」即「成王將崩」也；「同詔太保奭……畢公……用敬保元子釗，弘濟艱難，柔遠能邇，安勸小大庶邦」即「命召公、畢公率諸相康王」也。

6.〈康王之誥〉：王若曰：「庶邦侯、甸、男、衛，惟予一人釗報誥。」

〈書序〉：康王既尸天子，遂誥諸侯，作〈康王之誥〉。

案：經稱王，則既尸天子位矣；庶邦侯甸男衛，〈序〉總謂之諸侯。

三、摘取經文前數句，並總括全篇大意

亦有摘取經文前數句，又總括全篇大意以為序者，如〈堯典〉、〈禹貢〉、〈多士〉各序是也。

1.〈堯典〉：曰若稽古帝堯曰放勳。欽、明、文、思、安安，允恭克讓，光被四表，格于上下。

〈書序〉：昔在帝堯，聰明文思，光宅天下。將遜于位，讓于虞舜，作〈堯典〉。

案：序文前段經文而來。經文「古」，序易為「昔」；「欽明文思」易為「聰明文思」；「光被四表」易為「光宅天下」。又下文載堯咨四岳云：「朕在位七十載，汝能庸命，巽朕位。」四岳舉舜，堯乃觀厥刑于二女，並歷試諸難，終謂舜曰：「詢事考言，乃言底可績，三載，汝登帝位。」則前此諸文為將遜于位，讓于虞舜之意甚明。序文後段，即據此意而作也。然此〈序〉亦有未能盡如人意者，簡朝亮曰：「經言欽明文思，而序言聰明文思；經言光被四表，而序言光宅天下；序亦何裨於經乎！」又曰：「孟子云：『堯典曰：放勳乃殂落。』蓋自此而後，則言舜在位克終者焉，所以著堯讓天下之得人也，豈惟言將遜于位已乎！是序無以悉一篇之義也。」〔註5〕此言誠是。然觀〈書序〉各條僅就大略言之，求其能悉舉一篇之意者蓋少。昔陳櫟有云：「今考序文，於存見之篇，雖頗依文立義，而識見淺陋，無所發明，其間至有與經相戾者。」〔註6〕蓋有所見而云然也。

2.〈禹貢〉：禹敷土，隨山刊木，奠高山大川。

〔註5〕見《尚書集注述疏》卷末上。
〔註6〕見《尚書集傳纂疏·書序》篇下。

〈書序〉：禹別九州，隨山濬川，任土作貢。

案：〈序〉言隨山濬川，即襲本經「隨山刊木，奠高山大川」之文及總括以下導水各節；其言「禹別九州」，即括全文分別冀、兗、青、徐、揚、荊、豫、梁、雍九州之事也。而「任土作貢」四字，尤能表達本篇之意，蓋九州皆依土宜、物產而別其貢賦也。

3. 〈多士〉：惟三月，周公初于新邑洛，用告商王士。王若曰：「爾殷遺多士……」。

〈書序〉：成周既成，遷殷頑民，周公以王命誥，作〈多士〉。

案：《經》言周公初于新邑洛，用告商王士，王若曰云云，即〈序〉「成周既成，周公以王命誥」之所本；成周即新邑洛。《經》云王若曰，作〈序〉者即謂周公以王命誥也。〈序〉又言「遷殷頑民」者，據篇中「予惟時其遷居西爾」，「移爾遐逖」諸語之意而云然也。惟據〈召誥〉云：「周公乃朝用書命庶殷。」〈洛誥〉周公告成王云：「伻來毖殷。」其時為成王七年，始營成周，〈序〉云「成周既成」，蓋誤會經文「初于新邑洛」之文也。

四、摘取經文前數句，並以史事補充之

亦有摘取經文前數句，並另以史事補充者，如〈甘誓〉、〈高宗肜日〉、〈西伯戡黎〉、〈微子〉、〈牧誓〉、〈洛誥〉、〈呂刑〉、〈費誓〉各序是也。

1. 〈甘誓〉：大戰于甘，乃召六卿。

〈書序〉：啟與有扈戰于甘之野，作〈甘誓〉。

案：〈序〉云戰于甘之野，即取經文「大戰于甘」而稍易其詞。至云啟與有扈戰，則經無明文，蓋另據史料補充者也。

2. 〈高宗肜日〉：高宗肜日，越有雊雉。祖己曰：「惟先格王，正厥事。」乃訓于王曰……。

〈書序〉：高宗祭成湯，有飛雉升鼎耳而呴，祖己訓諸王，作〈高宗肜日〉、〈高宗之訓〉。

案：《經》言〈高宗肜日〉，不言被祭者為誰，〈序〉則言「高宗祭成湯」；《經》言「越有雊雉」，〈序〉則言「有飛雉升鼎耳而呴。」必別有所據。

然〈序〉謂高宗祭成湯則非，王國維有說。〔註7〕

3.〈西伯戡黎〉：西伯既戡黎，祖伊恐，奔告于王。

〈書序〉：殷始咎周，周人乘黎。祖伊恐，奔告于受。作〈西作戡黎〉。

案：《經》云「西伯既戡黎」，〈序〉云「周人乘黎」；《經》云「祖伊恐，奔告于王」，〈序〉作「祖伊恐，奔告于受」，襲用之跡甚明顯。惟《經》不言「殷始咎周」，而〈序〉有之，必別有所據。考《韓非·難二》云：「昔者文王伊孟、克莒、舉望，三舉事而紂惡之。」又章太炎《古文尚書拾遺定本》說雖稍異，而以咎周在伐黎之前則同也。

4.〈微子〉：微子若曰：「父師少師。」

〈書序〉：殷既錯天命，〈微子〉作誥父師少師。

案：俞曲園《古書疑義舉例》謂此〈序〉脫一誥字而義不可通，本作微子作誥，誥父師少師〔註8〕是也。又此即改寫經文前兩句而成者。至「殷既錯天命」一句，則為補充之史事。《史記·殷本紀》云：「紂愈淫亂不止，微子數諫不聽。」疑即此事也。

5.〈牧誓〉：時甲子昧爽，王朝至于商郊牧野乃誓。

〈書序〉：武王戎車三百兩，虎賁三百人，與受戰于牧野，作〈牧誓〉。

案：《經》言「王朝至于商郊牧野，乃誓」，〈序〉檃括其意，作「與紂戰于商郊牧野」，惟較經文多「戎車三百兩，虎賁三百人」之文，此必另有所據。考《孟子·盡心篇》（下）云：「武王之伐殷也，革車三百兩，虎賁三千人。」《呂氏春秋·簡選篇》云：「武王虎賁三千人，簡車三百乘，以要甲子之事于牧野。」又〈貴公篇〉云：「故選車三百，虎賁三千。」此必當日流傳之信史，〈序〉作虎賁三百人，蓋誤。《史記·周本紀》作三千人不誤。

6.〈洛誥〉：周公拜手稽首曰：「朕復子明辟。王如弗敢及天基命定命，予乃胤保，大相東土，其基作民明辟。予惟乙卯，朝至于洛師。我卜河朔黎水，我乃卜澗水東、瀍水西，惟洛食。我又卜瀍水東，亦惟洛食。」

〈書序〉：召公既相宅，周公往營成周，使來告卜，作〈洛誥〉。

案：《經》言「我卜河朔黎水，我乃卜澗水東、瀍水西，惟洛食。我又卜

〔註7〕 見《觀堂集林》卷一·〈高宗肜日說〉。
〔註8〕 見「字因兩字相連而誤脫」條。

－110－

瀍水東，亦惟洛食。」〈序〉檃括之曰：「使來告卜。」又「召公既相宅，周公往營成周」，蓋據〈召誥篇〉「太保先周公相宅」、「周公朝至于洛」取營成周之事以補充者。

7. 〈呂刑〉：惟呂命。王享國百年，耄荒：作刑以詰四方。

〈書序〉：呂命：穆王訓夏贖刑，作〈呂刑〉。

案：《經》但言王享國百年、度作刑，不言王者爲誰，所作何刑，〈序〉則言穆王，又言訓夏贖刑，此或另有所本。〈周本紀〉云：「甫侯言于王，作修刑辟。」即指此事。又《詩·崧高》鄭氏《箋》云：「甫侯相穆王，訓夏贖刑。」蓋承此〈序〉爲說也。

8. 〈費誓〉：公曰：「嗟！人無譁，聽命！徂茲淮夷、徐戎並興。」

〈書序〉：魯侯伯禽宅曲阜，徐戎並興，東郊不開，作〈費誓〉。

案：〈序〉言「徐戎並興」，承經文而作。〈序〉又言「魯侯伯禽宅曲阜」，「東郊不開」，此蓋據《詩·閟宮》等舊說也。〔註9〕

五、另據史事以言作書緣由

前述序文，或摘取經文字句，或檃括經文之意，然皆在經文中有跡可尋；亦有篇中無顯著之文意可尋，乃另取史事以言其作意者。如〈湯誓〉、〈洪範〉、〈大誥〉、〈康誥〉、〈酒誥〉、〈梓材〉、〈君奭〉、〈文侯之命〉、〈秦誓〉等序是也。

1. 〈湯誓序〉：伊尹相湯伐桀，升血陌，遂與桀戰于鳴條之野。

案：經但載湯之誓詞，並無如此序所載之語，是本序蓋別據他說以成者。考《論語·堯曰篇》「予小子履，敢用玄牡，敢昭告于皇皇后帝，有罪不敢赦。帝臣不蔽，簡在帝心，朕躬有罪，無以萬方，萬方有罪，罪在朕躬。」何晏《論語集解》引孔安國說，謂「《墨子》引〈湯誓〉其詞若此。」今《墨子·兼愛下》引此文，與之略同，謂之〈湯說〉，乃禱旱之詞。此篇則爲誓師之詞，二者不同。《呂氏春秋·簡選篇》云：「殷湯良車七十

〔註9〕 《詩·魯頌閟宮》云：「建爾元子，俾侯于魯」，此成王告周公之辭也，則元子爲伯禽。《史記·魯世家》云：「伯禽即位之後，有管蔡等反也，淮夷、徐戎並興反，於是伯禽率師伐之於肸，作肸誓。」蓋據此舊說。

乘，必死六千人，……，登自鳴條，乃入巢門，遂有夏。」《淮南子‧脩
務訓》曰：「湯整兵鳴條，困夏南巢」，皆但言鳴條，未及陑，疑陑在鳴
條附近，偽《孔傳》以爲陑在河曲之南，曾運乾以爲今之風陵渡，升自
陑，由風陵渡登岸也。二說未知孰是。又《左氏傳》謂桀以乙卯日亡，
與此升自陑之文蓋同爲舊說也。

2. 〈洪範‧序〉：武王勝殷殺紂，立武庚，以箕子歸，作〈洪範〉。

　案：〈洪範篇〉首云：「惟十有三祀，王訪于箕子」，以下皆記武王與箕子
對話。〈序〉則記作此篇之緣由，乃據史事而作者。《周書‧克殷解》云：
「（武）王既誓，以虎賁戎車馳商師，商師大崩，商辛奔內，登于鹿臺之
上，屏遮而自燔于火。……（武王）射之三發而後下車，而擊之以輕呂，
斬之以黃鉞。」又云：「立王子武庚，命管叔相，乃命召公釋箕子之囚……」
又〈作雒解〉云：「武王克殷，乃立王子祿父俾守商祀。」此武王勝殷殺
紂、立武庚之事也。又《周書‧箕子篇》，今亡。《史記‧殷本紀》云：「箕
子佯狂爲奴，紂又囚之，周武王伐紂，釋箕子之囚。」〈周本紀〉云：「武
王巳克殷，後二年，問箕子殷所以亡，箕子不忍言殷惡，以存亡國宜告，
武王亦醜，問以天道。」〈宋微子世家〉云：「武王克殷，訪問箕子。」
此以箕子歸作〈洪範〉也。

3. 〈大誥‧序〉：武王崩，三監及淮夷叛，周公相成王，將黜殷，作〈大誥〉。

　案：〈大誥〉篇首云：「王若曰：『猷，大誥爾多邦，越爾御事。』」以下
皆記大誥之詞。〈序〉則述作此篇之由，乃據史事而作者。《周書‧作雒
解》云：「武王克殷，乃立王子祿父，俾守商祀。建管叔于東，建蔡叔霍
叔于殷，俾監殷民。」此所謂三監也。《史記‧周本紀》云：「（武王崩），
太子誦代立，是爲成王，成王少，周初定天下，周公恐諸侯畔，周公仍
攝行政當國，管叔蔡叔羣弟疑周公，與武庚作亂，畔周，周公奉成王命，
伐，誅武庚、管叔，放蔡叔。」又云：「初，管蔡畔周，周公討之，三年
而畢定，故初作〈大誥〉。」〈魯周公世家〉云：「武王既崩，……管蔡武
庚等果率淮夷而反，周公乃奉成王命，興師東伐，作〈大誥〉。」又〈管
蔡世家〉，〈宋微子世家〉亦載此事。則周公奉命東征之初，即作〈大誥〉，
故云「將黜殷，作〈大誥〉」也。

4. 〈康誥〉、〈酒誥〉、〈梓材‧序〉：成王既伐管叔、蔡叔，以殷餘民封康叔，

作〈康誥〉、〈酒誥〉、〈梓材〉。

案：此〈序〉但述作書之由，曾未及書之內容。《左傳・定公四年》云：「子魚曰：『……昔武王克商，成王定之。選建明德，以藩屏周。……分康叔以……殷民七族……封畛土略，自武父以南，及圃田之北竟。……命以〈康誥〉，而封於殷虛。』」此蓋〈書序〉所本也，《史記・衛康叔世家》亦據此為說。

5. 〈君奭・序〉：召公為保、周公為師，相成王為左右，召公不悅，周公作〈君奭〉。

案：《經》文皆周公勉召公之言，並無召公不悅之意，蔡氏《集傳》云：「詳本篇旨意，迺召公自以盛滿難居，欲避權位，退老厥邑，周公反覆告諭以留之耳。」其說近是。然則〈序〉所言，當另有所本，今已不得其詳矣。《史記集解》引馬融曰：「召公以周公既攝政，致太平，功配文武，不宜復列臣位，故不說。以為周公苟貪寵也。」《尚書正義》說略同。又《中論・智行篇》云：「召公見周公既反政，而猶不知去，疑其貪位。周公為之作君奭，然後說。」均與〈書序〉說同，又皆以召公不說在還政後，《史記・燕世家》說在當國踐阼時，與各家不同。

6. 〈文侯之命・序〉：平王錫晉文侯秬鬯圭瓚，作〈文侯之命〉。

案：《經》文述周王感念文侯夾輔周室之功，末段載所賜之器及所命之辭，尤為全文重心所在，惟文中未明言王為何王，而於所賜對象僅言「父義和」，亦未明言義和為誰；〈序〉則明載平王錫晉文侯鬯圭瓚，則當日必另有所據。考《左氏傳・隱公六年》云：「周桓公言於王曰：『我周之東遷，晉鄭焉依。』」〈鄭語〉云：「晉文侯於是乎定天子，故平王錫命焉。」是晉文公嘗有功於周之東遷，平王亦嘗錫命之。曾運乾曰：「今按左傳二十八年傳，敘晉文公城濮之捷，獻俘錫命之事，曰：『用平禮也。』杜注云：『以周平王享晉文侯仇之禮享晉侯。』是平王錫命晉文侯之證。」〔註10〕此言是也。《史記・周本紀》、〈晉世家〉均以此篇為襄王錫晉文公之命，誤，說詳屈翼鵬先生〈尚書文侯之命著成的時代〉一文。〔註11〕

7. 〈秦誓・序〉：秦穆公伐鄭，晉襄公帥師敗諸崤，還歸，作〈秦誓〉。

〔註10〕 見《尚書正讀・文侯之命篇》。
〔註11〕 見《書傭論學集》，頁86。

案：《經》文所載，皆誓告士卒之言，〈序〉則言其作誓之由。此蓋據《左氏傳》爲說：僖公三十三年載崤之戰，秦師敗歸，秦伯素服郊次，鄉師而哭，〈秦誓〉之作，蓋在此時。《史記・秦本紀》以爲秦伐晉，封崤尸之後，則與〈書序〉異，說詳下文。

六、述各篇之作者

此類作文，不言經文行事、大意，僅述某人作某篇，如〈咸有一德〉、〈明居〉、〈無逸〉、〈立政〉四篇是也。

1. 〈咸有一德・序〉：伊尹作〈咸有一德〉。
2. 〈明居・序〉：咎單作〈明居〉。
3. 〈無逸・序〉：周公作〈無逸〉。
4. 〈立政・序〉：周公作〈立政〉。

案：〈無逸〉、〈立政〉兩篇在伏生今文《尚書》中，以經文覈之，皆非周公所作。簡朝亮云：「〈無逸〉之篇，稱周公曰者凡七，蓋史敍其辭，而非周公作之也。」又云：「〈立政〉之篇，稱周公曰者一，稱周公若曰者再，蓋史敍其辭，而非周公作之也。」〔註12〕其言可信。蓋《尚書》多後人追述之辭，故凡云某人作某篇者，類皆謂史記某人之事而成某篇也。〈咸有一德〉及〈明居〉二篇今不傳，無由知其究竟，以例推之，蓋亦此類也。

此四篇之〈序〉不言行事作意者，疑緣上文而省，非有闕文也。孔《疏》謂馬鄭之徒〈序〉總爲一篇，既屬一篇，則上下連文。上文已明，則下文不必重出。今傳〈書序〉，〈明居〉在〈湯誥〉後，〈咸有一德〉在太甲時，鄭氏則以爲〈咸有一德〉在〈湯誥〉後，第三十二，《史記》亦在〈湯誥〉後，〈明居〉隨之。如此，則三序連文，本蓋作「湯既黜夏命，復歸于亳，作〈湯誥〉；伊尹作〈咸有一德〉；咎單作〈明居〉。」〈無逸篇〉與〈多士〉亦相連，亦當連讀之，《史記・魯周公世家》云：「及七年，還政成王……周公歸，恐成王壯，治有所淫逸，乃作〈多士〉，作〈毋逸〉。」〈周本紀〉亦云：「作〈多士〉、〈無佚〉。」皆兩篇連言，是也。〈立政〉亦與〈周官〉相連，《史記・晉世家》云：「成王在豐，天下已安，周之官政未次序，於是周公作《周官》。官別其宜，作〈立政〉。」〈堯典〉孔氏《正義》亦云鄭氏以〈周官〉在立政前，則當兩序連讀也。「周公

作〈無逸〉」、「周公作〈立政〉」，兩「周公」字疑作僞《孔傳》者分篇時所加。

　　根據以上觀察，可知今傳之〈書序〉，不論爲總括全篇大意，或摘錄經文字句，或另據史事以言其行事作意，或僅言某人作某篇者，究其內容，大致均與經文相合。至與已佚各篇，雖無由一一詳究，然據各書徵引逸篇殘文觀之，其與今文二十九篇之序，亦同爲撮舉各篇大要或述其作意，以助讀者了解經文者也。

第二節　《史記》與〈書序〉之比較

　　《史記》述唐虞三代史事，多據《尚書》爲說，其僅述各篇行事大意者，文詞或與〈書序〉全同，或略有增損改易，而其承襲之跡則甚明。舊傳〈書序〉或成於先秦，則《史記》乃據〈書序〉而書，本無可疑。自康有爲作七辨，〔註13〕謂〈書序〉出於劉歆僞託，自是以來，學者考辨甚多，〔註14〕此千古公案，仍懸疑未決。茲取《史記》之文與〈書序〉兩相比較，以資討論。

一、徵引經文，或述其本末，意與〈序〉合而不言其篇名者

1. 〈堯典‧序〉：（前節已引，此從略；下同）

〈五帝本記〉：曰若稽古，帝堯者放勳，其仁如天，其知如神，就之如日，望之如雲，……能明馴德，以親九族。

案：〈五帝本紀〉述堯舜事，多逐錄〈堯典〉原文，或稍易其詞耳，〈序〉乃摘取經文，並總括全篇大意，其說與此相合。如「曰若稽古帝堯者放勳」，既序「昔在帝堯」也；「其仁如天，其知如神」，即「聰明文思」也；「就之如日，望之如雲」，即「光宅天下」也。又下文堯曰：「朕在位七十載，女能庸命，踐朕位。」即「將遜于位也」；堯召舜曰：「女謀事至而言可績，三載矣，女登帝位。」即「讓于虞舜」也。其內容皆與〈序〉密合。〈堯典〉經文，全部見引，自可不言篇名也。又〈舜典‧序〉云：「虞舜側微，堯聞之聰明，將使嗣位，歷試諸難，作〈舜典〉。」今〈舜典〉已佚，然〈五帝本紀〉自「舜格於文祖」下，所敍舜事，實與〈書

〔註13〕見《新學僞經考》〈書序辨僞〉條。

〔註14〕崔適《史記探源》作四辨以申康氏之說、吳康《尚書大綱》則主〈序〉出於武、昭之後，元、成之前，許錟輝《先秦典籍引尚書考》亦申其說。

序〉相合，且舜典在壁古文之中，史公當親見其文，是〈五帝本紀〉所引，亦得數舜典在內也。

2. 〈皋陶謨‧序〉：（略）

〈夏本紀〉：皋陶作士以理民。帝舜朝，禹、伯夷、皋陶相與語帝前。皋陶述其謀曰：「信其道德，謀明輔和，……」帝拜曰：「然，往欽哉！」

按：〈夏本紀〉此段即迻錄〈皋陶謨篇〉之文而稍易其詞。而〈序〉乃總括全篇大意而成者，故〈夏本紀〉所述，與小〈序〉相合。惟〈夏本紀〉無禹謨之詞，是其篇史公亦未之見也。又〈序〉不言益稷事。〈夏本紀〉惟載禹言「與益予眾，庶稱鮮食，與稷予眾庶難得之食」疑非〈益稷〉之文。故段玉裁謂〈益稷〉不統於此〈序〉，蓋是。說已見上節。

3. 〈禹貢‧序〉：（略）

〈夏本紀〉：禹……傅土，行山表木，定高山大川。……開九州、通九道、陂九澤，度九山，……相地宜所有以貢。（下引〈禹貢〉之文）

〈周本紀〉：唯禹之功為大，陂九山，通九澤，決九河，定九州，各以其職來貢，不失厥宜，方五千里至于荒服。

〈河渠書〉：〈夏書〉曰：禹抑洪水……以別九州，隨山浚川，任土作貢。通九道，陂九澤，度九山。（下有檃括〈禹貢〉之文）。

按：〈夏本紀〉幾全錄〈禹貢〉之文，惟稍以訓詁字易其詞耳。其首段自「禹傅土」至「以貢」，即總述全篇大意者。其云「開九州，通九道，陂九澤，度九山。相地宜所有以貢。」與〈序〉言相合。〈周本紀〉及〈河渠書〉所引，亦與此〈序〉相類，〈河渠書〉「以別九州」云云，文字尤與〈書序〉相合，而其下並有檃括全篇內容之語，二者相承之亦至明。

4. 〈牧誓序〉：（略）

〈周本紀〉：甲子昧爽，武王朝至于商郊牧野，乃誓。（下引〈牧誓〉之文）

案：〈周本紀〉此文乃全錄〈牧誓〉之文，惟稍以訓詁易之耳。其說與〈書序〉合，唯〈序〉言車兵之數，為戎車三百兩，虎賁三百人，與先秦載籍所記不合，〈周本紀〉作三千人，與各說合，若謂〈書序〉襲自《史記》，則何由致誤耶。又此不稱篇名，至〈魯世家〉乃稱「作〈牧誓〉」，此蓋

《史記》詳略互見之法也。

5. 〈洪範・序〉：（略）

〈周本紀〉：「武王……遂入至紂死所，武王自射之，三發而后下車，以輕劍擊久，以黃鉞斬紂頭。……封商紂子祿父殷之餘民。……釋箕子之囚。……武王已克殷，後二年，問箕子殷所以亡，箕子不忍言殷惡，以存亡國宜告。武王亦醜，問以天道。

案：〈周本紀〉自「武王」至「斬紂頭」，即〈序〉言「武王務殷殺紂」也；「封商紂子祿父」即〈序言「立武庚」也；「釋箕子之囚」至「問箕子殷所以亡」，即〈序〉言「以箕子歸」也。皆始末俱載，此或本於《周書》，然與小序尤爲密合。

6. 〈金縢序〉：武王有疾，周公作〈金縢〉。

〈魯世家〉：武王克殷二年，天下未集。武王有疾不豫，群臣懼，太公、召公乃繆卜，周公曰……周公藏其策金縢匱中，誡守者勿敢言，明日，武王有瘳。

案：〈魯世家〉所載即〈金縢篇〉之本末，其中「武王有疾」四字與〈序〉同。又〈周本紀〉云：「武王病，天下未集，羣公懼，穆卜，周公乃祓齋，自爲質，欲伐武王。武王有瘳，後而崩。」即檃括〈金縢篇〉之意，亦與〈序〉言合。惟經文所載成王啓金縢在周公生前，〈魯世家〉則繫於周公卒後，與經違。說詳第四章第五節。

7. 〈召誥・序〉、〈洛誥・序〉：（略）

〈魯世家〉：成王七年乙未，王朝步自周至豐，使太保召公先之雒相土。其三月，周公往營成周雒邑，卜居焉，曰吉，遂國之。

案：〈魯世家〉「成王七年乙未」至「周公往營成周雒邑」，乃檃括〈召誥〉首段之文。「卜居焉，曰吉，遂國之。」乃檃括〈洛誥〉首段之文，均〈序〉合。然未稱篇名，於〈周本紀〉則稱此二篇之名。說別見下文。

又〈周本紀〉及〈魯世家〉均〈召誥〉、〈洛誥〉二篇連言，而〈書序〉數篇合序者，如〈汨作〉、〈九共〉、〈槀飫〉、〈大禹謨〉、〈皋陶謨〉、〈益稷〉、〈帝告〉、〈釐沃〉等，其例不鮮，若謂〈書序〉襲《史記》，則此何不兩篇共序，此必〈書序〉原分爲二，史公以其事義連貫，故合之耳。

二、文詞或文意與〈序〉合而不言篇名者

1. 〈河亶甲·序〉：〈河亶甲〉居相，作〈河亶甲〉。

   〈殷本紀〉：〈河亶甲〉居相。

   按：〈殷本紀〉所載與此序同，但不言篇名。

2. 〈祖乙·序〉：祖乙圮于耿，作〈祖乙〉。

   〈殷本紀〉：祖乙遷于邢。

   按：〈殷本紀〉所載與此序同。惟不言篇名，又圮字作遷，耿字作邢。耿邢二字古音同在段氏第十一部，《史記索隱》云：「邢，音耿，近代本亦作耿。」是也，圮作遷，則命意不同。《釋文》引馬融云：「圮，毀也。」《書疏》引鄭氏云：「祖乙去相居耿，而國為水所毀，於是修德以禦之，不復徙也。錄此篇者，善其改政而不徙。祖乙亡。」此說簡朝亮嘗疑之，《書序辯》云：「此篇既亡，鄭亦意言之爾。夫祖乙果以不徙而善之乎！」王國維據《戩壽堂所藏殷契文字》及《竹書紀年》證知祖乙即殷中宗，居庇。〔註15〕楊樹達謂祖乙遷邢，邢圮遷庇，〔註16〕是邢圮曾經再遷矣。〈書序〉與《史記》所言，雖時有先後之別，而為祖乙及邢地之事則同也。

3. 〈說命·序〉：高宗夢得說，使百工營求諸野，得諸傅巖，作〈說命〉三篇。

   〈殷本紀〉：高宗夜夢得聖人，名曰說。以夢所見視群臣百吏，皆非也，於是迺使百工營野求之，得說於傅險中。……

   按：〈殷本紀〉此文與〈說命·序〉說合，而文較詳贍，又〈封禪書〉記其事，亦與此合，然均不稱篇名。

4. 〈康誥·序〉：（略）

   〈魯世家〉：周公乃奉成王之命……遂誅管叔、殺武庚、放蔡叔，收殷餘民以封康叔於衛。

   〈管蔡世家〉：周公旦承成王命，伐誅武庚，殺管叔而放蔡叔，遷之，……從而分殷餘民為二，其一，封〈微子〉啟於宋，以續殷祀，其一，封康叔為衛君，是為衛康叔。

〔註15〕見《觀堂集林》卷九：〈殷卜辭中所見先公先王續考〉。
〔註16〕見《積微居讀書記》頁 1。

案：〈魯世家〉與〈管蔡世家〉所載，與〈康誥·序〉意合，惟未載篇名，蓋〈周本紀〉，〈衛世家〉已言之，故此略之也。〈書序〉、《史紀》並以為周公奉成王命，《漢書·王莽傳》則稱〈康誥〉「王若曰」之王為周公，此本劉歆之說也，與〈書序〉、《史記》均異，知〈書序〉非成於劉歆之手也。

5. 〈蔡仲之·序〉：蔡叔既沒，王命蔡仲踐諸侯位，作〈蔡仲之命〉。

〈管蔡世家〉：蔡叔度既遷而死，其子曰胡，胡乃改行，率德馴善，周公聞之，而舉胡以為魯卿士，魯國治。於是周公言於成王，復封胡於蔡，以奉蔡叔之祀，是為蔡仲。

案：〈管蔡世家〉此文乃據定公四年《左傳》文，與〈序〉文意合，而述其本末較詳。「蔡叔度既遷而死」即〈序〉「蔡叔既沒」，「周公言於成王，復封胡於蔡……是為蔡仲」即序「王命蔡仲踐諸侯位。」惟不言篇名。

6. 〈成王政·序〉：成王東伐淮夷，遂踐奄，作〈成王政〉。

〈周本紀〉：召公為保，周公為師，東伐淮夷，殘奄，遷其君薄姑。

案：〈周本紀〉此文前兩句與〈君奭序〉同，「東伐淮夷，殘奄。」與此〈序〉同，惟踐字作殘。「遷其居薄姑」則與〈將蒲姑序〉同，惟蒲作薄。史公作史，詳略互見，此處蓋略言之，故三篇連言，且均不載篇名也。考先秦典籍未見徵引〈成王政〉、〈將蒲姑〉二篇者，使作〈序〉者非先秦人得見此二篇經文者，焉能知其篇名乎！

7. 〈亳姑·序〉：周公在豐，將沒，欲葬成周。公薨，成王葬於畢。告周公，作〈亳姑〉。

〈魯世家〉：周公在豐，病將沒，曰：必葬我成周，以明吾不敢離成王。周公既卒，成王亦讓，葬周公於畢，從文王，以明予小子不敢臣周公也。

案：〈魯世家〉此文與〈亳姑序〉契合，僅詳略有別耳。此篇為先秦典籍所未引，伏生所不傳，史公亦未言其篇名，作〈序〉者若非親見其文，則〈亳姑〉之名從何而來。

三、引述經文或內容，其意與〈序〉合，並載其篇名者

1. 〈湯誓·序〉：（略）

〈殷本紀〉：湯乃興師，率諸侯。伊尹從湯，湯自把鉞以伐昆吾，遂伐桀。湯曰：「（以下引〈湯誓〉文）」以告令師，作〈湯誓〉。」

案：〈殷本紀〉此文引〈湯誓〉甚備，亦言其篇名。惟不言升自陑，戰于鳴條之野；蓋〈夏本紀〉已載「桀走鳴條」，故此略之也。

2. 〈康誥、酒誥、梓材·序〉：（略）

〈衛康叔世家〉：周公旦懼康叔齒少，乃申告康叔曰：必求殷之賢人君子長者，問其先殷所以興所以亡，而務愛民。告以紂所以亡者，以淫於酒，酒之失，婦人是用，故紂之亂自此始。為〈梓材〉示君子可法則，故謂之〈康誥、酒誥、梓材〉。

案：〈書序〉以〈康誥、酒誥、梓材〉三篇連屬，其云「以殷遺民封康叔」者，蓋以為皆告康叔之書，故略言之。又《韓非子·說林》引「毋彝酒」，稱為〈康誥〉，蓋亦此意也。惟〈序〉朱言各篇之旨。〈衛世家〉此文則分別言之。其言「必求殷之賢人長者，問其先殷所以興所以亡，而務愛民。」即〈康誥〉「紹聞衣德言；往敷求于殷先哲王，用保乂民。汝丕遠惟商耇成人，宅心知訓。別求聞由古先哲王，用康保民」之意；其言「告以紂所以亡者，以淫於酒」云云，即〈酒誥篇〉「在今後嗣王酣身，……惟荒腆于酒，不惟自息，乃逸。厥心疾很，不克畏死，辜在商邑，越殷國滅無罹」之意；其云「為梓材示君子可法則」亦與〈梓材〉「若作梓材，既勤樸斲，惟其塗丹雘」之意相合。此三篇經文俱在，史公隱括其意，實較〈序〉為詳備。由此亦可知〈書序〉當在《史記》之先，若在其之後，何捨此文不由，而必以三篇同厠乎。

3. 〈召誥·序、洛誥·序〉：（略）

〈周本紀〉：成王在豐，使召公復營洛邑，如武王之意，周公復卜，申視，卒營築居九鼎焉。曰：此天下之中，四方入貢，道里均，作〈召誥、洛誥〉。

案：〈魯世家〉亦記此事，惟詳略有異耳。〈召誥篇〉云：「惟太保先周公相宅。」又云：「王來紹上帝，自服于土中。」土中即中土，謂洛邑居天下之中也。〈洛誥篇〉周公云：「予惟乙卯朝至于洛師，我卜河朔黎水。我乃卜澗水東、瀍水西，惟洛食。我又卜瀍水東，亦惟洛食。伻來以圖、及獻卜。」皆與《史記》所言合，與〈書序〉亦合。惟史公記此事，皆以二篇連言，蓋以事義連屬，便於行文也。

4. 〈君奭‧序〉：（略）

〈燕世家〉：成王既幼，周公攝政，當國踐祚，召公疑之，作〈君奭〉。君奭不說周公，周公乃稱湯時有伊尹，假于皇天。（以下櫽括〈君奭〉之文）

案：〈燕世家〉謂周公攝政當國踐祚，召公疑之，即〈序〉「召公不悅」之所由。是《史記》與〈書序〉說合。馬融以為周公既攝政，致太平，功配文武，不宜復列在臣位，故不悅，以為周公苟貪寵也。說與此異。惟經文皆周公勉召公之言，並無召公疑周公之語。蔡《傳》云：「詳本篇旨意，迺召公自以盛滿難居，欲避權位，退老厥邑，周公反覆告喻以留之爾。」此言蓋得其實。

5. 〈顧命‧序〉：（略）

〈周本紀〉：成王將崩，懼太子釗之不任，乃命召公畢公率諸侯以相太子而立之。成王既崩，二公率諸侯，以太子釗見於先王廟，申告以文王、武王之所以為王業之不易，務在節儉，毋多欲，以篤信臨之，作〈顧命〉。

案：〈周本紀〉「成王將崩」至「相太子而立之」，與序意相合；自「成王既崩」以下，乃隱括經文之意，〈本紀〉與〈書序〉之文甚不相類，蓋各據經文為說也。經文述太保暨芮伯之言曰：「敢敬告天子，皇王改大邦殷之命，惟周文武，誕受羑若，克恤西土」云云，蓋即〈本紀〉所本也。惟經文無戒告務節儉，毋多欲等語，此或史公所加也。

6. 〈呂刑‧序〉：（略）

〈周本紀〉：穆王即位……甫侯言于王，作脩刑辟，（以下有呂刑文）命曰〈甫刑〉。

案：〈呂刑〉，〈周本紀〉作〈甫刑〉，《禮記》（〈表記〉、〈緇衣〉等篇）、《孝經》（〈天子章〉）、《尚書大傳》、《漢書》（〈刑法志〉）亦作〈甫刑〉；《墨子》（〈尚賢中〉）則作〈呂刑〉，與〈書序〉同。《詩‧崧高》箋云：「甫侯相穆王，訓夏贖刑。」即述作〈呂刑〉之事。曾運乾云：「穆王時未有甫名，稱甫刑者，後人以其子孫國號名之，猶叔虞初封唐，子孫封晉，而史公稱〈晉世家〉也。」則作呂字為得其原也。《史記‧匈奴列傳》云：「周穆王伐犬戎，得四白狼四白鹿以歸，自是之後，荒服不至，於是周遂作〈甫刑之辟〉。」所言與〈周本紀〉合。〈序〉云呂命穆王者，命，告也。謂呂侯所說以命穆王（本曾運乾說）故《史記》云「甫侯言于王」也。二者之說相合。

四、文與〈序〉合，並載其篇名者

（一）文詞相同者

1. 〈五子之歌・序〉：太康失邦，昆弟五人，須于洛汭。作〈五子之歌〉。
   〈夏本紀〉：帝太康失國，昆弟五人須於洛汭，作〈五子之歌〉。

2. 〈胤征・序〉：羲和湎淫，廢時亂日；胤往征之，作〈胤征〉。
   〈夏本紀〉：帝中康時，羲和湎淫，廢亂時日，胤往征之，作〈胤征〉。

3. 〈帝告、釐沃・序〉：自契至于成湯八遷，湯始居亳，從先王居，作〈帝告、釐沃〉。
   〈殷本紀〉：自契至湯八遷，湯始居亳，從先王居，作〈帝誥〉。
   案：〈殷本紀〉此文未載〈釐沃〉篇名。

4. 〈湯征・序〉：湯征諸侯，葛伯不祀，湯始征之，作〈湯征〉。
   〈殷本紀〉：湯征諸侯，葛伯不祀、湯始伐之。……作〈湯征〉。

5. 〈汝鳩、汝方・序〉：伊尹去亳適夏，既醜有夏，復歸于亳。入自北門，乃遇汝鳩、汝方，作〈汝鳩〉、〈汝方〉。
   〈殷本紀〉：伊君去湯適夏，既醜有夏，復歸于亳，入自北門，遇女鳩、女房，作〈女鳩〉、〈女房〉。

6. 〈夏社、疑至、臣扈・序〉：湯既勝夏，欲遷其社，不可，作〈夏社〉、〈疑至〉、〈臣扈〉。
   〈殷本紀〉：湯既勝夏，欲遷其社，不可，作〈夏社〉。
   案：〈封禪書〉云：「其後三世，湯代桀，欲遷夏社，不可，作〈夏社〉。」與此略同，惟皆不載〈疑至〉、〈臣扈〉篇名。

7. 〈明居・序〉：咎單作〈明居〉。
   〈殷本紀〉：咎單作〈明居〉（在〈咸有一德〉下）。

8. 〈咸有一德・序〉：伊尹作〈咸有一德〉。
   〈殷本紀〉：伊尹作〈咸有一德〉。
   案：〈殷本紀〉此篇在〈明居〉之前。

9. 〈嘉禾・序〉：周公既得命禾，旅天子之命，作〈嘉禾〉。

〈魯世家〉：周公既受命禾，嘉天子之命，作〈嘉禾〉。

案：《史記》得作受，旅作嘉，並以訓詁字易之也。

10. 〈賄肅愼之命・序〉：成王既伐東夷，肅愼來賀，王俾榮伯，作〈賄肅愼之命〉。

〈周本紀〉：成王既伐東夷，息愼來賀，王賜榮伯，作〈賄息愼之命〉。

案：《史記》肅作息。肅息雙聲通用。惟召公九年《左傳》、《國語・魯語下》、《山海經・海外西經》等所引，均作肅愼，當以肅爲本字，《史記》蓋以通假字易之也。

（二）文字略有增損者

1. 〈典寶・序〉：夏師敗績，湯遂從之，遂伐三朡，俘厥寶玉。誼伯仲伯作〈典寶〉。

〈殷本紀〉：桀敗於有娀之虛，桀犇於鳴條。夏師敗績，湯遂伐三嫂，俘厥寶玉，義伯仲伯作〈典寶〉。

案：「遂從之」三字《史記》無，又朡作嫂，誼作義。

2. 〈湯誥・序〉：湯既黜夏命，復歸于亳。作〈湯誥〉。

〈殷本紀〉：既絀夏命，還亳，作〈湯誥〉。

案：《史記》黜作絀，復歸于亳作還亳。又此下有〈湯誥〉文。

3. 〈伊訓、肆命、徂后・序〉：成湯既沒，〈太甲〉元件，伊尹作〈伊訓、肆命、徂后〉。

〈殷本紀〉：湯崩……太甲元年，伊尹作〈伊訓〉、作〈肆命〉、作〈徂后〉。

案：成湯既沒，《史記》作湯崩，又多兩「作」字。

4. 〈沃丁・序〉：沃丁既葬伊尹于亳，咎單遂訓伊尹事，作沃丁。

〈殷本紀〉：「帝沃丁之時，伊尹卒，既葬伊尹於於亳，咎單遂訓伊尹事，作〈沃丁〉。」

案：《史記》較書序多「帝之時伊伊卒」六字。

5. 〈伊陟、原命・序〉：太戊贊于伊陟，作〈伊陟〉、〈原命〉。

〈殷本紀〉：帝太戊贊伊陟于廟，言弗臣，伊陟讓，作〈原命〉。

案:《史記》較〈書序〉多「帝、于廟、言弗臣、伊陟讓」九字,則事情
發生地點及內容皆甚明瞭,史公當係親見其文。又段玉裁謂《史記》「原
命」上脫「伊陟」二字,可信。

6. 〈仲丁・序〉:仲丁遷于囂,作〈仲丁〉。

〈殷本紀〉:仲丁遷于隞……〈仲丁〉書闕不具。

按:〈殷本紀〉所載與此〈序〉同,其云「〈仲丁〉書闕不具」,不言「作
〈仲丁〉」,梁玉繩謂〈仲丁〉指逸書篇名,是也。惟囂字作隞,囂隞二
字古音同屬段氏第二部,《詩・車攻》作敖,蓋地之異名也。《史記正義》
引《括地志》云:「滎陽故城,在鄭州滎澤縣西南十七里,殷時敖地也。

7. 〈泰誓・序〉:惟十有一年,武王伐殷;一月戊午,師渡孟津。作〈泰誓〉
三篇。

〈周本紀〉:十一年十二月戊午,師畢度盟津,諸侯咸會,曰孳孳無怠,
武王乃作〈泰誓〉告于眾庶。

案:武王伐殷之事,〈周本紀〉前文已具,故此不重出,「諸侯咸會」云
云,〈書序〉無。又〈序〉一月戊午,《史記》作十二月戊午者,〈梁玉繩〉
曰:「〈序〉就周言之,其實改正在克商後,當依商作十二月。」〔註 17〕
即建子之月是也。康有為謂〈序〉既改十二月為一月,自當稱為十二年。
並以此為〈書序〉襲《史記》之證。黎建寰先生嘗辨之,謂殷正之十二
月,周正之一月,俱在武王十一年也。〔註 18〕

8. 〈分器・序〉:武王既勝殷,邦諸侯,班宗彝。作〈分器〉。

〈周本紀〉:封諸侯,班錫宗彝,作分殷之器物。

案:〈周本紀〉此文在武王克殷之後,故「武王既勝殷」五字承上而省。
又《史記》稱篇名為「分殷之器物」,與〈序〉異者,瀧川資言云:「殷
之物三字疑注文竄入,當作『作〈分器〉』。」疑是。

9. 〈歸禾・序〉:唐叔得禾,異畝同穎,獻諸天子,王命唐叔歸周公于東,
作〈歸禾〉。

〈魯世家〉:唐叔得禾,異母同穎,獻之成王,成王命唐叔以餽周公於東

〔註 17〕見《史記志疑》卷三。
〔註 18〕見《百篇書序探討》第七章,頁 102。

土，作〈餽禾〉。

案：〈魯世家〉畝作母，諸作之，歸作餽，字之異也。又東作東土，餽上
增以字。〈周本紀〉所引則作〈歸禾〉。黎建寰先生謂《史記》用〈序〉
作史，用其意於〈周本紀〉中，則從〈書序〉作歸字；用其文於〈魯世
家〉中，則改其字作餽，是亦史公用〈序〉之迹也。〔註19〕

10.〈多士、無逸・序〉：成周既成，遷殷頑民，周公以王命告，作〈多士〉。
周公作〈無逸〉。

〈周本紀〉：成王既遷殷遺民，周公以王命告，作〈多士〉、〈無佚〉。

案：「成周既成」四字《史記》無，又頑民作遺民，〈無逸〉作〈無佚〉。
〈魯世家〉則作〈毋逸〉，又所述內容與〈書序〉稍異，說別見下文。

11.〈多方・序〉：成王歸自奄，在宗周，誥庶邦。作〈多方〉。

〈周本紀〉：成王自奄歸，在宗周，作〈多方〉。

案：成王歸自奄，《史記》作成王自奄歸，又省「誥無邦」三字。黎建寰
先生謂〈序〉言成王歸自奄。語例與《尚書》及周金文字同；《史記》作
自奄歸，乃漢人之習，此亦可見〈書序〉在《史記》之前。〔註20〕

12.〈立政序〉：周公作〈立政〉。

〈魯世家〉：成王在豐，天下已安，周之官政未次序，於是周公作〈周官〉，
官別其宜；作〈立政〉，以便百姓，百姓說。

案：《史記》〈立政〉在〈周官〉之後，「周公」二字承上文而省，又增「以
便百姓，百姓說」七字。

13.〈周官・序〉：成王既黜殷命，滅淮夷，還歸在豐。作〈周官〉。

〈周本紀〉：既紐殷命，襲淮夷，歸在豐，作〈周官〉。

案：〈史記〉述〈周官〉篇在〈多方〉後，故「成王」二字承上文「成王
自奄歸」而省。又無「還」字。又黜作紐，滅作襲，而義與〈序〉同。
又〈魯世家〉云：「成王在豐，天下已安，周之官政未次序，於是周公作
〈周官〉，官別其宜。」又述其作意及內容。疑史公採〈書序〉入之〈本
紀〉，又博採諸說入之〈世家〉也。

〔註19〕同前，頁90。
〔註20〕同前，頁84。

14. 〈畢命‧序〉：康王命作冊畢，分居里，成周郊，作〈畢命〉。

〈周本紀〉：康王命作策，畢公分居里，成周郊，作〈畢命〉。

案：《史記》冊作策，又畢下有公字，屬下讀。偽孔《傳》云：「命爲冊書以命畢公。」，亦以畢爲畢公，讀雖異而義則無別。惟冊字《尚書》中凡四見，策字未見，用字與周金文同。今〈書序〉亦作冊，合於周金文用字之例。且「作冊畢」亦金文中常見語例，足見〈書序〉用語，合於先秦語例，其出當較《史記》爲早也。黎建寰先生《百篇書序探討》有說。又孫詒讓、王國維均以「作冊」爲官名，屈翼鵬先生以「畢」爲人名，並謂《史記‧周本紀》作畢公者，疑公字涉下文分字而誤衍。說見〈書序集釋‧畢命〉條下。惟偽孔《傳》已作畢公，則其誤當在作偽孔《傳》前。

（三）文意相同而略易其詞者

1. 〈甘誓‧序〉：（略）

〈夏本紀〉：有扈氏不服，啓伐之，大戰于甘，將戰，作〈甘誓〉。

案：《墨子‧明鬼篇》引本篇以爲〈禹誓〉。《莊子‧人間世》、《呂氏春秋‧召類篇》、《說苑‧政理篇》亦皆謂禹與有扈氏戰。而《呂氏春秋‧先己篇》，又謂夏后相與有扈戰。〈書序〉則謂啓與有扈氏戰，《史記》同。《淮南子‧齊俗篇》「有扈氏爲義而亡。」高注，亦同此說。〈書序〉與《史記》均據經文篇首爲說，惟文字稍異耳。

2. 〈仲虺之誥‧序〉：湯歸自夏，至于大坰，仲虺作〈誥〉。

〈殷本紀〉：湯歸至于泰卷陶，中𤖅作〈誥〉。

案：大坰，《史記》作泰卷陶，則大音泰無疑。《集解》引徐廣曰：「一無此陶字。」小司馬亦以陶字爲衍文，則《史記》說與〈書序〉同也。又先秦典籍如《左傳》（宣公九年、襄公三十年）《呂覽‧驕恣篇》、《墨子‧非命篇》，引此均作仲虺，《荀子‧堯問篇》則作中蘬，獨《史記》作中𤖅。此亦〈書序〉不從《史記》之證。

3. 〈太甲‧序〉：太甲既立，不明；伊尹於諸桐，三年，復歸于亳、思庸。伊尹作〈太甲〉三篇。

〈殷本紀〉：帝太甲居桐宮三年，悔過自責反善，於是伊尹迺迎帝太甲而授之政，帝太甲修德，諸侯咸歸殷，百姓以寧，伊尹嘉之，遷作太甲訓三篇。

案：《孟子・萬章上》述伊尹事，與〈書序〉及《史記》同，《春秋經傳集解・後序》述《竹書紀年》云：「伊尹放大甲于桐，乃自立也。伊尹即位，放太甲七年，太甲潛出自桐，殺伊尹。」則與此異。惟《史記》作〈太甲訓〉，訓字蓋史公所加。又此篇漢已不傳，史公知爲三篇者，捨〈書序〉，何由知之？

4. 〈咸乂・序〉：伊陟相〈太戊〉，亳有祥，桑穀共生于朝；伊陟贊于巫咸，作〈咸乂〉四篇。

〈殷本紀〉：伊陟爲相，亳有祥，桑穀共生於朝，一暮大拱。帝太戊懼，問伊陟，伊陟曰：「臣聞妖不勝德，帝之政其有闕與？帝其修德。」太戊從之而祥桑枯死而去。伊陟贊言于巫咸，巫咸治王家有成，作〈咸艾〉、作〈太戊〉。

案：〈封禪書〉云：「後八世至帝太戊，有桑穀生於廷，一暮大拱，懼，伊陟曰：妖不勝德，太戊修德，桑穀死，伊涉贊巫咸，巫咸之興自此始。」說與〈書序〉及〈殷本記〉同，以爲桑穀生於朝爲太戊時事；《尚書大傳》、《說苑》〈敬愼篇〉、〈君道篇〉、《漢書・五行志》（中之下）則以爲在武丁時。《呂氏春秋・制樂篇》，《韓詩外傳》三，又以爲在成湯時，均與此異。又〈殷本紀〉有〈太戊〉一篇，爲〈書序〉所無，此蓋史公博採羣籍所加者，若謂〈書序〉襲史記，何捨此現成之篇名而不取？

5. 〈牧誓・序〉：（略）

〈魯世家〉：武王九年東伐至盟津，周公輔行。十一年伐紂至牧野，周公佐武王，作〈牧誓〉。

案：〈周本紀〉曾載伐紂軍容，並引誓文，惟未載篇名，此則載其篇名，意與〈書序〉亦合。

6. 〈武成・序〉：武王伐殷，往伐，歸獸，識其政事。作〈武成〉。

〈周本紀〉：（武王）……乃罷兵西歸。行狩，紀政事，作〈武成〉。

案：歸獸，僞孔《傳》以放馬華山之陽，散牛桃林之野事當之，《周書・世俘解》則言伐紂之後，武王狩禽，與《史記》同，則獸當讀爲狩，《史記》與〈書序〉說同。

7. 〈大誥・序〉：（略）

〈周本紀〉：初，管蔡叛周，周公討之，三年而畢定，故初作〈大誥〉。

案：〈周本紀〉及〈魯世家〉均言武王初崩，三監叛亂，周公伐之而作〈大誥〉，與〈書序〉合。〈書序〉稱周公相成王，〈魯世家〉稱周公奉成王命，《書疏》引鄭玄說：「王，周公也。」此古文經說，與〈書序〉《史記》異。

8. 〈微子之命‧序〉：成王既黜殷命，殺武庚；命微子啟代殷後，作微子之命。

〈宋世家〉：周公既承成王命，誅武庚，殺管叔，放蔡叔，乃命微子開代殷後，奉其先祀，作〈微子之命〉以申之，國于宋。

案：〈宋世家〉謂周公承成王命誅武庚後，命微子開代殷後，作〈微子之命〉，說與〈序〉合。惟啟字作開。

9. 〈康王之誥‧序〉：康王既尸天子，遂誥諸侯。作〈康王之誥〉。

〈周本紀〉：太子釗遂立，是為康王，康王即位，徧告諸侯，宣告以文武之業以申之，作〈康誥〉。

案：歐陽大小夏侯本以〈康王之誥〉合於〈顧命〉為一篇，而〈序〉分言之，〈周本紀〉亦分別述其大旨，是作〈序〉者與史公均作兩篇也。又《史記》作〈康誥〉，簡朝亮以為省文，〔註21〕其說可從。

10. 〈冏命‧序〉：穆王命伯同為周大僕正，作〈冏命〉。

〈周本紀〉：穆王閔文武之道缺，乃命伯臩申誡太僕國之政，作〈臩命〉。

案：同，《史記》作「臩」，孫《疏》云：「臩蓋今文，冏，古文也。」簡氏《述疏》云：「蓋稱曰太僕，其為長可知矣。今〈序〉又稱正焉。如曰：正，長也。其於大僕，若綴旒然。《論語》云：『政者，正也。』則正者，所以為政也。今言為太僕正也，《史記》云：『乃命伯臩申誡大僕國之政。』是也。」此本《史記》以說〈書序〉，是也。

11. 〈費誓‧序〉：（略）

〈魯世家〉：伯禽即位之後，有管蔡等反也，淮夷徐戎亦竝興反，於是伯禽率師伐之於肸，作〈肸誓〉。

案：費，《史記》作肸，《集解》引徐廣曰：「一作鮮，一作獮。」《索隱》云：「《尚書》作〈柴誓〉，今《尚書大傳》作〈鮮誓〉。〈鮮誓〉即〈肸誓〉。」

〔註21〕同註5。

余永梁謂本篇乃魯僖公伐淮夷、徐戎時誓師之詞，[註22] 屈翼鵬先生更考定本篇當作於僖公十六年十二月，[註23] 而《史記》與〈書序〉均以爲伯禽誓師之詞。

五、與〈書序〉立異者

1. 〈盤庚序〉：（略）

〈殷本紀〉：盤庚渡河，南復居成湯之故居，迺五遷無定處，殷民咨胥皆怨，不欲徙，盤庚乃告諭諸侯大臣曰：昔高后成湯，與爾之先祖，俱定天下，法則可修，舍而弗勉，何以成德，乃遂涉河，南治亳，行湯之政，然後百姓由寧，殷道復興，諸侯來朝。以其尊成湯之德也。帝盤庚崩，弟小辛立，是爲帝小辛，帝小辛立，殷復衰，百姓思盤庚，迺作〈盤庚〉三篇。

案：〈序〉云「盤庚五遷」，與〈殷本紀〉「迺五遷無定處」意同。又今傳〈書序〉，以亳殷連讀，據《史記》殷字當屬下句，讀作「殷民咨胥皆怨。」則「將治亳」與《史記》「南治亳」亦同。惟〈序〉謂本篇作於盤庚時，《史記》則謂作於小辛時，二說顯異。屈氏《尚書集釋》謂本篇決非盤庚時作，以爲作於小辛時者，恐亦未的。蓋盤庚之名，乃其後人所命，而非當時之稱。以甲骨卜辭證之，小辛時當稱盤庚爲兄庚，武丁時當稱爲父庚，祖庚以下則當稱爲祖庚。今本篇既屢稱盤庚，知其非當時或小辛時之作也。此據地下出土資料爲說，自可補充《史記》之不足。又孔氏《正義》述束哲所引孔壁中《尚書》云：「將始宅殷」，此與經文切合，是「治亳」二字乃「始宅」之訛，而《史記》與〈書序〉同誤，其沿襲之跡至爲顯明。然〈殷本紀〉已言「帝小辛立，殷復衰，百姓思盤庚，迺作〈盤庚〉三篇。」明非作於盤庚時，若〈書序〉後作，則作序者何於此處故違《史記》以遺誤乎？

2. 〈高宗肜日、高宗之訓·序〉：（略）

〈殷本紀〉：帝武丁祭成湯，明日，有飛雉登鼎耳而呴，武丁懼，祖己曰：王勿憂，先修政事，祖己乃訓王曰……武丁修政行德，天下咸驩，殷道

〔註22〕見〈柴誓的時代考〉，載於國立第一中山大學語言歷史學研究所週刊第一集第一期、《古史辨》第二冊。

〔註23〕見〈曾伯霥簠考釋〉，載於《學傭論學集》。

復興，帝武丁崩，子弟祖庚立，祖己嘉武丁之以祥雉爲德，立其廟爲高宗，遂作〈高宗肜日〉及〈訓〉。

案：〈書序〉及〈殷本紀〉皆謂高宗肜日爲武丁（即殷高宗）祭成湯，亦皆謂本篇爲祖己時事；惟〈殷本紀〉謂作於祖庚之時，〈書序〉所言較略，按其文意，似作於武丁之時。二說互異。又據王國維考證，〈高宗肜日〉篇既非高宗祭成湯，亦非作於武丁或祖庚時，〔註24〕是二說皆未得也。又《史記》言此二篇作於祖庚時，明此爲後人述古之作也。若〈書序〉承襲《史記》，當亦及此，而〈序〉未言，此亦〈書序〉不襲《史記》之證也。而康有爲云：「〈序〉以爲祖己訓王時作，《史記》以爲武丁崩後作，不同。」亦據爲〈書序〉襲《史記》之證，實有未當。

3. 〈西伯戡黎・序〉：（略）

〈殷本紀〉：及西作伐飢國，滅之。紂之臣祖伊聞之而咎周。恐，奔告紂曰……。

案：〈殷本紀〉「西伯伐飢國，滅之」即序「西伯戡黎」也。黎，說文作𥠖，大傳作耆（見釋文），史記作飢，一作阢（見宋世家），則黎爲異文。「祖伊聞之而咎周」即〈序〉「殷始咎周」也。惟〈書序〉殷始咎周事在周人戡黎前，《尚書正義》引鄭云：「咎，惡也；紂聞文王斷虞芮之訟，後又三伐皆勝，始畏而惡之，拘于羑里。戡，勝也；紂得散宜生等所獻寶而釋文王，文王釋而伐黎。」鄭氏亦以爲戡黎在後也。史公說則以祖伊因周人戡黎而咎周，二說不同。又帝辛名受，見於《尚書》〈牧誓〉、〈立政〉，〈書序〉同，皆用本字；《史記・殷本紀》作紂，爲假借字。

4. 〈微子・序〉：（略）

〈殷本紀〉：周武王之東伐至盟津，諸侯叛殷會紂者八百，諸侯皆曰：紂可伐矣；武王曰：「爾未知天命」，乃復歸。紂愈淫亂不止，微子數諫不聽，乃與大師少師謀，遂去。

〈宋微子世家〉：於是微子度紂不可諫，欲死去，及去，未能自決，乃問於太師太師。……

案：〈序〉「父師少師」，皇侃《論語疏》引鄭康成云：「父師者，三公也，

〔註24〕宋金履祥《尚書注》（卷六）以爲高宗肜日乃祖庚祭高宗，王國維說同，屈翼鵬先生則謂作成於戰國之世。

時箕子爲之；少師者，太師之佐，孤卿也，時比干爲之。」《尚書正義》同。《史記》則作「太師少師」，〈周本紀〉謂太師名疵、少師彊，即《論語·微子篇》之太師摯、少師陽。是《史記》之說與〈書序〉顯然立異。《孫疏》云：「史公不言是箕子比干者，是時比干死，箕子囚，故〈微子世家〉云：『紂殺王子比干，微子曰：父子有骨肉，而臣主以義屬，故父有過，子三諫不聽，則隨而號之，人臣三諫不聽，則其義可以去矣，於是太師少師乃勸微子去，遂行。』是時不得有比干箕子也。」崔氏《考信錄》及吳汝綸《尚書故》亦主此說，其辨尤詳。而曾運乾《尚書正讀》仍主〈序〉說，故以本文父師所語皆比干語，所云刻子即箕子，恐不然也。

5.〈多士、無逸·序〉：（略）

〈魯世家〉：及七年，還政成王……周公歸，恐成王壯，治有所淫佚，乃作多士，作〈毋逸〉。〈毋逸〉稱（其下櫽括毋逸之文）〈多士〉稱曰（其下櫽括毋逸後段之文）周多士，文王日中昃，不暇食，饗國五十年，作此以誡成王。」

〈周本紀〉：成王既遷殷遺民，周公以王命告，作〈多士〉、〈無佚〉。

案：《史記》以二篇連言之，然〈魯世家〉所載實〈無逸〉之序，而〈周本紀〉所載乃〈多士〉之序也。〈無逸〉爲周公誥成王之書，〈魯世家〉所述甚詳。〈多士〉乃周公以成王命誥殷多士之文，然〈魯世家〉所引「文王日中昃」云云，見今本〈無逸篇〉，而史公承〈多士〉之下，並以二篇皆誡成王之書，此與〈書序〉及經文皆不合。又〈洛誥〉云：「伻來毖殷」。〈召誥〉云：「周公乃朝用書命庶殷」，所謂毖殷，命庶殷，即此〈多士〉之誥也。時爲成王七年，王國維〈洛誥解〉有說，與劉歆《三統曆》合。〈魯世家〉云「及七年」，是也。惟是時初營洛邑，成周未成，而〈書序〉謂「成周既成」，與召誥所載不同，與《史記·魯世家》亦異。

6.〈將蒲姑·序〉：成王既踐奄，將遷其君於蒲姑，周公告召公。作〈將蒲姑〉。

〈周本紀〉：召公爲保周公爲師，東伐淮夷，殘奄，遷其君薄姑。

案：蒲姑，〈周本紀〉作薄姑。《釋文》引馬融本同。《史記集解》引馬融云：「齊地，」《左傳·昭公九年》云：「薄姑商奄，吾東土也。」又昭公

二十年《左傳》、《漢書・地理志》《詩・破斧》《疏》引鄭注亦以爲齊地。《孫疏》云：「蓋以蒲姑氏居之而得名。」則〈序〉言「將遷其君於蒲姑」是也。〈周本紀〉作「遷其君薄姑」乃以爲人名，與〈序〉異。考《尚書大傳》：「奄君蒲姑謂祿父曰：武王已死矣，成王幼，周公見疑矣，此世之將亂也，請舉事，然後祿父與三監叛。」江聲《尚書集注音疏》據此，謂蒲姑乃奄君名，且謂〈序〉當言「將遷其君蒲姑」，「於」爲衍字，今人曾運乾亦本其說，以《史記》無「於」字爲是，然與《左傳》、《漢書・地理志》及馬、鄭說又不合矣。

7. 〈文侯之命・序〉：（略）

〈晉世家〉：晉文公五年五月丁未，獻楚俘于周……天子使王子虎命晉侯賜大輅、彤弓矢百，旅弓矢千，秬鬯一卣，珪瓚，虎賁三百人，晉侯三辭然后稽首受之，周作〈晉文侯命〉。

案：〈晉世家〉以〈文侯之命〉爲襄王命文公重耳，〈周本紀〉及《新序・善謀篇》同，均與〈書序〉不合。鄭玄注《書》，申〈書序〉之義，明代以前經師，多從〈書序〉；而清儒則頗有遵信《史記》之說者，如孫《疏》等是也。駁《史記》而申〈書序〉者，始於《史記索隱》，《史記正義》、宋葉大昌《考古質疑》（卷一），近人楊筠如、楊樹達等亦有辨證。曾運乾《尚書正讀》、屈翼鵬《尚書集釋》辨之亦詳。以史實與經文合而觀之，當以〈書序〉之說爲是。此或史公當日所見古文〈書序〉王上無平字，如馬融所注者，故別據所見以說也。黃彰健先生謂如史公所見〈書序〉王作平王，則不致有此誤也。康有爲反據此以謂〈書序〉襲《史記》，若如所言，〈書序〉何致與《史記》立異乎！

8. 〈秦誓・序〉：（略）

〈秦本紀〉：（穆公）三十六年……穆公自茅津渡河，封殽中尸，發喪，哭之三日，乃誓於軍曰：嗟士卒，聽無譁，余誓告汝，古之人，謀黃髮蕃蕃，則無所過。以申思不用蹇叔百里奚之謀，故作此誓，令後世以記余過。

案：《左傳》載作誓在僖公三十三年（即秦穆公三十三年），晉襄公釋歸三帥之時，與〈書序〉合；〈秦本記〉則繫於穆公三十六秦伐晉封崤尸之後，與〈書序〉及《左傳》違。以本篇辭氣觀之，亦以〈書序〉之說爲

是，此或史公別有所據，恐不得據此以證史公未見〈書序〉也。

六、《史記》未稱引者

〈書序〉六十七條，史公徵引者六十一，其中有數篇共序，而《史記》缺其篇名者，如但述〈皋陶謨〉而無〈大禹〉、〈益稷〉；述〈帝告〉而缺〈釐沃〉；述〈夏社〉而缺〈疑至〉、〈臣扈〉。至〈伊陟〉之篇，段氏以為史公脫文，今據補。此五篇，除〈大禹謨〉、〈益稷〉兩篇見引於《左傳》，《呂覽》等書外，〈釐沃〉、〈疑至〉、〈臣扈〉三篇則未見先秦典籍徵引，漢以後典籍，亦不及之。

史公未徵引者六條，即〈舜典〉、〈汩作〉、〈九共〉、〈槁飫〉（三篇共條），〈旅獒〉、〈旅巢命〉、〈君陳〉、〈君牙〉是也。然〈舜本紀〉述舜事，與〈舜典序〉合，且〈舜典〉在古文十六篇之中，當為史公所親見，暫不計入，其外五序、七篇，皆史公所未引。

1. 〈汩作·序〉：帝釐下土方，設居方，別生分類，作〈汩作〉。〈九共〉九篇、〈槁飫〉。

   案：〈汩作〉、〈九共〉曾出孔壁，史公當及見之。〈槁飫〉則無，於此可見此非三篇共序者。屈翼鵬先生謂此條乃〈汩作〉之序，〈九共〉及〈槁飫〉之序已佚，而附載其篇題於〈汩作〉之後。〔註25〕

2. 〈旅獒·序〉：西旅獻獒，太保作〈旅獒〉。

   案：孔壁古文有此篇，已亡於晉永嘉之亂。《釋文》引馬融釋獒為「酋豪」，《尚書正義》引鄭玄說同，偽孔《傳》則釋為大犬，當以偽孔《傳》說為正。

3. 〈旅巢命·序〉：巢伯來朝，芮伯作〈旅巢命〉。

   案：《周禮·象胥》序官《疏》引鄭玄云：「巢伯，殷之諸侯，聞武王克商，慕義而來朝。」《詩·桑柔》《正義》引鄭玄云：「芮伯，周同姓國，在畿內。」此篇先秦典籍未引，漢以後亦不傳，作〈序〉者當親見其文也。

4. 〈君陳·序〉：周公既沒，命君陳分正東郊成周，作〈君陳〉。

   案：《禮記·坊記》《鄭注》云：「君陳，蓋周公之子，伯禽之弟也。」此

〔註25〕見《尚書集釋》附編二：〈書序集釋〉。

篇《禮記・坊記、緇衣》僅引其零篇斷句，〔註26〕漢以後不傳，而〈書序〉述其作意甚備，作序者蓋親見其文也。

5. 〈君牙・序〉：穆王命君牙爲周大司徒，作〈君牙〉。

案：《禮記・緇衣》引作君雅，僅十餘字，漢以後不傳，而〈書序〉得述其作意者，蓋親見其文也。

此七篇，〈汨作、九共、旅獒〉三篇在孔壁古文中，史公親從孔安國問故，或已見之。〈稾飫、旅巢命、君陳、君牙〉四篇，漢興之後均不見傳，《史記》亦未見載，而〈書序〉得述其大要，倘非親見其文者，豈能爲之乎？

第三節　《史記》與〈書序〉之關係

〈書序〉之內容，與經文覆案，多相符合。至與亡佚各篇之文，雖無由一一詳較，然就各書所引佚篇殘文觀之，亦多相應，知〈書序〉當據經文而作，以撮舉各篇之行事大意者也。

《史記》之述《尚書》，詳略不一，然與〈書序〉多合。小序六十七條，爲目八十一篇，《史記》引及者六十一條，共計七十篇目。其文與序同者，有〈五子之歌〉等十條，《史記》文詞略有增損者，有〈典寶〉等十五條，其餘亦多文意相合。姑置其文意相合者不論，即此文句相同之二十五條而言，二者互相鈔襲之跡，已不辨可明。

至其孰先孰後，亦可據《史記》徵引情形考而見之：

有《史記》但引序文，未列篇名，而〈書序〉則列其篇名者：如〈成王政〉、〈將蒲姑〉、〈亳姑〉三篇是也。〈周本紀〉云：「東伐淮夷，殘奄」，此與〈成王政序〉同；又云：「遷其君薄姑」，此與〈將蒲姑序〉同。又〈魯世家〉「周公在豐，病將沒，曰：必葬我成周」之文，亦與〈亳姑・序〉同，而序皆有篇名。此蓋《史記》用〈書序〉之文，而略其篇名。若謂〈書序〉在《史記》後，則此三篇之名《史記》所無，先秦典籍未載，豈謂作〈序〉者向壁虛造耶！此其一。

〔註26〕　〈坊記〉引〈君陳〉「爾有嘉謀嘉猷」等三十六字；〈緇衣〉兩引〈君陳〉文，其一曰：「未見聖，若已弗克見；既見聖，亦不克由聖。」其二曰：「出入自爾師虞，庶言同。」又引〈君雅〉曰：「夏日暑雨，小民惟曰怨；資冬祁寒，小民亦惟曰怨。」

有《史記》未引，而〈書序〉列其篇名者：如〈釐沃、疑至、臣扈、稟飫、旅巢命、君陳、君牙〉等篇是也。其中〈釐沃、疑至、臣扈、旅巢命〉四篇，且不見於先秦典籍徵引；其〈稟飫、君陳、君牙〉三篇之文，漢亦不傳，〈君陳、君牙〉雖見引於《禮記・坊記》、《緇衣》二篇，然僅殘章斷句，而〈序〉言其作意行事云：「命君臣分正東郊成周」，云「穆王命君牙爲周大司徒」，皆出於《禮記》所引佚文之外，若非作〈序〉者親見其篇，則其篇名、內容何所從來耶！此其二。

有《史記》述各篇作意甚備，而〈序〉反闕者：如〈康誥、酒誥、梓材〉是也。〈衛康叔世家〉云：「周公旦懼康叔齒少，乃申告康叔曰：必求殷之賢人君子長者，問其先殷所以興所以亡，而務愛民。」此〈康誥〉之大旨也；又云：「告以紂所以亡者，以淫於酒，酒之失，婦人是用，故紂之亂自此始。」此〈酒誥〉之大旨也；又云：「爲梓材，示君子可法則。」此〈梓材〉之大旨也。此蓋史公博採眾說，以補〈序〉文之闕者。若〈書序〉在後，則何以捨此不由，而必以三篇共條乎！又〈魯世家〉載〈無逸、立政篇〉之作意甚備，而〈書序〉但云「周公作〈無逸〉」、「周公作〈立政〉」，其例亦與此同。此其三。

有《史記》載其篇數，而其文漢已不傳者：如〈殷本紀〉載〈太甲〉三篇，然太甲之文漢人已不得見，若非《史記》據〈書序〉而錄，則三篇之說將何所據耶！此其四。

有《史記》載其篇名，而〈序〉反闕者：如〈殷本紀〉有〈太戊〉一篇，而〈書序〉闕如。若謂〈序〉承《史記》，則何以捨此現成之篇名而不取乎！此其五。

有先秦典籍所未引，漢時亦不傳，而《史記》得引述者：如〈帝誥、汝鳩、汝方、夏社、明居、徂后、沃丁、仲丁、河亶甲、祖乙、分器、微子之命、歸禾、嘉禾、成王政、將蒲姑、周官、賄肅愼之命、亳姑、畢命〉，共二十篇，如謂《史記》採〈書序〉，則怡然理順，若云〈書序〉採《史記》，則《史記》又何所依據耶！此其六。

有《史記》用後世文字，而〈書序〉用語則與先秦用字之例合者：如〈周本紀〉載「康王命作策，畢公分居里，成周郊，作〈畢命〉」；〈書序〉作：「康王命作冊畢，分居里，……」此用冊字與《尚書》合，與周金文用字之例亦合。且「作冊畢」亦金文中常見語例，是〈書序〉用字用語與先秦語例相同，

蓋作〈序〉者依當時習慣而書，非漢人立意僞造也，此其七。

　　總此七端，皆見〈書序〉先於《史記》，且其作成在焚書之前，其時經文尚在，故得撮舉行事大意並錄其篇名，而爲史公所本，非後人據《史記》造爲〈書序〉也。

第七章　司馬遷對《尚書》學之貢獻

　　司馬遷採《尚書》以入《史記》，徵引篇目達六十八，視總數八十一篇，約佔百分之八十五。其中或引其文，或述其行事作意，皆以之為二帝三王之重要史料。引其文者，或迻錄原文，不加刪削；或摘要剪裁，取其精華；或訓詁文字，句型不改；或繙譯文句，以合口語；或增插注釋，以明原委；或改寫原文，以求易解；間有易字解經，陳義稍變及別據他說，取義不同者，此或因今古文說之異，或當時另有所見，即據搜討、研判所得入錄。而其於今古文取捨之間，亦必別具用心。綜其所述，雖有與今所知史實不合者，此或當時囿於文獻，或偶失考，然此亦可見司馬遷一家之言，所謂瑕不掩瑜，無須諱言者也。

　　而語其貢獻，如保存漢初經文原貌、兼存今古文、藉資辨偽等，皆極明顯，因而奠定其在《尚書》學之地位，說已見第一章第三節。茲更就解釋經義、補充經義、證成經說，佐助校勘，保存佚文五方面，分節闡述之。

第一節　解釋經義

　　西漢之說《尚書》者，莫早於伏生，莫盛於歐陽、大小夏侯。《漢書・藝文志》載「經二十九卷」，班固自注：「大小夏侯二家，《歐陽經》三十二卷」，師古曰：「此二十九卷，伏生傳授者。」此即世所謂《今文尚書》也。《漢志》又載「《傳》四十一篇」，「《歐陽章句》三十一卷」、「《大、小夏侯章句》各二十卷」、「《大、小夏侯解故》二十九篇」、「《歐陽說義》二篇」，此其說經之書也。《伏生大傳》多存古訓舊典，然其文或說《尚書》，或不說《尚書》，大抵如《易乾鑿度》、《春秋繁露》，與經義在離合之間。其書宋時已闕，清人雖有

輯本，然已非復舊觀。歐陽、大小夏侯三家之書，《隋、唐志》已不載，清人馬國翰、陳喬縱等努力搜輯，然亦所獲不多。司馬遷嘗從孔安國問《尚書》，孔氏以治《尚書》爲武帝博士，得壁中書後始治古文，先實通今文《尚書》，則史遷實兼習今古文者也。

司馬遷之於《尚書》，雖無專著傳世，然其採《尚書》以入《史記》，引錄之文達二十餘篇，或全錄其文，或摘要剪裁，或訓詁、繙譯，或增插注釋，或改寫其文，所述較原文爲簡明易解，直可視爲司馬遷一家之《尚書》解。

其顯而易見者，如：

〈五帝本紀〉云：「五月上日，舜受終於文祖。」又云：「文祖者，堯太祖也。」上句乃引〈堯典〉文，下句則增插以釋「文祖」之語。又〈封禪書〉云：「岱宗，泰山也」；「南嶽，衡山也」；「西華，華山也」；「北嶽，恒山也」。又云：「東后者，諸侯也。」此皆《尚書》原文所無，而增插於文中，以釋四嶽，東后之文也。

有《尚書》用字古奧難明，《史記》改用淺易之字以代經者，如：

〈堯典〉：「欽若昊天」，〈五帝本紀〉易爲「敬順昊天」，此乃以敬訓欽，順訓若，而敬順二字較欽若爲淺顯。又「寅餞納日」作「敬道日入」，以敬訓寅、道訓餞、入訓納；「女陟帝位」作「汝登帝位」，以汝訓女、登訓陟：「讒說殄行，震驚朕師」作「讒說殄僞，振驚朕眾」，以僞訓行、振訓震、眾訓師；「允釐百工」作「信飭百官」，以信訓允，飭訓釐、官訓工；「庶績咸熙」作「眾功皆興」，以眾訓庶、功訓績、皆訓咸、興訓熙，亦皆此類也。

又〈禹貢〉：「隨山刊木」，〈夏本紀〉作「行山表木」，以行訓隨、以表訓刊；「九江孔殷」作「九江甚中」，以甚訓孔、以中訓殷；〈湯誓〉「非台小子敢行稱亂」，〈殷本紀〉作「匪台小子敢行舉亂」，以匪訓非、以舉訓稱；「率遏眾力」作「率止眾力」以止訓遏；〈高宗肜日〉「罔非天胤」，〈殷本紀〉作「罔非天繼」，以繼訓胤；〈西伯戡黎〉：「不有康食」，〈殷本紀〉作「不有安食」，以安訓康；〈微子〉「弗或亂正」，〈宋世家〉作「不有治政」，以不訓弗，以有訓或、以治訓亂、以政訓正；〈牧誓〉：「夫子勖哉」，〈周本紀〉作「夫子勉哉」，以勉訓勖；〈洪範〉「威用六極」，〈宋世家〉作「畏用六極」，以畏訓威；〈金縢〉「罔不祇畏」，〈魯世家〉作「罔不敬畏」，以敬訓祇；〈無逸〉「舊勞于外」、「舊爲小人」，〈魯世家〉舊並作久，以久訓舊。〈呂刑〉「五辭簡孚」，〈周本紀〉作「五辭簡信」，以信訓孚；〈費誓〉：「三郊三遂」，〈周本紀〉作

「三郊三隧」，以隧訓遂。凡此，或以同義字為訓，或以假借字釋本字，或以後起字釋本字，或以本字釋假借字，要之，皆以通行易解字代艱之字也。

有以簡易之句代艱奧之句者，如：

〈五帝本紀〉：「四方莫舉樂」，此釋〈堯典〉「四海遏密八音」之文也。《史記》繙譯之後，語氣不變，又使讀者一望而知其義，此亦史公解釋經義之法也。又如〈金縢〉：「乃并是吉」，〈魯世家〉作「遇吉」。案：《論衡・卜筮篇》引作「乃逢是吉」，此今文也；段氏說《史記》遇蓋逢之訓詁，是遇吉為訓釋之文。又如〈召誥〉：「越若來三月」，〈魯世家〉作「其三月」。案：越若二字發語；來，猶來年、來生之來，此承上文「惟二月」言之也。《史記》前文云：「成王七年二月」，則此逕譯為「其三月」，語義已顯。此類皆以短句譯長句，蓋其義已顯則不煩費辭也。亦有經文簡質，《史記》譯為通俗之語，遂視原句為長者，如：

〈堯典〉：「女于時」〈五帝本紀〉作「於是堯妻之二女」。案：楊筠如《尚書覈詁》謂女字下兩女字而衍，于時當屬下讀。然孔《傳》釋此經云：「堯於是以二女妻舜」，書《疏》云：「妻舜於是」，並以妻釋女，與《史記》同；《淮南・泰族訓》、《論衡・正說篇》、《金樓子・后妃篇》並作「妻以二女」，戴氏《古義》亦云：「言于是女之」，似以不改經為是。《史記》之文，乃當時口語也。

又〈禹貢〉：「禹錫玄圭」，〈夏本紀〉作「於是帝錫禹玄圭」。案：依《史記》說為帝錫禹，與經文異，故蔡《傳》不從。然孔《傳》及師古注《漢書》均與《史記》說同，《史記》著一「帝」字而義尤明確。

又〈微子〉：「殷其弗或亂正四方」，〈宋世家〉作「殷不有治政，不治四方。」案：此以不訓弗、以有訓或、以治訓亂，以政訓正，並以「不治四方」補充「不有治政」，文義明確。

以上皆繙譯之文，不論以短句譯長句，或以長句譯短句，而繙譯之義均較原句為通俗易解，猶今之以白話譯文言也。

亦有但取其義，別造詞句以代之，而不顧原文次序及語氣者，如：

〈堯典〉：「帝曰：『欽哉！』」此為記言之體，〈五帝本紀〉改作「堯善之」；又「帝曰：『俞咨！益，汝作朕虞』」改為：「於是以益為朕虞」；「帝曰：『夔！命汝典樂』」，改為：「以夔為典樂」。又〈金縢〉：「二公曰：『我其為王穆卜』」，〈魯世家〉改為：「太公召公乃繆卜」。亦均屬此類。至如「囂訟，可乎」改

爲：「頑凶，不用」，則是改疑問語氣爲否定語氣矣。

又如〈堯典〉：「帝曰：『俞！汝往哉。』」往字含義籠統，〈夏本紀〉改爲：「舜曰：女其往視爾事矣」，則文義明確。又：「瞽子、父頑、母嚚、象傲，克諧以孝，烝烝乂，不格姦」，〈舜本紀〉改爲：「舜父瞽叟盲，而舜母死，瞽叟更娶妻而生象，象傲，瞽叟愛後妻子，常欲殺舜，舜避逃，及有小過則受罪，順事父及後母與弟，日以篤謹，匪有解。」此則雜採《孟子》敷衍成文，而描寫更爲具體。

又〈堯典〉末節，文句簡質，且易生別讀，〈五帝本紀〉採《大戴記》改爲：「舜年二十以孝聞，年三十堯舉之，年五十攝行天子事，年五十八堯崩，年六十一代堯踐帝位，踐帝位三十九年，南巡狩，崩於蒼梧之野，葬於江南九疑，是爲零陵。」此於帝舜之履歷，敍述其詳，而語意甚爲明確。

又〈金縢〉：「乃卜三龜，一習吉。」〈魯世家〉改作：「於是乃即三王而卜，卜人皆曰吉。」文義尤爲明確而淺顯。此皆史公釋經之法也。

亦有但說經文大意者，如：

〈皋陶謨〉：「侯以明之，撻以記之，書用識哉，欲並生哉。工以納言，時而颺之，格則承之庸之，否則威之。」此載懲乂頑讒及進用人才之法；〈夏本紀〉取其大意，云：「君德誠施皆清矣」。此櫽括其文，並言其效應也。

又〈西伯戡黎〉：「祖尹反曰：嗚呼！乃罪多參在上，乃能責命于天，殷之即喪，指乃功，不無戮于爾邦。」〈殷本紀〉作「祖伊反曰：紂不可諫矣。」此以「紂不可諫矣」櫽括祖伊之言也。又〈宋世家〉云：「及祖伊以西伯昌之修德，滅阢國，懼禍至，以告紂，紂曰：我生不有命在天乎！是何能爲。」則又摘錄經文，以補殷本紀之不足，皆有助於經義之解釋。

又〈召誥、洛誥〉二篇記召公、周公經營洛邑事，篇中敍召公及周公與成王對答之辭甚詳，〈周本紀〉則櫽括之云：「成王在豐，使召公復營洛邑，如武王之意。周公復卜，申視，卒營築，居九鼎焉，曰：此天下之中，四方入貢道里均。作〈召誥、洛誥〉。」又〈多士〉：「惟天不畀不明厥德，凡四方小大邦喪，罔非有辭于罰。」此戒殷多士之辭也，〈魯世家〉則以「其民皆可誅」一語櫽括其義，而不錄其辭。

又〈顧命〉：「乃同詔太保奭、芮伯、彤伯、畢公、衛侯、毛公、師氏、虎臣、百伊、御事，用敬保元子釗弘濟于艱難。」〈周本紀〉作：「乃命召公畢公以相太子而立之。」又：「太保率西方諸侯入應門左，畢公率東方諸侯入

應用右。」作：「二公率諸侯以太子釗見於先王廟。」亦均櫽括其義而改寫者。蓋述其大意亦釋經解文之法也。

至如〈堯典〉：「湯湯洪水方割，蕩蕩懷山襄陵，浩浩滔天。」〈五帝本紀〉作「湯湯洪水滔天，浩浩懷山襄陵。」蓋兼取〈皋陶謨〉「洪水滔天，浩浩懷山襄陵。」之文改寫；此與「明四目，達四聰」，作「明通四方耳目」同為變更原文次序者也。又有據他文以釋經者，如〈五帝本紀〉據《五帝德》「其仁如天」等句以釋〈堯典〉「欽明文思安安」一節，是也。

凡《史記》引《尚書》文，訓詁、繙譯、改寫、注釋諸例，方式雖異，而其目的在解釋經義，使人易曉則一也。

第二節　補充經義

《史記》所引《尚書》之文，除有解釋經義之作用外，其博採載記以增插部分，多可補經義之不足。如：

〈堯典〉述放四罪云：「流共工于幽州，於驩兜于崇山，竄三苗于三危，殛鯀于羽山」，〈五帝本紀〉作：「……於是舜歸而言於帝，請流共工於幽陵，以變北狄；放驩兜於崇山，以變南蠻；遷三苗於三危以變西戎；殛鯀於羽山，以變東夷。」增「舜歸而言於帝」，以明流放四罪為舜之意，「以變北狄」云云，則明放四罪之目的也。此變四夷之說，蓋采《大戴記·五帝德》而增也。梁玉繩《志疑》以此處捨經文而從別記，乃史公之好異也。崔述則云：「此因上文恤刑之文，遂及其退不肖之大略。」則《史記》所加之詞，於經義蓋有所補也。又下文記舜命益掌虞，云：「益拜稽首，讓于朱虎熊羆，帝曰：俞！往哉，汝諧。」〈五帝本紀〉引，於「汝諧」下，增「遂以朱虎熊羆為佐」，《正義》云：「為益之佐也。」閻氏《疏證》（五十八）云：「禹襄棄稷、皋陶，舜不聽其讓，而下即命之，仍播穀、敷教、明刑；伯夷讓夔龍，舜不聽其讓，而下即命之典樂，作納言；何垂讓殳斨、伯夷，益讓朱虎熊羆，舜止不聽其讓，而於彼七臣者漫無所命，豈舜竟遺才耶？既讀〈五帝本紀〉云：舜遂以朱虎熊羆為益之佐，例可知也。」《史記》之文是否前有所承，不得而知，或史公推舜求才之心而加者，亦頗合於情理，此《史記》可補充經義之又一證也。又文末云：「三載考績，三考，黜陟幽明，庶績咸熙，分北三苗。」〈五帝本紀〉引之，於「分北三苗」下，增「此二十二人，咸成厥功」云云，蓋

以補足「庶績咸熙」之意也。

〈皋陶謨〉：「懋遷有無化居」，〈夏本紀〉既譯爲「調有餘相給」，又增「以均諸侯」四字爲目的語。「方祗厥敍，方施象刑」，〈夏本紀〉既譯爲「於是敬禹之德，令民皆則禹」，又增「不如言，刑從之」六字，以明用刑輔德之意。

〈禹貢〉述五服貢賦一節，〈夏本紀〉引之，於甸服下，侯服上，增「甸服外」三字，以明侯服即在甸服之外。又綏服上增「侯服外」，要服上增「綏服外」，荒服上增「要服外」，皆此意也。此釋五服之關係位置極明確，乃史公之五服說，與鄭玄弼成之說不同。〔註1〕

〈高宗肜日〉：「典祀無豐于昵」，〈殷本紀〉既爲「常祀毋禮于棄道」，復於其下增：「武丁修改行德，天下咸驩，殷道復興」。案：〈無逸篇〉：高宗之享國五十有九年，《史記》之言或據此而書，以明事件之結果也。

〈金縢〉：「我之弗辟，我無以告我先王」，此語簡質，故生異解。〈魯世家〉作：「我之所以弗辟而攝行政者，恐天下畔周，無以告我先王。」則釋辟爲避，謂周公實攝行政而不避也。此增「而攝行政者，恐天下畔周」，而經義益明。

又〈秦誓〉：「尙猷詢茲黃髮，則無所愆。」〈秦本紀〉於其下云：「以申思不用蹇叔百里奚之謀，故作此誓，令後世以記余過。」此語益彰穆公改過之勇，故下文又有「君子聞之皆爲垂涕」云云，皆於經義有所補益也。

以上皆就本經原文而增辭補充，以足上下文之意也；亦有別據史事以補充者，如：

〈堯典〉記流放四罪，而未言其所犯者何罪，〈五帝本紀〉則於其上別增一節補充之，云：「驩兜進言共工，堯曰：不可，而試之工師，共工果然淫辟；四嶽舉鯀治鴻水，堯以爲不可，嶽彊請試之，試之而無功，故百姓不便；三苗在江淮刑州數爲亂，於是舜歸而言於帝。」讀此，則四罪之所以遭放者可知矣。又「四海遏密八音」以下，〈五帝本紀〉敍堯讓於舜及舜未遇時事，自「堯知子丹朱之不肖」至「三年成都」二節，均雜采《帝繫》及諸子之言，以明舜之受禪，乃天下之公意、非堯一人私心之好惡也。

〔註1〕 《詩・甫田》《疏》引鄭注云：「甸服者，堯制。賦其田使人穀，禹弼其外百里者，賦入總，謂入刈禾也；二百里銍，銍，斷去蕖也；三百里秸，秸，又去穎也；四百里入粟，五百里入米者，遠彌輕也。甸服之制本是納總，禹爲之差，使百里從之耳。」

又〈禹貢〉:「禹敷土,隨山刊本,奠高山大川。」此為全文之總冒,而文甚簡質;〈夏本紀〉引此文,於其上,增「禹為人敏給克勤,其德不違,其仁可親,其言可法,聲為律,身為度,稱以出,亹亹穆穆,為綱為紀」一節,此採五帝德文以補述禹之德;於其下,則增「禹傷先人父鯀功之不成受誅」至「山川之便利」一節,此採《五帝德》、《論語》諸書以補述禹之功;皆於經義有所補充。

又〈牧誓篇〉之文,〈周本紀〉全採之,而於篇末增注云:「誓已,諸侯兵會者車四千乘,陳師牧野。」讀此,則當日牧野會師之陣容可知矣。

又〈金縢〉:「武王既喪,管叔及其群弟乃流言於國。」意流言之起,必有口實,而經無明文,〈魯世家〉引則增補其事云:「成王少,在強葆之中,周公恐天下聞武王崩而畔,周公乃踐阼,代成王攝行政當國。」據此,則流言所謂公將不利於孺子者,即指周公踐阼之事也。又經云:「我之弗辟,我無以告我先王」,然何以弗辟則無以告先王,經亦無明文。〈魯世家〉則於其下增釋之云:「太王、王季、文王,三王之憂勞天下久矣,於今而後成。武王蚤終,成王少,將以成周,我所以為之若此。」讀此,則知周公所心繫者,在於先王創業維艱,懼成王少,守成之不易也。故曰:「於是卒相成王,而使其子伯禽代就封於魯。」則周公聖人之心,昭若日月矣。

又經言「周公居東二年,則罪人斯得」,何謂居東,誰是罪人,經亦無明文,致解說各異。〈魯世家〉云:「管蔡武庚等果率淮夷而反,周公乃奉成王命,興師東伐,作〈大誥〉。遂誅管叔、殺武庚、放蔡叔,收殷餘民以封康叔於衛,封微子於宋,以奉殷祀。」則《史記》以居東為東征,以罪人為管蔡武庚也。

〈晉世家〉述〈文侯之命〉於「繼予一人永其在位」下,又增釋云:「於是晉文公稱伯。癸亥,王子虎盟諸侯於王庭」是史公以文侯之命為襄王錫晉文公事,於此又有明文矣。

凡上所舉,皆因經文質樸,《史記》或增其辭以貫串上下文義,或補其事,以述其因果,皆《史記》之可以補充經義者也。

第三節　證成經說

《史記》引述《尚書》,遇難解字句,每以訓詁字或繙譯之語代之,亦有重為改寫或增加補充者,其改易之文字,視經文尤為簡明圓融,不僅有助於

經義之解釋，亦可補充經義之不足，其說已見前兩節。亦有各家解說未明，或彼此互異，而其一與《史記》說相合，並有勝義者，不論為明引，或為暗襲，要之，皆可據《史記》以證成其經說也。

　　如〈堯典〉之「厤象日月星辰」，「厤象」一詞馬、鄭二氏作何解，今已不得而知；孔《傳》云：「厤象其分節」，於此二字無解；《孔疏》云：「歷此法，象其日之甲乙，月之大小，昏明遞中之星，日月所會之辰，定其所行之數以為一歲之歷。」《蔡傳》則云：「曆，所以紀數之書；象，所以觀天之器，如下篇璣衡之屬是也。」案：以文義審之，厤象當為動詞，〈五帝本紀〉釋此為「數法」，則孔《疏》近之。《漢書・李尋傳》，尋引《書》曰：「厤象日月星辰，此言仰視天文，俯察地理，觀日月消息，侯星辰行伍。」所言仰視、俯察、觀、候，皆厤象之事也。曾運乾《正讀》云：「曆，數也，讀如曆日月而迎送之之曆；象者，像也，讀如象之之象。」亦與《史記》相合。

　　又「納于大麓」，《釋文》引鄭注云：「麓，山足也。」又《大傳》注云：「山足曰麓，麓者錄也，古者天子命大事、命諸侯，則為壇國之外，堯聚諸侯，命舜陟位居攝，致天下之事，使大錄之。」《孔傳》云：「麓，錄也，納舜使大錄萬機之政。」此均以大麓為居攝總錄天子之事。《論衡・正說篇》云：「言大麓三公之位也，居一公之位，大總錄二公之事，眾多並告，若疾風大雨。」則以大麓為三公之位，且以烈風雷雨為譬喻之詞。劉昭注〈百官志〉引《新論》曰：「昔堯試於大麓者，領錄天子事，如今尚書官矣。」又以為官名。《風俗通義》云：「堯禪舜，納于大麓。」又以為禪位之處。諸說不一。案：〈五帝本紀〉云：「堯使舜入山林川澤」《論衡・亂龍篇》云：「舜以聖德，入大麓之野，虎狼不犯，龍蛇不害。」此云大麓之野，與《史記》說合。蔡《傳》引蘇軾曰：「洪水為害，堯使舜入山林相視原隰，雷雨大至，眾懼失常，而舜不迷。」說亦與《史記》合。

　　又「舜生三十徵庸，三十在位，五十載，陟方乃死。」計之為百一十歲；《論衡・氣壽篇》載此文云：「舜生三十微用，二十在位，五十載，陟方乃死，適百歲。」《書疏》據經文加三年之喪二年，則為一百十二歲矣。此三說不同。案：《史記・五帝本紀》云：「舜年二十以孝聞，年三十堯舉之，年五十攝行天子之事，年五十八，堯崩，年六十一，代堯踐帝位，踐帝位三十九年，南巡狩，崩於蒼梧之野。」計之適為百歲。又《書疏》謂鄭玄讀此經云：「舜生三十，謂生三十年也，登庸二十，謂歷試二十年，在位五十載陟方乃死，謂

攝位至死爲五十年，舜年一百歲也。」所計亦爲百歲，均與《史記》合。

〈皐陶謨〉：「夔曰：戛擊鳴球，搏拊琴瑟以詠，祖考來格。」鄭氏大司樂注引下夔曰爲「夔又曰」，則鄭氏以戛擊鳴球爲夔言。《書疏》云：「皐陶、大禹爲帝設謀，大聖納其昌言，天下以之致治，功成道洽，禮備樂和，史述夔言繼之於後，夔曰：『在舜廟堂之上，……』夔又曰……」《蔡傳》云：「此章夔言作樂之效，其文自爲一段……」是《孔疏》及蔡《傳》亦均以此爲夔言也。案：〈夏本紀〉述此句云：「於是夔行樂」，明此節亦敍事之詞，故下文作「夔曰」而不云「夔又曰」也。《孫疏》云：「史公說爲於是夔行樂者，以夔曰至鳳凰來儀爲虞史之言，故說曰爲於是：〈釋詁〉云：『爰，曰也』，〈洪範〉土爰稼穡，《史記》爰作曰，是此曰當訓爰也；曹大家注〈幽通賦〉云：爰，于是也。」曾運乾《正讀》云：「《史記》說爲夔行樂，則此節亦史官敍事文；曰，爰也、爰，于是也。」孫、曾二家之說皆取證於《史記》也。

〈禹貢〉：「禹錫玄圭，告厥成功。」《孔傳》云：「禹功盡加於四海，故堯賜玄圭以彰顯之。」如其說，則禹錫爲倒文也。《蔡傳》云：「錫與師錫之錫同，水土既平，禹以玄圭爲贄而告成功于舜也。」胡渭《錐指》說同，是謂禹獻玄圭於舜，與孔異。案：〈夏本紀〉引此句作：「於是帝錫禹玄圭」，與《孔傳》同，《孔傳》同《史記》說者甚多，此亦其一，非作僞傳者妄爲說經也。

《盤庚》：「非予自荒茲德，惟汝含德，不惕予一人。」《孔傳》云：「我之欲徙，非廢此德，汝不從我命，所含惡德，但不畏懼我耳。」《孔疏》釋之云：「我命教汝，汝不肯徙，非我自廢此丕欽之德，惟汝之所含德甚惡，不畏懼我一人故耳。」二孔於含字均不作解；《蔡傳》云：「盤庚言非我輕易遷徙，自荒廢此德，惟汝不宣布德意，不畏懼於我。」則訓含爲不宣布也。案：〈殷本紀〉釋此句爲：「舍而弗勉，何以成德」，是讀含爲舍也。《孫疏》云：「言非我廢前人之德，汝自舍其德而弗勉也。史公約此文云：『舍而弗勉』，則當爲舍德。」此引《史記》以證成其說，是也。

〈高宗肜日〉：「嗚呼！王司敬民。」《孔傳》云：「歎以感王入其言，王者主民，當敬民事。」此訓司爲主也。《蔡傳》云：「司，主胤嗣也，王之職主於敬民而已。」亦訓司爲主。《孫疏》云：「王司者，言王嗣位。」則訓司爲嗣也。案：〈殷本紀〉作「王嗣敬民」，讀司爲嗣，蓋《孫疏》所本也。

〈微子〉：「我其發出狂」，《鄭注》云：「我其起作出往也。」是狂讀作往；

《孔傳》云：「我念殷亡，發疾生狂。」《蔡傳》訓狂爲「顚狂暴虐」，亦不易字。案：〈微子世家〉引此作：「我其發出往」，則鄭作往者近是；《孫疏》謂往亦爲假借字，本字當作徃，遠行也；《鄭注》、《孫疏》均有《史記》可本。

又微子言：「吾家耄，遜于荒。」《集解》引馬《注》曰：「卿大夫稱家」；《孫疏》釋之云：「馬意以微子之去，欲自保其家，故老耄而遜于荒野。」《書疏》引《鄭注》曰：「耄，昏亂也。」《書疏》釋之云：「在家不堪耄亂，故欲遜出於荒野，言愁悶之至。《詩》云：駕言出遊，以寫我憂，亦此意也。」《孫疏》云：「言我年耄，將遁于荒遠以終老，微子欲去而問父師也。」馬氏謂微子欲去以保其宗祀。《鄭注》謂微子欲遜于荒遠，然其欲去之意則同也。《孔傳》云：「在家耄亂，故欲遜出於荒野，言愁悶。」說與《鄭注》略同。《蔡傳》云：「我家老成之人皆逃遁於荒野，危亡之勢如此，今爾無所指告我以問救亂之策。」則微子並無欲去之意。案：〈微子世家〉述此句云：「吾家保於喪」，《孫疏》引《大戴記·保傅注》而釋之云：「言殷之圖法將喪，我若出往，則吾家可以保于喪亡，微子志存宗祀，故欲去而告太師，以抱器歸周也。」史公之意謂微子將保其家以免於喪亡也；《管子·宙合篇》云：「微子不與於紂之難，而封於宋以爲殷主，先祖不滅，後世不絕，故曰大賢之德長。」則《史記》之說亦前有所承，此可證馬注之有本也。

〈牧誓〉：「昏棄厥遺王父母弟不迪」，孔、蔡二《傳》均訓迪爲道，孔《傳》云：「不接之以道」；《蔡傳》云：「不以道遇之」。案：迪訓道，經典常見，《尚書》迪字，《史記》亦多訓爲道，如〈皋陶謨〉「允迪厥德」，〈夏本紀〉作「信其道德」，又「各迪有功」作「各道有功」，「迪朕德」作「道吾德」，惟於此篇之迪字，則訓爲用，云：「遺其王父母弟不用」。《經傳釋詞》云：「迪，詞之用也。」自注云：「《史記·周本紀》，不迪，作不用。迪爲不用之用，又爲語詞之用，義相因也。」曾運乾《正讀》云：「迪，用也。」均據《史記》爲說。

考自漢、唐以來，取《史記》以證成經說者，實不乏其例，有清以降，其風尤盛，足見司馬遷對《尚書》學影響之大也。

第四節　佐助校勘

經惟《尚書》最古，《尚書》之離厄亦最甚。秦火焚餘，伏生獨存二十九篇；孔壁佚文，漢時傳誦未廣，故建武之際，即亡武成一篇，至永嘉之亂，

餘篇悉亡。齊梁之間，雖復出逸篇，見載於《隋書・經籍志》；而《新唐書・藝文志》亦有徐邈注《逸書》三篇，然《宋史・藝文志》即已不載，古文《尚書》，遂失其傳。

伏生所傳，雖行於兩漢，然經東晉之竄亂，已眞僞雜厠，復涉天寶之改字，開寶之改《釋文》，益失其原貌。

昔賈逵分別古今，劉陶是正文字，其書皆不傳。自梅賾奏上孔《傳》，而漢之眞古文及今文皆亡。自唐《正義》用孔《傳》以來，唐刻石經，宋刻經注皆從之，其間混淆、譌誤，尤所不免。清人段玉裁著《今文尚書撰異》，曾廣蒐補闕，以正晉唐之妄改，存周漢之駁文。李調元亦據日本山井鼎《七經孟子考文》，或《尚書古文字辨》，以校補其闕誤。李富孫嘗就經史傳注、諸子百氏所引，以及漢唐宋石經、宋元槧本，校其異同，辨其得失，成《書異文釋》八卷；而沈廷芳《十三經正字》、盧文弨《群經拾補》、阮元《十三經校勘記》，均博綜群經，羅列同異，故其考辨論斷，多所依據。其中段氏《撰異》，用《史記》最多，足見《史記》所引爲有助於校勘也。

〈堯典〉：「敬授人時」，〈五帝本紀〉引人作民。按：〈堯典〉本亦作民也。《撰異》云：「民時，自來《尚書》無作人時者，即以注疏本證之，〈洪範・孔傳〉、〈皋陶謨・正義〉，皆云『敬授民時』，唐初本不誤也。自唐孝明天寶三載始命衛包改古文《尚書》，包以民時字在卷者，非他民字可比，乃竟改爲人時，而古人引用，如鄭注《尚書大傳》、徐氏偉長《中論》，韋氏注〈鄭語〉，皆引敬授民時，皆治古文《尚書》者也。《史記・五帝本紀》、《漢書・律歷志》、〈食貨志〉、〈藝文志〉、〈李尋傳〉、〈王莽傳〉、漢〈孫叔敖碑〉亦引『敬授民時』，皆治字古《尚書》者也。」皮氏更舉《漢書・百官公卿表》、〈敍漢儀〉、《潛夫論・愛日篇》、〈班祿篇〉、《後漢書・劉陶改鑄大錢議》所引此文，及《說苑・雜言篇》、《御覽》所引《大傳》文，以證其說。又據本經下文「厥民因」、「厥民夷」諸民字，均不作人。阮校云：「人，古本作民，注同。按唐以前引此句，未有不作民者，《疏》云：『敬授下人以天時之早晚，下人猶下民也。』知《孔疏》所據之本猶作民字，後人因疏作民，並經傳改之。自開成石經以後，沿譌至今。〈舜典〉『食哉惟時』，《傳》曰：『惟當敬授民時，此未經改竄者。』」此據孔穎達《注疏》以校，亦作民，則《史記》作民是也。

又「以殷仲春」，〈五帝本紀〉引仲作中，按〈堯典〉本亦作中也。《撰異》云：「蓋古文《尚書》亦然，後人改之。」皮氏《考證》據〈西嶽華山碑〉「皆

以四時之中月」之文以證古不作仲。阮校未出此條，考《爾雅》：「殷，中也」，郭注引《尚書》「以殷仲春」，則作仲者，由來久矣。又按甲文「中」字，每用作今之「仲」字，例如《卜辭通纂》三二片，〈仲丁〉作「中口」，又一九三片作「⊕中」（合文），是「仲」字古本作「中」。

又「平秩南訛」，〈五帝本紀〉引訛作為。《撰異》云：「平秩南偽，偽，衛包作訛，今依鄭本。《周禮・馮相氏》鄭注：『辨秩南偽』，《釋文》：『偽，五禾反』，今俗本改注作南偽，又妄改《釋文》之偽作譌，而宋本《釋文》固不誤（原注：葉林宗影鈔宋本在蘇州朱奐文游處，通志堂本作譌，非也。）《群經音辨》卷三人部曰：『偽，化也，音訛。』引《書》平秩南偽，此據《周禮音義》，《集韻》、《類篇》亦本之曰：『偽，同吪，吾禾切』古偽與為通用，《荀卿書》《分別性與偽，人為曰偽也；古文《尚書》作南偽，亦或作南為。」阮《校》云：「按《史記》便程南為，《集解》引孔安國曰：『譌，化也。』《索隱》曰：『為，依字讀；孔安國強讀為訛字，《正義》亦云：『為，音于偽反。』然則史文及注皆當作為，今作譌，非也。至孔本經傳，亦皆當作為，若經文本是訛字，可得云安國強讀耶……」亦謂字當作為，則《史記》作為，正得經文之正。

又：「汝羲即和」，〈五帝本紀〉引汝作女。《撰異》云：「經籍中絕不用汝字，自天寶、開寶兩朝荒陋，《尚書》全用汝字，與群經乖異。」阮《校》云：「汝，本作女，下皆同。」說與《撰異》同。按：本經下文「汝能庸命」、「汝陟帝位」，皆作汝，並後人改也。陳仁錫曰：「湖本女作汝，誤；篇內同。」是陳氏亦以為《史記》本亦作女也，景祐本、黃善夫本、殿本作汝者，蓋沿《尚書》而誤。然各本《史記》皆汝女並用，究係刊刻之誤，或依《尚書》改之未盡，今已難以究詰矣。要之，金陵書局本此作女，為得其正，此亦《史記》有助於《尚書》校刊之一例也。

又「輯五瑞」，〈五帝本紀〉引輯作揖，蓋《尚書》本作揖也。《撰異》據《漢書・郊祀志》及魏〈孔羨碑〉引作揖，可證；〈兒寬傳〉，師古注引此文作「楫」，誤從木，則其字不從車可知也。《阮校》云：「輯，古文作楫，見《漢書・兒寬傳》。」阮氏僅據〈兒寬傳〉作楫，不引〈郊祀志〉及〈孔羨碑〉作揖，似未盡善，此處當依段說，《史記》作揖，正從經文作也。

又〈禹貢〉：「島夷皮服」，〈夏本紀〉引島作鳥，《尚書》本作鳥也。《集解》引鄭玄注作鳥，《釋文》引馬融注同。又《漢書・地理志》、《大戴禮・五

帝德篇》、王肅《注》亦作鳥，可證。《阮校》亦云：「臧琳曰：『《孔傳》海曲謂之嵎。《正義》曰：孔讀鳥爲嵎，鄭玄云：鳥夷，東方之民，搏食鳥獸者也。王肅云：鳥夷，東北夷國民也，與孔不同。據此，知鄭、王本皆作鳥夷，《孔傳》雖讀鳥爲嵎，然未改經字，故《正義》本亦作鳥也。《史記・夏本記》冀州作鳥夷，揚州作嵎夷，蓋因《集解》採孔《傳》，後人遂私改《漢書・地理志》冀州、揚州皆作鳥夷，《群經音辨》鳥部云：鳥，海曲也；當老切。《書》鳥夷。是北宋《孔傳》尚作鳥字。」按：唐石經已作嵎。」阮據臧說校作鳥，與《史記》正合。

又「逾于洛」，〈夏本紀〉引洛作雒，《尚書》本作雒也。段氏云：「兩漢人書洛字通作雒，其或作洛者，轉寫改之。魚豢《魏略》云：『漢火行忌水，故洛去水而加佳焉。』此語本不根之談，而顏籀信之，……凡〈地理志〉所載〈禹貢〉多經後人以《尚書》改字，〈夏本紀〉較善焉。《說文》水部洛下云：『水出左馮翊歸德北夷界中，東南入渭，從水各聲。』未嘗云『一出京兆上雒縣冢領山，東北至河南鞏縣入河』也。……惟出北地歸德之水，字正作洛。」又《說文》洛字下段注云：「雍州洛水，豫州雒水，其字分別，自古不紊。」則《尚書》洛字本作雒，今《史記》作雒者是也。而《阮校》缺此條，似可補入。

又「織皮崑崙」，〈夏本紀〉崑崙作昆侖，《尚書》本無山旁也。《索隱》引鄭玄及王肅注並作昆侖，《漢書・地理志》金城郡羌縣有昆侖祠，敦煌郡廣至縣有昆侖障，亦皆作昆侖，則《史記》所載爲得其正，而阮《校》亦無此條。

又「東至于澧」，〈夏本紀〉澧作醴，《尚書》本作醴也。《集解》引馬、鄭、王注並作醴，裴氏未言異文；《索隱》引騷人所歌亦作醴，洪興祖本同。段注《說文》澧字下亦謂出武陵之醴水，字不從水，則《史記》作醴爲得其正。小司馬謂虞喜《志林》作澧，則其誤由來久矣。《阮校》出此條，云：「案澧，《史記》、《漢書》俱作醴，鄭氏以醴爲陵名，亦不從水；《史記索引》曰：『騷人所歌濯余佩於醴浦，明醴是水，孔安國，馬融解得其實。又虞喜《志林》以醴是江、沅之別流，而醴字作澧也。』據此，則以醴爲澧，始於虞喜《志林》，安國本作醴，與馬鄭同耳。」亦從《史記》作醴。

又「沇水東流爲濟，入于河，溢爲榮」，〈夏本紀〉溢作洑，案：作洑者是也。《周禮・職方氏》鄭注、賈疏引此文並作洑；又《水經注・濟水篇》，《漢

書‧地理志》「滎波既豬」，師古注引亦同。考《說文》：「溢，器滿也」，又「洩，水所蕩洩也」，洩字與此文義正合。而阮《校》未出此條。

又「九川滌源」，〈夏本紀〉源作原，案：《尚書》本作原也。《周禮‧地官》序官注引此文作原，《漢書‧地理志》亦同。《說文》無源字，源即原之後起字也。則〈夏本紀〉作原者得其實也，而阮《校》亦不出此條。

〈甘誓〉「左不攻于左，汝不恭命」，〈夏本紀〉引無「汝不恭命」四字。案：《墨子‧明鬼篇下》引此文，無此四字；《三國志‧毛玠傳》，鍾繇詰引《書》亦同。皮錫瑞疑《尚書》古本無之，則《史記》此文乃直錄《尚書》原文。《尚書》自唐石經以下皆有此四字，故《阮校》不言，蓋恐涉改經，此其慎也。又「汝不恭命」，〈夏本紀〉引恭作共。《墨子‧明鬼篇》及《詩‧閟宮》《正義》引此文亦同，或《尚書》本作共也，而阮《校》亦未之言。

〈高宗肜日〉「惟天監下民，典厥義」，〈殷本紀〉引無民字。案：敦煌本（P2516、P2643）無民字，岩崎本，雲窗一本、內野本、神宮本同。陳鐵凡氏疑本無民字，後世據傳增補，天監下，殆即《詩‧大明》「天監在下，有命既集」、〈蒸民〉「天監有周，照臨下土」之誼也。〔註 2〕然則，此亦可供校勘《尚書》之參考。

〈西伯戡黎〉「惟王淫戲用自絕」，〈殷本紀〉引戲作虐。案：《集解》引鄭《注》作虐，江艮庭以為戲當是虐字之誤。或偽孔讀虐為謔，訓戲，故誤為戲也。此雖無《尚書》板本可據，而所言甚合理，當為言校勘者所取參。

〈洪範〉：「不罹于咎」，〈宋世家〉引罹作離。案：疑《尚書》本作離，《史記》是也。《撰異》云：「古者離訓分，亦訓合，如詩「鴻則離之」、「月離于畢」、「雉罹于羅」，禮記「宿離不貸」，《史記》「離騷者猶離憂也」，〈王褒傳〉「離此患也」，〈楊渾傳〉「遭離變故」，〈尹宙碑〉「遭離寢疾」，皆是。《易》曰：「離，麗也。」此古訓也，後人不知此義，於離之訓陷者，別造一罹字，遂用以改經。」而《阮校》亦未取。

又「無偏無陂」〈宋世家〉引陂作頗。案：作頗是也，《新唐書》載此事，繫之開元十四年，《冊府元龜》卷四十則引作天寶四年，《撰異》辨之甚詳。《阮校》云：「陸氏曰：『陂，音秘，舊本作頗，音普多反。』《唐書‧藝文志》開元十四年，元宋以〈洪範〉無頗聲不協，詔改為無偏無陂，《困學紀聞》宣和六年詔〈洪範〉復從舊文，以陂為頗，然監本未嘗復舊也。顧炎武曰：『《呂

〔註 2〕 見《敦煌本商書校證》頁 68。

氏春秋》引此正作頗，而下文有人用側頗僻之語，況以古音求之，作頗爲協。』
按：……今惟足利古本尚作頗字，又按：《疏》云：『無偏私，無陂曲』，又云：
『偏頗阿黨，是政之大患。』此在孔《疏》元本必作頗，後人據今本經文改
之，而所改又復不盡耳。」則《史記》引作頗，乃未改之原貌也。

　　由上諸例，可知經文經後人誤改、誤鈔者，《史記》多仍原本之舊，蓋後
人據今文《尚書》改之未盡者也。而段氏、阮氏諸言《尚書》校勘者，皆頗
有取於《史記》，是《史記》之可資以校勘《尚書》者，可不待言而明矣。

第五節　保存佚文

　　今傳《尚書》二十九篇，全見《史記》引述，而徵引其文者，亦有二十
二篇之多。至今所不傳之篇，《史記》亦頗徵述其文，雖或間雜說經之語，蓋
當時已殘缺不全，未必經文本眞，然其中必有佚文在焉，司馬遷生於漢初，
所見當較後人所引者爲近眞，茲就《史記》所載，引述如後：

一、〈湯征〉

〈殷本紀〉云：

> 湯征諸侯，葛伯不祀，湯始伐之。湯曰：「予有言：人視水見形，視
> 民知治不。」伊尹曰：「明哉，言能聽，道乃進，君國子民爲善者皆
> 在王官，勉哉勉哉。」湯曰：「汝不能敬命，予大罪殛之，無有攸赦。」
> 作〈湯征〉。

　　案：百篇〈書序〉有此篇，今古文皆無，僞孔亦無。《孟子·滕文公》
下篇載葛伯仇餉事，惟無此「湯曰」云云之文。金履祥《資治通鑑前編》（卷
三）云：「《史記》載〈湯征〉之詞而不類，蓋非〈湯征〉之舊也。《孟子》
引亳眾往耕之事，疑出此書。」是金氏不以爲〈湯征〉逸文。然〈書序〉云：
「湯征諸侯，葛伯不祀，湯始征之，作〈湯征〉。」則〈殷本紀〉「湯征諸侯」
云云，蓋采之〈書序〉也；末後明言「作〈湯征〉」，則自「湯曰」至「無有
攸赦」，自是〈湯征〉逸文。王應麟《困學紀聞》（卷二）云：「豈孔壁逸篇，
太史公亦見之乎？」故以爲可補〈湯征〉。江聲《尚書集注音疏》云：「《史
記》所採《尚書》多本孔氏古文，此〈湯征篇〉則孔氏逸書所無，不審司馬
子長何自采取，蓋必引見于周秦諸子之書，子長博治多聞，故得采之也。」

近人簡朝亮則以爲出自孔壁，《尚書集注音疏》云：「蓋今古文皆無〈湯征〉，而《史記》得錄之者，殆孔氏壁本之殘，而不能成篇者也。……史遷嘗從安國問焉，則得錄之矣。」一言見於周秦諸子之書，一言孔壁殘本，然史公博綜群籍，諒二者均曾見之。

二、〈湯誥〉

〈殷本紀〉云：

既紲夏命，還亳，作〈湯誥〉。

維三月，王自至於東郊，告諸侯群后，毋不有功於民，勤力迺事，（案：此處疑有脫文）予乃大罰殛女，毋予怨。曰：「古禹皋陶，久勞于外，其有功乎民，民乃有安。東爲江、北爲濟，西爲河、南爲淮，四瀆已修，萬民乃有居，后稷降播農殖百穀，三公咸有功于民，故后有立。昔蚩尤與其大夫作亂百姓，帝乃弗予有狀，先王言不可不勉，曰不道毋之在國，女毋我怨。」以令諸侯。

案：晚出古文有〈湯誥〉一篇，與此不同，其作僞之跡甚明。〈楚世家〉引伍舉之言曰：「昔夏啓有鈞臺之饗，商湯有〈景亳之命〉。」〈景亳之命〉蓋指此篇也。〈書序〉云：「湯既黜夏命，復歸于亳，作〈湯誥〉。」則〈殷本紀〉「既紲夏命」云云，蓋采〈書序〉；「三月，王自至於東郊」以下至「女毋我怨」蓋即〈湯誥〉逸文；「以令諸侯」，則史公增插之文也。閻氏《疏證》云：「司馬遷親從安國問古文，……馬遷時張霸之徒僞古文未出，而所見必孔氏壁中物，其爲眞古文〈湯誥〉，似無可疑。」梁玉繩《志疑》（卷二）亦以爲可補伏生今文《尚書》。

三、〈泰誓〉

〈周本紀〉云：

九年，武王上祭于畢，東觀兵，至於盟津，爲文王木主，載以車，中軍，武王自稱太子發，言奉文王以伐，不敢自專。乃告司馬、司徒、司空、諸節：「齊栗，信哉！予無知，以先祖有德臣，小子受先功，畢立賞罰，以定其功。」遂興師，師尚父號曰：「總爾眾庶，與爾舟楫，後至者斬。」武王渡河中流，白魚躍入王舟中，武王俯取以祭。

既渡，有火自上復于下，至於王屋，流爲鳥，其色赤，其聲魄云。

是時，諸侯不期而會盟津者八百諸侯，諸侯皆曰：「紂可伐矣。」武王曰「女未知天命，未可也」。乃還師歸。

居二年，聞紂昏亂，暴虐滋甚，殺王子比干、囚箕子；太師疵、少師彊，抱其樂器而犇周。於是武王徧告諸侯曰：「殷有重罪，不可以不畢伐。」乃遵文王，遂率戎車三百乘、虎賁三千人，甲士四萬五千人，以東伐紂。十一年十二月戊午，師畢渡盟津，諸侯咸會，曰：「孳孳無怠。」武王乃作太誓，告于眾庶：「今殷王紂，乃用其婦人之言，自絕於天，毀壞其三正，離逿其王父母弟；乃斷弁其先父母之樂，乃爲淫聲，用變亂正聲，怡說婦人，故今予發維共行天罰。勉哉夫子，不可再，不可三。」

又〈齊太公世家〉云：

武王即位九年，欲修文王業，東伐以觀諸侯集否。師行，師尚父左杖黃鉞，右把白旄以誓，曰：「蒼兕！蒼兕！總爾眾庶，與爾舟楫，後至者斬。」遂至盟津，諸侯不期而會者八百諸侯，諸侯皆曰：「紂可伐也。」武王曰：「未可。」還師，與太公作此太誓。

案：《書序・疏》引《別錄》曰：「武帝末，民有得〈泰誓〉於壁內者，獻之，與博士使讀說之，數月皆起，傳以教人。」又引《後漢書》，獻帝建安十四年，黃門侍郎房宏等說云：「宣帝本始元年，河內女子有壞老子屋，得古文〈泰誓〉三篇。」《論衡・正說篇》云：「孝宣皇帝之時，河內女子發老屋，得逸《易》、《禮》、《尚書》各一篇奏之，宣帝下示博士，然后《易》、《禮》、《尚書》各益一篇，而《尚書》二十九篇始定矣。」《隋志》等遂謂伏生口傳僅二十八篇，無〈泰誓〉。陳夢家《尚書通論》謂「本始」，阮校本局書作「泰和」，疑本始是太始之譌，太始正當武帝末，後人因譌太始爲本始，故誤爲宣帝時。此說與《別錄》合，則武帝末獻〈泰誓〉一篇之說當可據信。然《大傳》及《史記・周本紀》、〈齊世家〉、婁敬、董仲舒、終軍等皆引之。則不似武帝末始得於民間者。《書疏》又云：「史漢書皆云伏生得二十九篇，則司馬遷時已得〈泰誓〉，以并歸于伏生，不得云宣帝時始出也。」故臧琳《經義雜記》、王引之《經義述聞》、龔自珍〈泰誓答問〉、高師仲華〈尚書研究〔註3〕〉

皆謂伏生所傳《尚書》有〈泰誓〉。以《史記》考之，「還師」以上，爲「與太公作此〈泰誓〉」；「師畢渡盟津」以下，爲「武王作〈泰誓〉告于眾庶」，似史公親見其文，上篇「總爾眾庶、與爾舟楫，後至者斬」及「蒼兕蒼兕」云云，下篇「今殷王紂及用其婦人之言」云云，似皆今文〈泰誓〉逸文。《史記》所載與先秦諸子引古〈泰誓〉不同者，孫《疏》以爲史公所見僅上下兩篇，其中篇告諸侯之詞，《史記》約其文云：「殷有重罪」，似其時已不見全文。然先秦諸子所引不應皆中篇之文。章太炎《古文尚書拾遺定本》云：「晚出〈泰誓〉蓋周秦間人所作以釋〈泰誓〉者。」許錟輝先生〈今文泰誓疏證〉亦謂《大傳》、《史記》所錄〈泰誓〉「皆非〈大誓〉本經，實取先秦所遺說〈大誓〉之書爲之。」案：《國語・周語下》云：「單襄曰……吾聞之大誓故曰：『朕夢協朕卜，襲于休祥，戎商必克。』」陳夢家《尚書通論》即以爲「〈泰誓故〉似是〈泰誓〉的故訓。」則以今文〈泰誓〉爲說釋古〈泰誓〉之書，於古有徵。故馬融、王肅於今文〈泰誓〉皆嘗致疑，《書疏》引馬融〈書序〉云：「按其文，似若淺露。……吾見書傳多矣，所引〈太誓〉而不在〈太誓〉內者甚多。」王肅〈書序〉亦云：「〈泰誓〉近得，非其本經。」黃彰健先生則謂今文〈泰誓〉非說古〈泰誓〉之書，乃據僞古文〈泰誓〉改寫爲今文者。又謂《史記・周本紀》乃綜合〈泰誓〉眞序及僞今文〈泰誓〉爲說，故記文王受命年數、武王在喪服內興兵諸事，與先秦人所記迥異。〔註4〕說雖不同，而以今文〈泰誓〉非眞，且出於《史記》之前而爲史記所錄，則同也。蓋此篇雖非眞〈泰誓〉，然史公嘗引述之，劉歆〈移太常博士書〉云：「〈泰誓〉後得，博士集而讀之。」亦不疑其僞。今其篇已佚，則《史記》所錄，猶可存漢人說〈泰誓〉之逸文也。

四、〈武成〉

〈周本紀〉云：

> 諸侯兵會者，車四千乘，陳師牧野，帝紂聞武王來，亦發兵七十萬人距武王。武王使師尚父與百夫致師，以大卒馳帝紂師，紂師雖眾，皆無戰之心，心欲武王亟入，紂師皆倒師以戰，以開武王，武王馳之，紂兵皆崩畔紂，紂走反入，登于鹿臺之上，蒙衣其珠玉，自燔

〔註4〕 見《經今古文學新論》〈論「後得泰誓」與史記周本紀的關係〉，頁637～735。

于火而死。武王持大白旗以麾諸侯，諸侯畢拜武王。武王乃揖諸侯，諸侯畢從武王至商國，商國百姓咸待於郊。於是武王使群臣告語商百姓曰：「上天降休。」商人皆再拜稽首，武王亦答拜，遂入至紂死所。武王自射之，三發而后下車，以輕劍擊之，以黃鉞斬紂頭，縣大白旗。已而至紂之嬖妾二女，二女皆經自殺。武王又射三發，擊以劍，斬以玄鉞，縣其頭小白之旗，武王已乃出復軍。其明日，除道脩社，及商紂宮。及期，百夫荷罕旗以先驅，武王弟叔振鐸奉陳常車，周公旦把大鉞，畢公把小鉞，以夾武王。散宜生、太顛、閎天，皆執劍以衛武王。既入，立於社南，大卒之左右畢從，毛叔鄭奉明水，衛康叔封布茲，召公奭贊采，師尚父牽牲，尹佚筴祝曰：「殷之末孫季紂，殄廢先王明德，侮蔑神祇不祀，昏暴商邑百姓，其章顯聞于天皇上帝。」於是武王再拜稽首，曰：「膺更大命，革殷，受天明命。」武王又再拜稽首，乃出。封商紂子祿父殷之餘民。武王為殷初定未集，乃使其弟管叔鮮、蔡叔度相祿父治殷。已而命召公釋箕子之囚，命畢公釋百姓之囚，表商容之閭，命南宮括散鹿臺之財，發鉅橋之粟，以振貧弱萌隸；命南宮括、史佚，展九鼎保玉；命閎天、封比干之墓；命宗祝享祠于軍，乃罷兵西歸。行狩、記政事作〈武成〉。……武王徵九牧之君，登豳之阜，以望商邑。武王至于周，自夜不寐，周公旦即王所曰：「曷為不寐？」王曰：「告女，維天不饗殷，自發未生，於今六十年，麋鹿在牧，蜚鴻滿野，天不享殷，乃今有成。維天建殷，其登名民三百六十夫，不顯亦不賓，滅以至今。我未定天保，何暇寐。」王曰：「定天保，依天室，悉求夫惡貶從殷王受，日夜勞來我西土，我維顯服，及德方明，自洛汭延于伊汭，居易毋固，其有夏之居。我南望三塗，北望嶽鄙，顧詹有河，粵詹雒伊、毋遠天室。營周居于雒邑而後去。

　　案：〈周本紀〉所述，自「諸侯兵會者車四千乘」至「罷兵西歸」，與《逸周書・克殷篇》文同；自「武王徵九牧之君」至「營周居于雒邑而後去」，與《逸周書・度邑篇》文亦同。鄭玄云：「〈武成〉逸書，建武之際亡。」其文當為史遷所及見，見之而仍採《逸周書》，或其文與逸〈武成〉多同也。金德建謂《逸周書》所載當是《尚書・武成》逸文；或然也。〔註5〕今《漢書・律

歷志》引〈武成〉逸文，所記皆武王行事之月日，然僅八十二字，則〈周本紀〉所載，當甚可葆。魏源《書古微》曾據此以輯〈武成篇〉，蓋不爲無見。

五、其他逸文

有《史記》所引稱〈夏書〉、〈周書〉，或但稱《書》者，雖零星斷句，亦甚可貴：

〈河渠書〉引〈夏書〉曰：

> 禹抑鴻水，十三年過家不入門。陸行乘車，水行載舟，泥行蹈毳，
> 山行即橋。

案：此當是〈皋陶謨〉逸文，〈夏本紀〉引〈皋陶謨〉「予乘四載」下亦有此文，惟載作乘、蹈毳作乘橇、即橋作乘欚，字之異也。《說文・木部》欚字下引「予乘四載」下亦有此四句，則〈皋陶謨〉當有此十六字也，說詳第三章。

又〈貨殖列傳〉引〈周書〉曰：

> 農不出則乏其食，工不出則乏其事，商不出則三寶絕，虞不出則財匱少。

按：此四句未審出自〈周書〉何篇；瀧川資言引張照《館本考證》云：「此語汲冢書無之，疑在所闕八篇之中。」則以爲《逸周書》之語也。

〈蒙恬列傳〉引〈周書〉曰：

> 必參而伍之。

案：〈蒙恬傳〉，秦二世使使者至陽關，令恬自殺，恬對使者陳說自明引此，亦未審出自〈周書〉何篇。

〈楚世家〉引〈周書〉曰：

> 欲起無先。

案：〈楚世家〉，楚欲與齊、韓連合伐秦，因欲圖周，周王赧使武公往說楚相昭子，武公引此，亦未詳出自何篇。

〈商君列傳〉引《書》曰：

> 恃德者昌，恃力者亡。

案：〈商君列傳〉，趙良說商君引此，未審出自何篇，《索隱》以爲孔子刪書之餘，未知所據。

〈蔡澤列傳〉引《書》曰：

成功之下，不可久處。

案：〈蔡澤傳〉，澤入秦說秦相應侯引此，亦不詳出自何篇。

此五條，其稱「周書曰」者，或所指為《逸周書》，其稱「書曰」者，當為《尚書》逸文無疑。又〈殷本紀〉述〈女鳩、女房〉下一段文字，亦似《尚書》逸文。〈殷本紀〉曰：

伊尹去湯，適夏，既醜有夏，復歸于亳，入自北門，遇女鳩、女房，作〈女鳩、女房〉。湯出，見野張罔四面，祝曰：「自天下四方，皆入吾罔。」湯曰：「嘻！盡之矣。」乃去其三面，祝曰：「欲左左，不用命，乃入吾罔。」諸侯聞之，曰：「湯德至矣，及禽獸。」

案：馬、鄭傳本及僞孔本均無〈女鳩〉〈女房〉，〈呂覽·異用篇〉、賈誼《新書·禮篇》、〈諭誠篇〉、劉向《新序·雜事篇》均載此文。《史記》亦得載之，或史遷曾見其殘文也。《孫疏》謂伊尹同時遇女鳩、女房，安得作書二篇，蓋一篇耳。金德建謂此即其篇之逸文；似屬可信。

以上舉司馬遷對《尚書》學之貢獻五大端。就其所保存尚書原文言之，可佐助校勘；就其訓詁、繙譯、增釋、改寫處言之，可助解釋經義；就其博採經記增插處言之，可補充經義之不足；有經師之說，得《史記》而益彰者，則《史記》可證成經說。又《史記》所述《尚書》之文，每有超出今存之篇者，雖非全文，或其文在疑信之間，然可藉以觀其涯略，或保存漢人經說逸文，則其存佚之功亦不在小矣。

第八章　司馬遷《尚書》學之影響

史遷述陶唐以來至於秦穆之事，多用《尚書》爲說，其撰作《史記》，亦有續經之意。〈自序〉述經學之傳承云：「先人有言：『自周公卒，五百歲而有孔子，孔子卒後，至於今五百歲，有能紹明世，正《易傳》，繼《春秋》，本《詩》、《書》、《禮》、《樂》之際？』意在斯乎！意在斯乎！小子何敢讓焉。」又云：「厥協六經異傳。」其自期之厚，可以概見。鄭樵以爲「六經之後，惟有此作」，蓋有見也。其貢獻於《尚書》學者，已述於前章，語其《尚書》之學，影響於後世者，亦極深遠，茲就《尚書》學、史學、文學諸端以述之。

第一節　對《尚書》學之影響

《史記》述《尚書》之文，無論爲訓詁、繙譯、改寫或注釋，皆成一家之說，前人已目之爲太史公之書傳，故後世說經之家，頗有據《史記》以立言者，或據以解說經義，或據以分辨今古文，或據以辨證僞古文，其於《尚書》學本身之影響，最爲長遠。

一、據《史記》以解說經義

漢儒《尚書》注之散見於今者，馬融、鄭玄、王肅諸家之說尙多有之，皆有本於《史記》者。如：

（一）馬《注》同於《史記》者

〈堯典〉：「胤子朱啓明」。《釋文》引馬曰：「胤，嗣也。」《史記·五帝

本紀》作「嗣子丹朱」，與此同。又：「帝曰：吁！嚚訟可乎！」〈五帝本紀〉作「頑凶不用」；《釋文》云：「訟，馬本作庸。」庸亦釋爲用，與《史記》同。又：「黎民阻飢」，〈五帝本紀〉作「黎民始飢」。《詩·釋文》引馬曰：「祖，始也。」說與《史記》同。

〈禹貢〉：「沿于江海」，〈夏本紀〉作「均江海」。《釋文》云：「沿，馬本作均。」與《史記》同。又：「榮波既豬」，〈夏本紀〉作「榮播既都」。《正義》引馬、鄭並作榮播，與《史記》同。

〈湯誓〉：「夏王率遏眾力」，〈殷本紀〉引遏作止。《釋文》引馬融云：「遏，止也。」亦與《史記》同。

〈微子〉：「我祖底遂陳于上」，《集解》引馬曰：「我祖，湯也。」本經下文：「用亂敗厥德于下」，〈宋微子世家〉作「敗湯德」，是《史記》以我祖爲湯也，馬說與《史記》亦同。

李威熊先生嘗舉馬注從《史記》者二十五條，詳見所著《馬融之經學》一書。

（二）鄭《注》同於《史記》者

〈堯典〉：「寇賊姦宄」，〈五帝本紀〉宄作軌。《集解》引鄭注云：「強取爲寇，殺人爲賊，由內爲姦，由外爲軌。」鄭作軌，亦同《史記》。然《說文》云：「宄，姦也；外爲盜，內爲宄。」〈晉語〉：長魚矯曰：「亂在內爲軌」，皆以內爲軌，《鄭注》互誤，蓋引之者舛也。

〈皋陶謨〉：「祖考來格」，〈夏本紀〉作「祖考至」。《周禮·大司樂》《疏》引《鄭注》云：「祖考來格者，謂祖考之神來至也。」訓格爲至，與《史記》同。又「鳥獸蹌蹌」，〈夏本紀〉作「鳥獸翔舞」。《周禮·大司樂》《疏》引《鄭注》云：「鳥獸蹌蹌」，〈夏本紀〉作「鳥獸翔舞」。《周禮·大司樂》《疏》引《鄭注》云：「鳥獸蹌蹌者，謂飛鳥走獸，蹌蹌然而舞也。」此亦以蹌蹌爲鳥獸舞貌，與馬融注以爲樂聲者不同，蓋本《史記》說也。

〈禹貢〉：「篠簜既敷」，〈夏本紀〉篠簜作竹箭。《儀禮·大射》《疏》引《鄭注》云：「篠，箭；簜，大竹也。」亦以爲竹箭，與《史記》同。又：「榮波既豬」，〈夏本紀〉作「榮播既都。」《詩·竹竿》《疏》引《鄭注》云：「沈水溢出河爲澤也，今塞爲平地榮陽，民猶謂其處爲榮播，在其縣東。」亦作榮播。

〈西伯戡黎〉：「不有康食」，〈周本紀〉作「不有安食」。《集解》引《鄭注》云：「使民不得安食」，亦訓康爲安，與《史記》同。

微子：「凡有辜罪」，〈宋微子世家〉作「皆有辜辜」。《書疏》及《史記集解》引《鄭注》云：「凡，猶皆也。」亦作皆。又「我其發出狂」，《史記》作「我其發出往」。《集解》引《鄭注》云：「紂敗如此，我其起作出往也。」狂作往，亦與《史記》同。《孔傳》云：「發疾生狂」，則與《史記》異。

（三）王《注》同於《史記》者

〈堯典〉：「惟時懋哉」，五帝本紀懋作勉。《釋文》引《王注》云：「懋，勉也」，與《史記》同。

〈皋陶謨〉：「祖考來格」，〈夏本紀〉作「祖考至」。《書疏》引《王注》云：「祖考來至者，見其光輝也。」亦訓格爲至。

〈禹貢〉：「又東至於澧」，〈夏本紀〉澧作醴。《集解》引《王注》云：「醴，水名」，則《王注》亦從《史記》作醴，不從水旁也。

〈洪範〉：「惟天陰騭下民，相協厥居，我不知其彝倫攸敘。」〈宋微子世家〉作「惟天定下民，相和其居，我不知其常倫所序」。《集解》引《王注》云：「陰，深也，言天深定下民，與之五常之性，王者當助天和合其居，所行天之性。我不知常道倫理，所以次敘是問，承天順民何所由。」騭作定、協作和、厥作其、彝作常、攸作所，均與《史記》同。

〈呂刑〉：「何度非及」，〈周本紀〉引作「何度非宜」。《書疏》引《王注》云：「度世輕重所宜也」，及亦作宜，與《史記》同。

（四）孔《傳》同於《史記》者

〈堯典〉：「欽若昊天」，〈五帝本紀〉作「敬順昊天」；《孔傳》云：「羲氏和氏世掌天地四時之官，故堯命之，使敬順昊天」，欽若作敬順，與《史記》同。又「寅賓出日」，〈五帝本紀〉作「敬道日出」。《孔傳》云：「寅，敬；賓，導。」導與道同義，寅賓亦作敬道，與《史記》同。

〈皋陶謨〉：「乃言曰：載采采」，〈夏本紀〉作「乃言曰：始事事。」《孔傳》云：「言其人有德，必言其所行事，因事以爲驗。」亦訓采爲事，與《史記》同。又「帝不時，敷同日奏罔功」，〈夏本紀〉作「帝即不時，布同善惡則毋功。」《孔傳》云：「帝用臣不是，則遠近布同，而日進於無功，以賢愚並位，優劣共流故。」以布訓敷，與《史記》同，又《史記》云善惡，此作

賢愚、優劣，其義亦同。

〈禹貢〉：「五百里侯服」，〈夏本紀〉作「甸服外，五百里侯服」，此明甸服外即爲侯服，《孔傳》云：「甸服外之五百里」，不言弼成之數，亦與《史記》同。

〈甘誓〉：「御非其馬之正」，〈夏本紀〉引正作政。《孔傳》云：「御以正馬爲政也」，則字亦從《史記》作政也。

〈呂刑〉：「蚩尤惟始作亂，延及于平民」，《史記・五帝本紀》載神農之事云：「神農世衰，諸侯相侵伐，蚩尤最爲暴虐，莫能伐之，黃帝乃徵師諸侯，與蚩尤戰於涿鹿之野，遂擒殺蚩尤，而諸侯咸尊軒轅爲天子。」本經下文「苗民弗用靈，制以刑，惟作五虐之刑曰法」，《孔傳》云：「三苗之君，習蚩尤之惡。」又云：「蚩尤，黃帝所滅。」此云蚩尤爲黃帝所滅，說同《史記》。

以上各說皆同於《史記》，雖未明言所本，然承襲之跡甚爲明顯，至《尚書正義》則明舉《史記》以說之，計四十一條。如於僞〈孔序〉下，引《史記》及《漢書・儒林傳》云「伏生獨得二十九篇，以教齊魯，則今之〈泰誓〉非初伏生所傳」；〈堯典篇〉下引〈五帝本紀〉「堯知子丹朱之不肖，不足授天下，於是權授舜」，以證堯知子不肖而禪舜之意；又引〈殷本紀〉「紂爲長夜之飲，忘其日辰」，謂「恐諸侯或有此之類，故須合日之甲乙，皆當初勘驗諸國使齊一」，以疏「協時月，正日」之文。

〈皋陶謨〉：「無若丹朱傲」，〈夏本紀〉引此句上有「帝曰」二字。《孔疏》云：「此二字及下『禹曰』，《尚書》並無，太史公有四字，帝及禹相答極爲次序，當應別見書。」則以《史記》之說爲本。

〈咸乂・序〉下引〈殷本紀〉云：「沃丁崩，弟太庚立；崩，子小甲立；崩，弟雍己立；崩，弟太戊立」，證太戊爲小甲弟、太庚之子。

〈大誥・序〉下引〈衛世家〉云：「武王克殷，封紂子武庚爲諸侯，奉其先祀，爲武庚未集，恐有賊心，乃令其弟管叔、蔡叔傅相之」之文，並爲之疏云：「是言輔相武庚，共監殷人，故稱監也。」

〈無逸篇〉：「肆祖甲之享國三十有三年」下，引〈殷本紀〉云：「武丁崩，子祖庚立；祖庚崩，弟祖甲立，是爲帝甲；淫亂，殷道復衰。」以證「祖甲是淫亂之主，起亡殷之源」，故舉之以戒成王無耽於逸樂。

〈周官・序〉下引〈周本紀〉云：「太史公曰：學者皆稱周伐紂，居洛邑，綜其實不然，武王營之，成王使召公卜，居九鼎焉，而周復都豐鎬。」以證成王雖作洛邑，猶還西周之事。

其中亦有稱引《史記》以駁之者，凡五條。如：

〈堯典〉下，本昭二十九年《左傳》稱少昊氏有子曰黎，則重、黎二人各出一帝，而《史記》並以重黎爲楚國之祖，吳回爲重黎，以重黎爲官號，謂此乃《史記》之謬；「舜生三十徵庸」節下，既申《孔傳》舜年百一十二歲之說，復舉《史記》「舜年三十堯舉用之」云云及鄭玄之說，﹝註1﹞以爲皆謬。

〈咸有一德〉下，據〈殷本紀〉「太甲崩，子沃丁立」〈沃丁·序〉「沃丁既葬伊尹于亳」之文，謂伊尹卒在沃丁之世，湯爲諸侯之時已得伊尹，至沃丁始卒，伊尹壽年百有餘歲，此告歸之時，已應七十歲左右也。而〈殷本紀〉云：「太甲既立三年，伊尹放之於桐宮，三年，悔過反善，伊尹乃迎而授之政」，謂太甲歸亳之歲已爲即位六年，與此經相違，因以《史記》說爲妄。案：孔穎達以〈咸有一德〉爲眞古文，故據此經以駁《史記》，而不知其非也。

此類，則爲負面之影響。

宋、元以來說《尚書》者漸多，論其影響之深且鉅者，則莫若蔡氏《書集傳》，蔡氏之學出於朱子，而亦頗有取於《史記》，其明引者即有二十五條，如：

〈堯典篇〉引《史記》「堯使舜入山林川澤，暴風雷雨，舜行不迷」之文以釋「納于大麓，烈風雷雨弗迷。」引《史記》朱、虎、熊、羆爲伯益之佐，以推前文殳斨、伯與當亦爲垂之佐。

〈甘誓篇〉引《史記》「啓立，有扈氏不服，遂滅之」之文以釋篇旨。

〈仲虺之誥篇〉引《史記》「桀囚湯于夏臺」，乃無道之惡有道，以釋「罔不懼于非罪」之文。

〈泰誓篇〉下引《史記》曰：「比干強諫，紂怒曰：吾聞聖人心有七竅。遂剖比干，觀其心。」以解「剖賢人之心」之文。

〈召誥篇〉引《史記》所載武王言：「我南望三途，北望獄鄙，顧瞻有河，粵瞻洛伊，毋遠天室。」營周居于洛而後去。以明宅洛者，武王之志，周公、成王成之，召公實先經理之。

其餘諸家著述，亦屢引《史記》以說經，如：林之奇《尚書》全解，明引者十三條，薛季宣《書古文訓》七十二條，程大昌〈禹貢論〉六條，黃度《尚書說》二十五條，呂祖謙《增修書說》三條，王柏《書疑》一條，陳大猷《書集傳或問》十條，傅寅《禹貢集解》四條，胡士行《尚書詳解》三條，

﹝註1﹞ 《書疏》引鄭玄讀此經云：舜生三十，謂生三十年也；登庸二十，謂歷試二十年；在位五十載，陟方乃死，謂攝位至死爲五十年，舜年一百歲也。

金履祥《尚書表注》四條，王天與《尚書纂傳》二十八條。如《表注》說秦
誓，即取《史記》封殽之後之說，謂「秦記不燒，當得其實」，而以〈序〉文
爲誤，其篤信《史記》者如此，知此期學者受《史記》之影響者，亦非淺也。

清代漢學鼎盛，說經之家漸由東漢而溯於西漢，主於東漢經古文學者，以
馬、鄭爲依歸，而亦兼取《史記》，如惠棟《尚書古義》〔註 2〕、戴震《尚書義
考》，賀淇《尚書集解》、武億《尚書義證》〔註 3〕、焦循《尚書補疏》、俞樾《尚
書平議》〔註 4〕等，皆不以馬、鄭爲限，而江聲、王鳴盛、段玉裁、孫星衍四家
引《史記》之說，尤難以數計。

而主於西漢經今文學者，尤重視《史記》、《大傳》之說，如莊述祖《尚
書今古文考證》、劉逢祿《尚書今古文集解》、宋翔鳳《尚書譜》、魏源《書古
微》、鄒漢勛《讀書偶識》、陳壽祺、陳喬樅父子之《今文尚書經說考》等皆
其中之著者，又陳世鎔《求志居經說》亦宗《史記》爲說，而王闓運《尚書
今古文注》及《尚書箋》、吳汝綸《尚書故》，用《史記》者爲尤多，而後者
之考求訓詁，一以《史記》爲斷，以視皮錫瑞《今文尚書考證》之專考今文，
發揮史公之《尚書》學尤爲透徹。

民國以來說《尚書》之家，除利用地下資料外，亦多參取《史記》成說，
而抉擇更爲精審。

二、據《史記》以辨《尚書》今古文

伏生今文之學傳之歐陽、大小夏侯，此三家者，同出一師，而說經各異，
《漢書‧夏侯勝傳》云：

> 從父子建，字長卿，自師事勝及歐陽高，左右采獲。又從五經諸儒
> 問與《尚書》相出入者，牽引以次章句，具文飾說。勝非之，曰：「建，
> 所謂章句小儒，破碎大道。」建亦非勝爲學疏略，難以應敵，建卒
> 自顓門名經。

故歐陽家有平富，陳翁生之學，〔註 5〕大夏侯家有孔霸、許商之學，而小夏
侯亦有鄭寬中、張無故、秦恭、假倉、李尋之學。宣帝甘露三年，雖詔儒講

〔註 2〕 此爲惠氏《九經古義》之一。
〔註 3〕 此爲武氏《群經義證》之一。
〔註 4〕 此爲俞氏《群經平議》之一。
〔註 5〕 見《漢書‧儒林傳》。

五經異同，論於石渠，〔註6〕然其分立依舊，惟增《梁丘易》、《大、小夏侯尚書》、《穀梁春秋》爲博士而已。至章帝時，又詔諸儒會於白虎觀以論定之，章帝紀云：

> 於是下太常、將大夫、博士、議郎、郎官及諸生、諸儒，講議五經
> 同異，使五官中郎將魏應承制問，侍中淳于恭奏，帝親稱制臨決，
> 如孝宣甘露石渠故事，作《白虎議奏》。

故《白虎通義》所載，實集漢代今文經說之大成。然自古文經說興起後，曾一度立於學官，從學者亦盛，故許愼《五經異義》所載，有《古文尚書》、《今文尚書歐陽說》之異。及鄭玄囊括大典，網羅古今，刪裁繁誣，刊改漏失，自是學者始略有依歸。

　　清儒事實求是，務求推本溯源，剖析今古文說之異同，而三家經說皆不存，故頗籍《史記》以證之，段玉裁、孫星衍、陳橋樅、皮錫瑞，皆其著者也。

　　段氏《古文尚書撰異・序》云：

> 至若兩漢博士治《歐陽、夏侯尚書》，載在令甲，漢人詔冊章奏，皆
> 用博士所習者。至後衛、賈、馬、鄭迭興，古文之學始盛。約而論
> 之：漢諸帝、伏生、歐陽氏、夏侯氏、司馬遷、董仲舒、王褒、劉
> 向、谷永、孔光、王舜、李尋、楊雄、班固、梁統、楊賜、蔡邕、
> 趙歧、何休、王充、劉珍，皆治《歐陽夏侯尚書》者；孔安國、劉
> 歆、杜林、衛宏、賈逵、徐巡、馬融、鄭康成、許愼、應邵、徐幹、
> 韋昭、王粲、虞翻，皆治《古文尚書》者，皆可參伍鈎考而得之。……
> 馬班之書，皆用歐陽夏侯字句，馬氏偶有古文說而已。

故其書於《史記》所錄《尚書》之文，皆引以爲《今文尚書》之證，其例已見前文。

　　然其書惟輯今文與古文異同，而於歐陽、大、小夏侯顓門之學，三家師說之異同，則未暇推詳。至陳壽祺，欲著《歐陽、夏侯經說考》而未果，謂其子曰：「《尚書》三家經文，各守師法，皆傳伏生之業者，苟能鈎考佚文，得其單辭片義，以尋三家經文千數百年不傳之緒，使百世之下，猶知當日幸有三家經文，賴以維持聖經於不墜，則豈徒足以延絕學而廣異義云爾哉。」〔註7〕喬樅承其庭訓，遂杜門下帷，專事蒐討，成《歐陽夏侯經說考》一卷，

〔註6〕　見《漢書・宣帝紀》。
〔註7〕　見《今文尚書經說考・自序》。

《今文尚書敍錄》一卷,《今文尚書經說考》三十三卷。其《今文尚書敍錄》
於「司馬遷」條下云:

> 案遷嘗從孔安國問《尚書》,孔氏家世傳業,安國、延年皆以治《尚
> 書》爲武帝博士。安國得壁中書後,始治古文,先實通今文《尚書》,
> 則遷之兼習古文從可知矣。

此云史遷兼習古今文,實爲確論。其《今文尚書經說考》卷一,「放勳」條下
又云:

> 遷所載《尚書》多古文說也,至其所錄《尚書》,文字則悉依今文,
> 段氏玉裁謂漢人援引《尚書》,皆用見立學官今文,其說甚確。

故其書悉以《史記》所載《尚書》爲今文,遇經說之異者,則詳爲辨之,此
亦取資於《史記》以辨今古文者也。

皮錫瑞撰《今文尚書考證》,則以《史記》所錄爲今文說,不僅文字而已
也。凡例云:

> 龍門著史,多列《尚書》之文,馬遷傳經,實守歐陽之法,如大麓
> 是林麓非錄,《尚書》百揆即百官,何云宰相;堯太祖稱文祖,異於
> 禰祖之名;允子朱爲丹朱,知非允國之王;舜年百歲,見徵庸三十
> 之譌;帝咨廿二臣,有彭祖一人在內。……

其堅信《史記》爲今文者,較陳喬樅爲尤甚,然其藉《史記》以辨今古文之
法則同也。

孫星衍撰《尚書今古文注疏》,亦據《史記》以分別今古文,然其以《史
記》所載爲古文說,則與段、陳、皮氏迥異。凡例有云:

> 司馬遷從孔安國問故,是古文說;《尚書大傳》、伏生所傳歐陽高、
> 大夏侯勝、小夏侯建,是今文說;馬氏融、鄭氏康成,雖有異同,
> 多本衛氏宏、賈氏逵,是孔壁古文說。

其書於經文各句之下,皆先列《史記》說,次列馬鄭。見解與段氏各家有別,
而其取資《史記》以辨別今古文則同也。

三、據《史記》以辨僞古文

東晉梅賾所上孔《傳》,較今文多二十五篇,自宋吳棫已擬其僞,明梅鷟
始舉證駁詰,至清閻若璩則考證加密,所著《古文尚書疏證》,列舉一百二十
八證,鐵案如山,晚出古文之僞,終成定讞。閻氏《疏證》之內容,戴靜山

先生著《閻毛古文尚書公案》曾分之爲十四類；今考閻氏所據以考證之資料，
除本經注疏外，旁及經史諸子，《史記》自爲其中重要之證據。如：

第十七條「言安國古文學源流眞僞」，採《史記‧儒林傳》之說云：

予嘗疑安國獻書，遭巫蠱之難，計其年必高，與馬遷所云蚤卒者不
合。信《史記》蚤卒，則《漢書》之獻書必非安國，信《漢書》獻
書，則《史記》之安國必非蚤卒，然馬遷親從安國遊者也，記其生
卒，必不誤者也。

閻氏之意，以天漢後，安國死已久，或其家子孫獻之。此與荀悅《漢記‧成
帝紀》所載：「《古文尚書》多十六篇，武帝時，孔安國家獻之」有「家」字
者正合，此取《史記》爲證者也。

第二十四條「言《史記》多古文說今異」，引《漢書‧儒林傳》：「司馬遷
亦從安國問故，遷書載〈堯典、禹貢、洪範、微子、金縢〉諸篇多古文說」，
述其取《史記》校對之情形，云：

余嘗取遷書所載諸篇讀之，雖文有增損、字有通假，義有補綴，及
或隨筆竄易，以就成已一家言，而要班固曰多古文說，則必出於古
文，而非後託名古文者所可並也。余故備錄之，以俟好古者擇焉。

因錄《史記》所引各篇之文，而爲之案，其要云：「人在而遽稱以諡，《史記》
此類甚多，其爲遷書所增竄不問可知。以開金縢爲周公卒後，亦是妄說，非出
古文，鄭康成受古文者，果爾，何以箋《毛詩》云：成王既得金縢之書，親迎
周公歸乎？先儒以秋大熟爲即上文居東二年之秋情事最得。余故曰：讀遷書者，
擇焉可也。」此明《史記‧堯典》、〈禹貢〉等五篇頗有與古文不合者也。

第二十六條：「晚出〈武成〉〈泰誓〉仍存改元觀兵舊說」，辨梅本〈泰誓〉、
〈武成〉之僞，云：

今試平心易氣，取晚出〈武成篇〉讀之：「我文考文王，誕膺天命，
以撫方夏。惟九年，大統未集。」非即受命改元之妄說乎？〈泰誓〉
上篇曰：「我文考肅將天威，大勳未集，肆予小子發，以爾友邦冢君，
觀政于商。」非即三年服畢、觀兵孟津之說乎？又曰：「惟受罔有悛
心」云云，「予小子夙夜祇懼，以爾有眾，底天之罰。」非即歸居二
年，聞紂虐滋甚，更徧告諸侯東伐紂之說乎？凡此書出於魏晉之間，
群言淆亂之日，皆歷有明徵。

案：閻氏所謂「三年服畢，觀兵孟津」；「歸居二年，聞紂虐滋甚，更徧告諸侯，

東伐紂。」皆稱《史記・周本紀》文也。又前文據《書・無逸》稱「文王受命惟中身，厥享國五十年」；《詩・大雅》稱「文王受命，有此武功。」謂其所爲受命之說，如是而已，無稱王改元之事也。〈周書〉以文王受命九年春，在鄗，而改元之說興；由漢迄唐，容有辨其不稱王，未有辨其不改元者，故以〈武成〉此文爲受命改元之妄說也。

又第七十七條「《史記》有〈夏書〉曰，今忘采用」；第九十六條「言《史記》滎陽下引河爲〈禹貢〉後」，皆據《史記》以辨僞古文之非，其餘各條述及《史記》者，不一而足，是《史記》有助於辨證僞古文者亦明矣。

無論解說經義、分辨今古、或辯證僞古文者，皆有取於《史記》。又《史記》迻錄《尚書》之文，必多保存漢代《尚書》原貌，故諸言校勘者，亦頗取資於此。如阮元〈校勘記〉謂〈皋陶謨〉「亦言其人有德」句無人字；〈禹貢〉「雲土夢作乂」不作雲夢土作乂；又「東迆北會于匯」句，于字不作「爲」；〈湯誓〉「而割正夏」句無夏字；均據《史記》以校。

第二節　對史學之影響

《史記》爲我國正史之祖，其影響於後世史學者，實深且鉅，就《史記》引用《尚書》之影響而言，亦可分爲兩端：一曰取信《尚書》，二曰取法《史記》。

一、取信《尚書》

司馬遷取《尚書・堯典》之文以入〈五帝本紀〉，取〈皋陶謨、禹貢、甘誓〉之文以入〈夏本紀〉，取〈微子、洪範〉之文以入〈宋世家〉，取〈金縢〉之文以入〈魯世家〉。其餘或摘要引述，或述其行事、作意，徵引之篇達六十八，而今文各篇皆在其中。由是觀之，司馬遷以《尚書》爲上古史之重要史料，蓋無可疑。故後代史家，頗受其影響。

漢書斷代爲史，原無關於上古，然其〈地理志〉，幾全錄〈禹貢〉，〈溝洫志〉亦稍及之，其〈五行志〉則錄〈洪範五行傳〉，其餘各篇，引《尚書》者亦多，如〈律歷志〉曰「予欲聞六律、五聲、八音、七始，詠以出內五言，女聽。」此〈皋陶謨〉文也；〈王莽傳〉引《書》曰：「予則奴戮女」，此〈甘誓〉之文也；〈梅福傳〉曰：「成王以諸侯禮葬周公，而皇天動威，雷風著災。」

此〈金縢〉之文也；〈刑法志〉曰：「髕罰之屬五百」，此〈呂刑〉之文也。凡此之類，或引《尚書》以說古事，或引《尚書》以爲行事之法則，甚至有取用《尚書》之官名者，如王莽改太常爲秩序，〔註8〕此帝堯典三禮之官也；又建國元年置司恭、司從〔註9〕、司明、司聰、司中大夫，以爲諫官，此從〈洪範〉五事：「貌曰恭，言曰從，視曰明，聽曰聰，思曰睿」之文也；又改大理爲作士，大鴻臚爲典樂，大司農爲羲和，後更爲納言；又改少府爲共工，水衡都尉爲予虞，此雖屬王莽之事，而漢時受《尚書》之影響情形亦可概見，撰史者亦不能例外也。

劉知幾爲唐代史學名家，所著《史通》，論史書六體，首列《尚書》家，以《尚書》家者，其先出於太古，起源甚遠，至孔子觀書於周室，得虞、夏、商、周四代之典，乃刪其善者，定爲《尚書》百篇。又以書之所主，本於號令，所以宣王道之正義，發話言在於臣下，故其所載，皆典、謨、訓、誥、誓、命之文。是以《尚書》爲孔子刪定之典，故可信據也。

宋元以降，頗疑古文《尚書》之僞，此案至清閻若璩而眞象大明，然彼等所辨者乃東晉晚出二十五篇，而於今文各篇，固未嘗疑也。民國以來，疑古之風盛行一時，致頗有疑及今文之非實者，近年來，學者取審慎之態度，或以虞、夏之書爲後人述古之作，然於〈周書〉各篇，則置信不疑。

《尚書》一經，自漢至今，學者之採信程度容或有別，而以《尚書》爲上古史料則不甚異，史公述經之功，實不可沒也。

二、取法《史記》

司馬遷作《史記》，創爲紀傳之體，而爲後世正史所取法，自不待言；即其引述《尚書》之一端，亦可見其影響之深遠。

自孔子採各國各記作《春秋》，已開修史之典範。司馬遷撰《史記》，據《左傳》、《國語》、采《世本》、《戰國策》，述《楚漢春秋》，接其事，訖於大漢，而《尚書》獨載堯以來，故其〈本紀〉、〈世家〉，凡唐虞三代史事，多本於《尚書》。其引述之法，或直錄原文，或摘要剪裁，或訓詁文字，或繙譯文句，或改寫原文，或增插注釋，雖方式不一，而皆採取舊文以入史，則無以異也。

《史記》爲正史之祖，後人撰史，不論爲官修、爲私纂，凡直錄或增損

〔註8〕 見《漢書‧王莽傳》。
〔註9〕 從，本誤作徒；此據《補注》引劉攽改。

舊史者，皆此法之雲礽也。茲舉正史中之犖犖大者，以見司馬遷《尚書》學在史學方面之影響。

漢書載西京一代之史，於武帝以前事，多本《史記》，而略有增損移置，武帝以後事，亦有班彪之後傳六十五篇可本，而又博采《尚書》、《戰國策》、《周禮》、《洪範五行傳》、〈過秦論〉、《新語》及劉歆、揚雄等人論著以成書，此劉知幾所謂採撰之法也，〔註10〕與《史記》之採《尚書》，曾無以異，而鄭樵詆為剽竊，〔註11〕實乃一偏之見。

《後漢書》撰寫之時，已有劉珍《東觀漢記》、謝承《後漢書》、薛瑩《後漢記》、司馬彪《續漢書》、謝沈《後漢書》、袁山松《後漢書》、袁宏《後漢紀》、張璠《後漢紀》、劉義慶《後漢書》、孔衍《後漢尚書》、《後漢春秋》、張溫《後漢尚書》等可據，而范曄以《東觀漢記》為本，進退各家，而於東漢末年事，如漢獻帝、曹操、荀彧、董卓、公孫瓚、陶謙、袁紹、袁術、劉表、呂布等人，及東夷、烏桓、鮮卑之事，則多因《三國志》，而加以移置增損，此亦本《史記》採《尚書》之成法也。

李延壽修《北史》時，已有魏收、魏澹二書，而《北史》所載，惟以西魏為正統，及道武、太武、獻文之殂，蓋用魏澹之例，其他紀傳則多本魏收書，但刪繁就簡耳。其載隋事，亦多用隋書，無所改正。〔註12〕此亦迻錄或增損舊史之成法也。

《新唐書》之改《舊唐書》，新增者凡二千餘條，可分為二種：一為有關於當日之事勢，古來之政要及其人之賢否，有裨於史事者；一為瑣言碎事，但資博雅者。刪削者，為詔令奏疏文章，或刪去事蹟、字句，其餘多因循舊事，並改駢文為古文耳。此法亦與《史記》之引述《尚書》者無異。

薛居正之撰《五代史》，亦全採各朝實錄。五代雖時局紛亂，而各朝皆有實錄，據清人趙翼所考：〈梁祖實錄〉成於貞明（梁末帝年號；西元915～920年）中；唐武皇以上載記，及〈莊宗實錄〉，成於天成（唐明宗年號；西元926～929年）中；〈明宗實錄〉，清泰（唐廢帝年號；西元934～935年）中所成；晉二帝實錄，皆周廣順（周太祖年號；西元951～953年）中所成；〈漢祖實錄〉，乃乾祐（晉隱帝年號；西元948～950年）中所成；周太祖及〈世宗實

〔註10〕見《史通‧採撰篇》。
〔註11〕見《通志‧總序》。
〔註12〕見《廿二史劄記》卷十三。

錄）則爲顯德（周世祖年號；西元954～959年）所成。薛氏即本之以成，故不及一年即告竣功。至如《宋史》之採錄國史，《清史稿》之採錄《清史列傳》，亦皆其例。雖品流不一，成就軒輊，然其採舊籍以入史之法則同也。

孫德謙《太史公書義法》有云：「夫人作爲文章，不可蹈襲舊說，至於史則不然，馬遷之作史，其所據者爲國語、國策諸書，皆舊籍也。」〔註13〕案：作史者必據史料，不能向壁虛構，《尚書》、《左傳》、《國語》、《國策》諸書，即史公所據之史料也。史料之文可採，則逕引入文；否則，即加以增刪潤飾。此在史家而言，爲引書之法，與文章家之蹈襲舊說，當有以異也。

杜維運先生論著作之體引書，從選材、譯述、潤飾、剪裁、註釋五方面立論，〔註14〕而《史記》之引《尚書》，皆已用之。

選材須精，爲引書之首要原則，《史記》之引《尚書》，於〈五帝本紀〉則取〈堯典〉，〈夏本紀〉則取〈皐陶謨、禹貢、甘誓〉，〈殷本紀〉則取〈湯誓、盤庚、高宗肜日、西伯戡黎〉，〈周本紀〉則取〈周書〉各篇，〈秦本紀〉則取〈秦誓〉，而〈魯世家〉則取〈金縢〉，〈晉世家〉則取〈文侯之命〉，皆見其選材之精審。

艱澀之文句及外國文字材料，自須經過譯述。《尚書》之文古奧，《史記》則易爲後人通曉之語言以疏通之，如〈堯典〉「欽若昊天」譯爲「敬順昊天」，「寅賓出日」譯爲「敬道日出」，「疇咨若時登庸」譯爲「誰可順此事」；〈微子〉「弗或亂正」譯爲「不有治政」，「咈其耉長」譯爲「不用老長」，皆以今語譯古語也。

文字不雅馴或繁冗之材料，自須經過潤飾。《尚書》之文古雅，然《史記》引之，亦多有潤飾之跡。如〈堯典〉述巡守一節，經云「南巡守，至于南岳，如岱禮」，「西巡守，至于西岳，如初」，「北巡守，至于北岳，如西禮」；《史記》則僅於北巡守之下云：「皆如初」。〈顧命〉云：「成王崩，太保率西方諸侯入應門左，畢公率東方諸侯入應門右」，《史記》易之云：「成王既崩，二公率諸侯以太子釗見於先王廟。」皆文省而事明，此潤飾之功也。

分散於各處之材料，或篇幅過長之材料，須經一番剪裁，如〈周本紀〉所引〈周書〉各篇，多僅述其行事大意，或節錄其文。如引〈多士〉，僅摘「自湯至于帝乙」以下數十字；引〈無逸〉，僅摘先殷賢王享國年載一段；引〈呂刑〉，亦僅引篇中所載刑法諸語，皆剪裁之法也。

〔註13〕見〈存舊例〉。
〔註14〕見《史學方法論》第十五章。

　　《史記》之引《尚書》，註釋雖未如現代引書註釋之詳，然亦多有言其篇名者，如〈夏本紀〉引〈甘誓〉，云：「有扈氏不服，啓伐之，大戰於甘，將戰，作〈甘誓〉。」而下引其文。〈殷本紀〉引〈湯誓〉既竟，云：「以告令師，作〈湯誓〉。」〈魯世家〉引〈多士、無逸〉，云：「〈多士〉稱曰」、「〈毋逸〉稱」；又〈周本紀〉引〈呂刑〉，云：「甫刑」。此皆註釋之法也。至〈五帝本紀〉引〈堯典〉「正月上日，受終于文祖」下云：「文祖者，堯太祖也」；〈封禪書〉引〈堯典〉，云：「岱宗，泰山也」、「南嶽，衡山也」、「西嶽，華山也」、「北嶽，恆山也」，亦莫非註釋之文也。

　　就歷史研究方法而言，亦影響深遠。孫德謙所舉太史公書義法五十例，雖爲讀史而設，而其擇雅、整世、訂誤、刪要、紀聞、徵見、比事、博采諸例，莫不與研究方法有關。今之歷史學者盛道歸納、比較、綜合、分析之法，司馬遷實已用之。歸納法一詞創自英國學者培根（Francis Bacon, 1561～1626），乃從觀察個別事實，以獲得一致理論之研究法。以之治史，則爲史料之蒐集與選擇，蒐集時間愈長愈易於齊備，史料以愈原始爲愈可靠。然此法，古今中外史學家皆嘗用之，固不自培根始也。司馬遷自言「紬史記石室金匱之書」，〔註15〕又「網羅天下放失舊聞」〔註16〕、「西至空峒，北過涿鹿，東漸於海，南浮江淮」〔註17〕、「登廬山，觀禹疏九江」〔註18〕、「適楚，觀春由君故城宮室」，〔註19〕「適長沙，觀屈原所自沈淵」，〔註20〕其蒐集所得，當極豐富。觀〈五帝本紀〉述堯舜事，除據《尚書·堯典》外，尚取《大戴記·五帝德》及孟子諸書以補之，則其餘可知也。司馬光之撰《通鑑》，先作《叢目》，次作《長篇》，最後撰成《通鑑》；顧炎武之撰《日知錄》及《音學五書》，均費時三十餘年。二氏皆嫺於《史記》，或有得於司馬遷廣蒐史料之法也。

　　比較法亦爲基本研究方法之一，蓋史料蒐集既成，自須應用比較方法，以分辨其異同，而爲去取之依據，避免蹈入錯誤之判斷。以史料之比較而言，有同源史料之比較、異源史料之比較、第二手史料與第一手史料之比較，在史學研究上，均有極大之功用。司馬遷徵引《尚書》，以今文爲主，而亦時用

〔註15〕見《史記》〈太史公自序〉。
〔註16〕見司馬遷〈報任安書〉。
〔註17〕見〈五帝本紀〉。
〔註18〕見〈河渠書〉。
〔註19〕見〈春申君列傳〉。
〔註20〕見〈屈原賈生列傳〉。

古文說，亦時有引他說而與經文立異者，其間，必經詳細之比較。

　　歸納、比較之所得，須繼之以綜合，始不流於條舉、排比之弊，而能斷以己意、以求推陳出新。故綜合之初，必先博覽通觀，始不偏於一隅之見。《史記》之體大思精，錯綜有致，趙翼譽爲史家之極則者，多得力於高度綜合之功也。後代史家因循其例以撰史，自亦須博覽通觀，始克綜合成書也。

　　不論歸納、比較、綜合，其進行中，無時無刻不作分析；故分析實爲各類方法中最富關鍵之一種方法。於史料之歸納、眞僞之判別、異同之取捨，尤非經過精密之分析，不能窺其底蘊；非以分析爲憑藉，亦不能作完整而精確之綜合。如《史記》取〈堯典〉之文以入〈五帝本紀〉，而〈封禪書〉、〈夏本紀〉、〈殷本紀〉、〈周本紀〉亦引之，又取〈禹貢〉之文以入〈夏本紀〉，而河渠志亦引之，且〈夏本紀〉中，亦間取〈五帝德〉及《論語‧泰伯篇》之文。究竟何者應入何篇，必先經過縝密之分析。後世治專史者，如戰爭史、經濟史、政治史、社會史等，面對浩瀚之史料，尤須以銳利之眼光、冷靜之頭腦、清晰之思想予以分析，始能發其奧蘊。

　　由上可知《史記》所顯示之研究方法，其影響於後代者亦非淺也。

第三節　對文學之影響

　　《史記》之文章，班固已稱其善序事理，辨而不華，質而不俚，其文直，其事核；劉勰亦頌稱之；至唐宋古文家，尤尊其文，而奉之爲古文典範。明凌稚隆嘗裒輯自晉葛洪以下，至明劉鳳之評，爲《史記評林》，又錄鄭樵以來，至盧舜治之語，爲《讀史總評》，載於書首。觀諸家所評，就文章立論者實多，如蘇轍稱其文疏蕩有奇氣，茅坤稱其文如長川大谷，探之不窮，攬之不竭，蘊藉百家，包括萬代。則《史記》非僅史籍之圭臬，亦文章之極則也。而歷代詞人，讀《史記》而發爲吟詠者，亦世有其人，其凡已略見於《古今圖書集成‧史記彙考》。今人李長之，於《史記》之文學，闡發甚多，王志忱先生亦嘗就新文藝理論觀點，分析其寫作技巧，〔註21〕皆足見《史記》之衣被文學，非一代也。論《史記》之文學價值，自以列傳爲最可稱述，其影響亦最爲深遠。然就其引述《尚書》之文覘之，其影響亦多有可觀。

〔註21〕見李著《司馬遷之人格與風格》（開明書店）及王著〈從信陵君列傳的寫作技巧說起〉一文（七十一年五月中華日報「政大國文週」連載）。

前節述著作體引書之法：選材、譯述、潤飾、剪裁、註釋五項，章學誠亦嘗論及，〔註22〕然章、杜二氏乃從史學立言，而選材、剪裁、潤飾、譯述四項、實亦文學之事也。

一、選　材

世之言作文義法者，無不強調選材之重要。蓋構思之初，百念紛陳，如何擷取與題旨有關之材料，自須經過選材之功夫，〈文賦〉謂「選義按部，考辭就班」者，乃多屬選材之事也。選材恰當，則能表現主題，襯托主題，而收統一之效果。此在《史記》中，實不乏其例，即就其引述《尚書》之各篇而言，如〈五帝本紀〉，述堯舜禪讓之跡，所欲表現之主旨爲堯之大公仁德及舜之孝謹，則於〈堯典〉之外，增述其事云：「堯如子丹朱之不肖，不足授天下，於是乃權授舜，授舜則天下得其利而丹朱病，授丹朱則天下病而丹朱得其利。堯曰：終不以天下之病而利一人，而卒授舜以天下。」此數語與〈堯典〉「允恭克讓，克明俊德」之旨密合。其述舜，則增之曰：「舜父瞽叟盲，而舜母死，瞽叟更娶妻而生象，象傲，瞽叟愛後妻子，常欲殺舜，舜逃避，及有小過則受罪，順事父及後母與弟，日以篤謹，匪有懈。」此亦與〈堯典〉「以孝蒸蒸，乂不格姦」之旨密合。

〈夏本紀〉述禹事跡，欲以表現其刻苦從公，卒平水患之功，則於〈禹貢〉之外，增其文曰：「禹爲人敏給克勤，其德不違，其仁可親，其言可法，聲爲律，身爲度，稱以出，亹亹穆穆，爲綱爲紀。」又曰：「禹傷先人父鯀功之不成受誅，乃勞身焦思，居外十三年，過家門不敢入。薄衣食，致孝于鬼神，卑宮室，致費於溝域。」此或採《五帝德》，或採《論語‧泰伯》，或以己意增之，要皆與本文之旨吻合也。

〈魯世家〉極言周公之忠勤，亦於〈金縢〉之外，增插其文。如云：「其後武王既崩，成王少，在強葆之中，周公恐天下聞武王崩而畔，周公乃踐阼，代成王攝行政當國。」「太王、王季、文王，三王之憂勞天下久矣，於今而後成。正王蚤終，成王少，將以成周，我所以爲之若此。於是卒相成王而使其子伯禽代就封於魯。」又如敍周公致政之後，增插揃蚤、藏策及奔楚一節，後世於此段史實雖有爭論，〔註23〕然就文章而言，此事尤能彰顯周公之德。

〔註22〕前四項見《章氏遺書》〈與陳觀民工部論史學〉，末項見《文史通義史注》。
〔註23〕如王應麟云：「考之書，啓金縢之書，在周公未薨前，而無揃蚤事，此蓋一事，

在選材上，頗堪稱道。

二、剪　裁

　　剪裁之法，亦爲言文者所盛道。蓋零星之材料，須鎔匯一爐，冗長之材料，亦須刪蕪存菁，此則有待剪裁。《文心雕龍》云：「立本有體，意或偏長，趨時無方，辭或繁雜，蹊要所司，職在鎔裁；櫽括情理，矯揉文采也。」〔註24〕材料經過剪裁，則蕪穢不生，綱領昭彰。此在《史記》引《尚書》中，亦時可概見。如〈殷本紀〉述契之母簡狄，採〈帝繫篇〉；述契之生，採《詩・商頌玄鳥》；述契爲司徒，採《尚書・堯典》；述殷之世系，則採《左傳》、《國語》；述湯之始征，則採《孟子》及〈湯征〉逸文；述各代事跡，則採〈帝誥、汝鳩、汝房、典寶、夏社、仲虺之誥、咸有一德、明居、伊訓、肆命、徂后、太甲、沃丁、咸乂、原命、仲丁、河亶甲、說命〉各篇之行事大意，並採〈湯誓、盤庚、高宗肜日、西伯戡黎、微子〉之文，及〈湯誥〉之逸文以組織成篇。而於〈盤庚〉、〈微子〉二篇之文，皆僅摘取數語，皆見剪裁之功。〈周本紀〉除採《帝繫姓》、《詩・大雅》〈生民、公劉、緜、文王有聲〉及《國語》、《孟子》以敍其先世外，則採《尚書・西伯戡黎》、〈泰誓、牧誓、洪範、金縢、顧命、呂刑〉之文，及〈大誥、微子之命、歸禾、嘉禾、康誥、酒誥、梓材、召誥、洛誥、多士、無逸、君奭、成王政、將蒲姑、多方、周官、賄肅愼之命，畢命〉等篇之行事大意以組織成文。於〈洪範〉、〈金縢〉之文，皆僅摘取數語，而以〈洪範〉文入於〈微子世家〉、〈金縢〉文入於〈周公世家〉，並於〈康誥、酒誥、梓材〉下云：「其事在周公之篇」，以收詳略互見之。凡此尤見其剪裁之用心。

三、潤　飾

　　潤飾尤爲作文不可或缺之步驟，文家所謂修辭、鍊字，均潤飾之事也。《史記》述《尚書》，於原文之字句易明者則迻錄之，深奧者則以訓詁字易之，如易克爲能，易厥爲其，易底爲致，易若爲順，易大麓爲山林川澤；或繙譯、改寫之，如以「悉舉貴戚及疏遠隱匿者」譯「明明揚側陋」；以「於是堯妻之二女」譯「女于時」；以「舜謂四嶽曰」易「舜曰咨四岳以「於是以垂爲共工」易「帝曰：俞咨垂汝共工」；以「三百六十六日」易「三百有六旬有六日」；

　　傳之者不同耳。」葉適云：「是時楚未有國，公奚至焉。」
〔註24〕見《文心雕龍》〈鎔裁〉。

以「十一月」易「十有一月」。此或改記言體爲敍事體，以貫通文氣；或改古
語爲今語，使人易於了解，均爲文章潤飾之功。

四、譯　述

　　至於譯述之影響，尤爲明顯，今之古籍今註今譯，均譯述之事也。諸家譯
古籍者，雖未明言承襲《史記》之意，而臺靜農先生《白話史記·序》則明言
之云：「司馬遷引《尚書》，即以今文譯古語，足見我們偉大的太史公，早已這
樣作了。」可見《史記》之譯爲白話，有得於《史記》譯《尚書》之啓示也。

　　世之言文章義法者，多舉唐宋文爲例，即論《史記》之文學者，亦多稱
列傳，然《史記·本紀》、〈世家〉述《尚書》之文，實已義法略備，諸妙並
臻。陳仁錫評《史記》：「敍〈五帝〉文字，總是尚質。」此言其風格之統一
也；吳齊賢評〈五帝本紀〉云：「史公作文，雖序許多人，其實只是一篇文字，
中間自有神理貫串，線索通聯。如〈五帝〉一紀，大者止天地山川，歲時日
月，禮樂制度，設官分職；有衍爲數百言者，有縮爲數字者，節節照應，處
處融通，而相映發處，機神尤浹；結處一總，收盡通篇，而徹尾徹首，並無
間斷也。」此言其語勢之聯貫也。鄧以讚評〈五帝本紀〉云：「只平敍攝政諸
禮節，而治政大體無不備，字句極精鍊，一讀則了然，曾無艱滯，可謂絕妙。」
此言其用語之精鍊也。又吳齊賢評〈夏本紀〉云：「此紀全述禹之明德，故〈禹
貢、皋謨、益稷〉，羅列於篇首；既重矣，故後只借〈甘誓〉一篇襯貼，自太
康以後，一頓點次，即完局，勢然也。故少康后羿之事，亦不及詳序，在文
論文法，不得不如此也。若不論輕重，不論堆垛，一概排列，乃甲乙帳，而
非史公之書矣。」〔註25〕此言其布局之有致也。以上諸家皆就文章立論，足
見後世文學所受影響之深遠也。

　　司馬遷《尚書》學之影響於後世者，自《尚書》學本身而言，爲本之以
說經、據之以分辨今古文，及取之以辨證僞古文。自史學而言，則分兩方面：
一曰取信於《尚書》，二曰取法於《史記》。而其對於文學之影響，除文章義
法多有取於《史記》外，其最明顯者，當推緐譯古文爲白話文也。

〔註25〕以上諸評均見《史記評林輯錄》。

第九章 結 論

　　綜合以上之研究，可得如下結論：

　　一、漢代《尙書》之學傳自伏生，傳其學者歐陽、大小夏侯三家，皆立於學官，以迄東漢之際皆然；而古文之學，自孔安國以來，雖平帝時曾一度立於學官，然莽滅遂廢。後漢習古文《尙書》者雖不乏其人，然皆行於民間，馬、鄭諸儒雖治古文，而鄭玄、王肅實兼採今文；三家又均不注伏書以外之逸篇，其經文必多依官定伏生之本，是今古文經自難免混合。今文三家之學及逸古文，至永嘉之亂皆已亡佚；魏晉之際又有僞孔《傳》行世，其書不載晚出二十五篇，此即劉師培氏所謂王肅僞託者，亦亡於此時。東晉梅頤獻書時，唯馬、鄭、王本盛行，則其經文必多取於茲，且其書雜廁僞作之二十五篇，齊梁之間已見徵引；自陸氏據以作《釋文》，孔氏據以作《正義》，頒行天下，定於一尊，不僅合於伏書各篇，非古文之眞，且又與僞作混合矣。乃梅本又有今古之別，自衛包改隸古爲今文，則《尙書》之原貌益不可見矣。今西漢三家今文之學及壁中古文均佚，而司馬遷生當漢初，其採入《史記》者，必多存當時《尙書》之原貌，且史公原習伏生之書，並從孔安國問故，兼通今古文；其引述時，凡遇艱深字句，恆以訓詁字代之，或有增損改易，成其一家之言，可視爲司馬遷之《書傳》。後人或取以說經，或據以辨別今古文，或據以辨證僞古文，故司馬遷與《尙書》學，實有極密切之關係在。

　　二、〈書序〉百篇，爲目八十一，《史記》引述者達六十八篇，除今文二十九篇外，引孔壁古文者十一篇，其餘二十八篇皆漢世所不行，且此二十八篇之中，有二十篇爲先秦典籍所未引，而史遷所述與〈書序〉合，可見史遷當日或另見殘篇，亦頗有本〈書序〉而爲說者。

三、司馬遷徵引《尚書》之文，為例非一，有迻錄原文者，有摘要剪裁者，有訓詁文字者，有繙譯文句者，有改寫原文者，有增插注釋者。其中迻錄原文者，或據今文，或據古文，亦有其文經後人誤改，今尚可考而知之者。亦有與《尚書》異說者。

四、《史記》用古文者，見於〈堯典〉、〈禹貢〉、〈牧誓〉、〈微子〉、〈洪範〉、〈金縢〉、〈多士〉、〈無逸〉、〈召誥〉等篇；其中有用古文字句者，有用古文說者。然其徵用今文者尤多，知《史記》用《尚書》，乃以今文為主，而兼採古文為說也。

五、《史記》採《尚書》之文甚夥，其中有與本經解說立異者，蓋史公網羅天下放失舊聞，厥協六經異傳，整齊百家雜語，以成其一家之言也。後世學者固可各據所見以辨其是非，苟得其當，自有功於學術，然不必據以移經改史也。

六、《史記》與〈書序〉相較，有《史記》但述大要，未列篇名，而〈書序〉則有篇名者；有《史記》未引述其篇，而〈書序〉列其篇名者；有《史記》述各篇作意甚備，而〈書序〉反闕者；有《史記》載其篇名，而〈書序〉亦闕者；有先秦典籍未引，漢時不傳，而《史記》得引述者；有《史記》用後世文字，而〈書序〉用語則與先秦用字之例合者。總此七端，皆見〈書序〉在《史記》之前，而為史遷所本，非〈書序〉採自《史記》而成章也。

七、司馬遷採《尚書》以入《史記》，或保存原文，或經訓詁、繙譯、改寫，或有增損，今可取以佐助校勘，解釋經義、補充經義、證成經說，而其所錄佚文，亦可為輯佚之參考，貢獻至大。

八、司馬遷《尚書》學之影響，可就《尚書》學、史學及文學三方面而言：研究《尚書》者，據《史記》以說經，或取《史記》以辨今古文，或取《史記》以辨證偽古文；而從事校勘者，亦頗取資於此。研究史學者，則取信於《尚書》，並取法於《史記》。研究文學者，則據《史記》引《尚書》之文以言文章義法，而對繙譯古文為白話之影響，尤為明顯。

要之，經史為吾國文化之根柢，政治、倫理之圭臬，司馬遷之《尚書》學，於經學、史學、文學均有莫大之貢獻，後世欲錦經、治史、修文，觀其會通而執其典要，以延續吾國之文化，光大傳統之學術者，儻亦有所取資歟。

附錄一　《史記》引《尚書》篇目對照表

符號說明：◎今文　☆：逸古文　△僞古文　①：載其篇名　②：引述其文
③：述其行事作意

《史記》徵引《尚書》篇目對照表（一）

史記篇名	徵引情形	1 ◎堯典	2 ☆舜典	3 ☆汩作	4-12 ☆九共	13 稾飫	14 ☆△大禹謨	15 ◎皋陶謨	16 ☆益稷	17 ◎禹貢	18 ◎甘誓	19 ☆五子之歌	20 ☆△胤征	21 帝誥	22 釐沃	23 湯征	24 汝鳩	25 汝方	26 ◎湯誓	27 夏社	28 疑至	29 臣扈	史記徵引尚書篇數小計
五帝本紀	①																						
	②	○								○													2
	③									○													1
夏本紀	①										○	○	○										3
	②	○						○	○	○													4
	③									○	○	○	○						○				5
殷本紀	①													○		○	○	○	○	○			6
	②	○														○	○	○	○				5
	③													○		○	○	○	○	○			6
周本紀	①																						
	②	○																					1
	③																						
秦本紀	①																						
	②																						
	③																						
三代世表	①										○												1
	②																						
	③										○												1
高祖功臣侯者年表	①																						
	②	○																					1
	③																						

史記篇名	徵引情形	1 ◎堯典	2 ☆舜典	3 ☆汨作	4-12 ☆九共	13 槀飫	14 ☆△大禹謨	15 ◎皋陶謨	16 ☆益稷	17 ◎禹貢	18 ◎甘誓	19 ☆△五子之歌	20 ☆△胤征	21 帝誥	22 釐沃	23 湯征	24 汝鳩	25 汝方	26 ◎湯誓	27 夏社	28 疑至	29 臣扈	史記徵引尚書篇數小計
建元以來王子侯者年表	①																						
	②																						
	③																						
律書	①																						
	②	○																					1
	③																						
封禪書	①																		○				1
	②	○																					1
	③																		○				1
河渠書	①																						
	②									○													1
	③																						
吳太伯世家	①																						
	②																						
	③																						
齊世家	①																						
	②																						
	③																						
魯世家	①																						
	②																						
	③																						
燕世家	①																						
	②																						
	③																						
管蔡世家	①																						
	②																						
	③																						
衛世家	①																						
	②																						
	③																						
宋世家	①																						
	②																						
	③																						
晉世家	①																						
	②																						
	③																						
楚世家	①																						
	②																						
	③																						
三王世家	①																						
	②																						
	③																						

尚書篇名／徵引情形／史記篇名	1 ◎堯典	2 ☆舜典	3 ☆汨作	4-12 ☆九共	13 ☆稾飫	14 ☆△大禹謨	15 ◎△皐陶謨	16 ☆益稷	17 ◎禹貢	18 ◎甘誓	19 ☆△五子之歌	20 ☆△胤征	21 帝誥	22 釐沃	23 湯征	24 汝鳩	25 汝方	26 ◎湯誓	27 夏社	28 疑至	29 臣扈	史記徵引尚書篇數小計
伍子胥列傳 ①																						
伍子胥列傳 ②																						
伍子胥列傳 ③																						
穰侯列傳 ①																						
穰侯列傳 ②																						
穰侯列傳 ③																						
蒙恬列傳 ①																						
蒙恬列傳 ②																						
蒙恬列傳 ③																						
張釋之傳 ①																						
張釋之傳 ②																						
張釋之傳 ③																						
匈奴列傳 ①																						
匈奴列傳 ②																						
匈奴列傳 ③																						
司馬相如列傳 ①																						
司馬相如列傳 ②							○															1
司馬相如列傳 ③																						
太史公自序 ①																						
太史公自序 ②																						
太史公自序 ③																						
史記引尚書各篇次數總計	7						2		3	2	1	1	1			1	1	1	2	2		

《史記》徵引《尚書》篇目對照表（二）

尚書篇名／徵引情形／史記篇名	30 ☆典寶	31 △仲虺之誥	32 ☆△湯誥	33 明居	34 ☆△伊訓	35 ☆肆命	36 ☆徂后	37-39 △太甲	40 ☆△咸有一德	41 沃丁	42-45 咸乂	46 伊陟	47 ☆原命	48 仲丁	49 河亶甲	50 祖乙	51-53 ◎盤庚	54-56 △說命	57 ◎高宗肜日	58 高宗之訓	59 ◎西伯戡黎	史記徵引尚書篇數小計
五帝本紀 ①																						
五帝本紀 ②																						
五帝本紀 ③																						
夏本紀 ①																						
夏本紀 ②																						
夏本紀 ③																						
殷本紀 ①	○	○	○	○	○	○	○	○	○	○	○	○	○				○		○	○		17
殷本紀 ②			○														○		○		○	4
殷本紀 ③	○	○	○				○		○	○	○	○	○				○	○	○	○		14

史記篇名	徵引情形	30 ☆典寶	31 △仲虺之誥	32 ☆△湯誥	33 明居	34 ☆△伊訓	35 ☆肆命	36 徂后	37-39 △太甲	40 ☆△咸有一德	41 沃丁	42-45 咸乂	46 伊陟	47 ☆原命	48 仲丁	49 河亶甲	50 祖乙	51-53 ◎盤庚	54-56 △說命	57 ◎高宗肜日	58 高宗之訓	59 ◎西伯戡黎	史記徵引尚書篇數小計
周本紀	①																						
	②																					○	1
	③																						
秦本紀	①																						
	②																						
	③																						
三代世表	①																						
	②																						
	③																						
高祖功臣侯者年表	①																						
	②																						
	③																						
建元以來王子侯者年表	①																						
	②																						
	③																						
律書	①																						
	②																						
	③																						
封禪書	①																						
	②																			○			1
	③										○								○				2
河渠書	①																						
	②																						
	③																						
吳太伯世家	①																	○					1
	②																	○					1
	③																						
齊世家	①																						
	②																						
	③																						
魯世家	①																						
	②																						
	③																						
燕世家	①																						
	②																						
	③																						
管蔡世家	①																						
	②																						
	③																						

史記篇名	徵引情形	30 ☆典寶	31 △仲虺之誥	32 ☆△湯誥	33 明居	34 ☆△伊訓	35 ☆肆命	36 ☆徂后	37-39 △太甲	40 ☆△咸有一德	41 沃丁	42-45 咸乂	46 伊陟	47 ☆原命	48 仲丁	49 河亶甲	50 祖乙	51-53 ◎盤庚	54-56 △說命	57 ◎高宗肜日	58 高宗之訓	59 ◎西伯戡黎	史記徵引尚書篇數小計
衛世家	①																						
	②																						
	③																						
宋世家	①																						
	②																					○	1
	③																					○	1
晉世家	①																						
	②																						
	③																						
楚世家	①																						
	②																						
	③			○																			1
三王世家	①																						
	②																						
	③																						
伍子胥列傳	①																	○					1
	②																	○					1
	③																						
穰侯列傳	①																						
	②																						
	③																						
蒙恬列傳	①																						
	②																						
	③																						
張釋之傳	①																						
	②																						
	③																						
匈奴列傳	①																						
	②																						
	③																						
司馬相如列傳	①																						
	②																						
	③																						
太史公自序	①																						
	②																						
	③																						
史記引尚書各篇次數總計		1	1	2	1	1	1	1	1	1	1	1	1	1	1	1	1	3	2	2	1	3	

《史記》徵引《尚書》篇目對照表（三）

史記篇名	徵引情形	60 ◎微子	61-63 △泰誓	64 ◎牧誓	65 ☆△武成	66 ◎洪範	67 分器	68 ☆△旅獒	69 旅巢命	70 ◎金縢	71 ◎大誥	72 △微子之命	73 歸禾	74 嘉禾	75 ◎康誥	76 ◎酒誥	77 ◎梓材	78 召誥	79 洛誥	80 ◎多士	81 △君牙	82 ◎無逸	史記徵引尚書篇數小計
五帝本紀	①																						
	②																						
	③																						
夏本紀	①																						
	②																						
	③																						
殷本紀	①																						
	②	○	○	○																			3
	③	○	○								○	○											4
周本紀	①		○		○		○				○	○	○		○	○	○	○	○	○		○	13
	②		○	○						○													3
	③		○		○	○	○			○	○	○			○	○	○	○	○	○		○	15
秦本紀	①																						
	②																						
	③																						
三代世表	①																						
	②																						
	③																						
高祖功臣侯者年表	①																						
	②																						
	③																						
建元以來王子侯者年表	①																						
	②																						
	③																						
律書	①																						
	②																						
封禪書	①																						
	②																						
	③																						
河渠書	①																						
	②																						
	③																						
吳太伯世家	①																						
	②																						
	③																						
齊世家	②		○																				1
	③			○																			1

尚書篇名　徵引情形　史記篇名		60 ◎微子	61-63 △泰誓	64 ◎牧誓	65 ☆△武成	66 ◎洪範	67 分器	68 ☆△旅獒	69 旅巢命	70 ◎金滕	71 ◎大誥	72 △微子之命	73 歸禾	74 嘉禾	75 ◎康誥	76 ◎酒誥	77 ◎梓材	78 ◎召誥	79 ◎洛誥	80 ◎多士	81 △君牙	82 ◎無逸	史記徵引尚書篇數小計
魯世家	①			○							○		○	○						○		○	6
	②									○								○		○		○	4
	③			○						○	○	○	○	○					○	○		○	10
燕世家	①																						
	②																						
	③																						
管蔡世家	①																						
	②																						
	③										○	○			○								3
衛世家	①														○	○	○						3
	②																						
	③										○				○	○	○						4
宋世家	①																						
	②	○				○																	2
	③	○									○	○											3
晉世家	①																						
	②																						
	③																						
楚世家	①																						
	②																						
	③																						
三王世家	①																						
	②														○								1
	③																						
伍子胥列傳	①																						
	②																						
	③																						
穰侯列傳	①																						
	②														○								1
	③																						
蒙恬列傳	①																						
	②																						
	③																						
張釋之傳	①																						
	②				○																		1
	③																						
匈奴列傳	①																						
	②																						
	③																						
司馬相如列傳	①																						
	②																						
	③																						

史記篇名 ＼ 尚書篇名	60 ◎微子	61-63 △泰誓	64 ◎牧誓	65 ☆△武成	66 ◎洪範	67 分器	68 ☆△旅獒	69 旅巢命	70 ◎金縢	71 ◎大誥	72 △微子之命	73 歸禾	74 嘉禾	75 ◎康誥	76 ◎酒誥	77 ◎梓材	78 ◎召誥	79 ◎洛誥	80 ◎多士	81 △君牙	82 ◎無逸	史記徵引尚書篇數小計
太史公自序 ①														○	○	○						3
太史公自序 ②																						
太史公自序 ③																	○	○				2
史記引尚書各篇次數總計	2	3	4	1	3	1			2	6	5	2	1	7	3	3	2	2	2		2	

《史記》徵引《尚書》篇目對照表（四）

史記篇名 ＼ 尚書篇名	83 ◎君奭	84 △蔡仲之命	85 成王政	86 蔣蒲姑	87 ◎多方	88 ◎立政	89 △周官	90 賄肅慎之命	91 亳姑	92 △君陳	93 ◎顧命	94 ◎康王之誥	95 △畢命	96 ☆△冏命	97 ◎呂刑	98 ◎文侯之命	99 ◎費誓	100 ◎秦誓	太戊	五官有司	史記徵引尚書篇數小計	史記徵引尚書篇數總計
五帝本紀 ①																						
五帝本紀 ②																						2
五帝本紀 ③																						1
夏本紀 ①																						3
夏本紀 ②																						4
夏本紀 ③																						5
殷本紀 ①																			○		1	24
殷本紀 ②																						12
殷本紀 ③																						24
周本紀 ①					○		○	○		○	○	○	○	○						○	9	22
周本紀 ②										○				○							2	7
周本紀 ③		○	○	○		○	○	○		○	○	○	○							○	11	26
秦本紀 ①																						
秦本紀 ②																	○				1	1
秦本紀 ③																	○				1	1
三代世表 ①																						
三代世表 ②																						
三代世表 ③																						1
高祖功臣侯者年表 ①																						
高祖功臣侯者年表 ②																						1
高祖功臣侯者年表 ③																						
建元以來王子侯者年表 ①																						
建元以來王子侯者年表 ②															○						1	1
建元以來王子侯者年表 ③																						

史記篇名	徵引情形	83 ◎君奭	84 △蔡仲之命	85 成王政	86 蔣蒲姑	87 ◎多方	88 ◎立政	89 △周官	90 賄肅慎之命	91 亳姑	92 △君陳	93 ◎顧命	94 △康王之誥	95 △畢命	96 ☆△冏命	97 ◎呂刑	98 ◎文侯之命	99 ◎費誓	100 ◎秦誓	太戊	五官有司	史記徵引尚書篇數小計	史記徵引尚書篇數總計
律書	①																						
	②																						1
	③																						
封禪書	①																						1
	②																						2
	③																						3
河渠書	①																						
	②																						1
	③																						
吳太伯世家	①																						1
	②																						1
	③																						
齊世家	①																						
	②																						1
	③																						1
魯世家	①						○	○										○				3	9
	②																	○				1	5
	③						○	○		○								○				4	14
燕世家	①																					1	1
	②																					1	1
	③																					1	1
管蔡世家	①																						
	②																						
	③																						4
衛世家	①																						3
	②																						
	③																						4
宋世家	①																						
	②																						3
	③																						4
晉世家	①																○					1	1
	②																○					1	1
	③																○					1	1
楚世家	①																						
	②																						
	③																						
三王世家	①																						
	②																						1
	③																						
伍子胥列傳	①																						1
	②																						1
	③																						
穰侯列傳	①																						
	②																						1
	③																						

尚書篇名 徵引情形 史記篇名		83 ◎ 君奭	84 △ 蔡仲之命	85 成王政	86 蔣蒲姑	87 ◎ 多方	88 ◎ 立政	89 △ 周官	90 △ 賄肅慎之命	91 亳姑	92 △ 君陳	93 ◎ 顧命	94 ◎ 康王之誥	95 △ 畢命	96 ☆△ 冏命	97 ◎ 呂刑	98 ◎ 文侯之命	99 ◎ 費誓	100 ◎ 秦誓	太戊	五官有司	史記徵引尚書篇數小計	史記徵引尚書篇數總計
蒙恬列傳	①																						
	②																						
	③																						
張釋之傳	①																						
	②																						1
	③																						
匈奴列傳	①															○						1	1
	②																						
	③															○						1	1
司馬相如列傳	①																						
	②																						1
	③																						
太史公自序	①																						3
	②																						
	③		○																			1	3
史記引尚書各篇次數總計		1	2	1	1	1	1	2	1	1		1	1	1	1	3	1	1	1	1	1		

附錄二　《尚書》《史記》合鈔

〔說明〕

一、《史記》引述《尚書》，或逐錄原文，或增刪改易；其中有明引，有暗用，非經詳校不易確知。數年前，承喬師衍琯賜教，取二者參校排比，上下合鈔成篇，以便觀覽。

二、合鈔每行分上中下三部分；上為《尚書》，下為《史記》，經史文字悉同者則置於中間。《史記》與《尚書》上下相值者，或為訓詁字，或為今古文之異，或為解說改寫之文，亦有經後人誤改者；上下不相值者，則多為增插或刪減處。

三、今校勘所得，漢人所傳《今文尚書》二十九篇，《史記》引述其文者計廿二篇，茲依《尚書》篇次排列。又原文前後連屬，此則前後斷開，並加序碼，以便指稱及覈對。

四、合鈔之底本，《尚書》據阮刻十三經注疏本，《史記》據清同治五至九年金陵書局刻本，並參考各家校勘改訂。惟個人能力有限，疏漏在所難免，如蒙賜正，則甚幸焉。

一、〈堯典〉

〈五帝本紀〉

1 ^{曰若稽古}帝堯^者，曰放勳　2 ^{欽、明、文、思、安安，允恭克讓；光被四表，格于上下。}其仁如天，其知如神。就之如日，望之如雲。富而不驕，貴而不舒。黃收、純衣、彤車、乘白馬。　3 克能明^俊馴^德德，以親九族。　4 九族既睦，^平便章百姓。　5 百姓昭明，^協合和萬^邦國。^{黎民於變時雍。}　6 乃命羲和，^{欽若}敬順昊天；　7 ^{厤象}數法日月星辰，　8 敬授^人民時。　9 分命羲仲，^{宅嵎}居郁夷

10 曰暘谷。　11 ^{寅賓出日，}敬道日出，　12 ^{平秩}便程東作；　13 日中、星鳥，以殷^仲中春。　14 ^厥其民析；　15 鳥獸^{孳尾}字微。　16 申命羲叔，^宅居南交。　17 ^{平秩}便程南^訛為；敬致。日永、星火，以殷^仲正中夏。^厥其民因，鳥獸希革。　18 ^分申命和仲，　19 ^宅居西土，　20 曰昧谷。　21 ^{寅餞納日，}敬道日入，^{平秩}便程西成；　22 ^宵夜中、星虛，以殷^仲正中秋　23 ^厥其民夷易；鳥獸毛毨。　24 申命和叔，^{宅朔}居北方，曰幽都。　25 ^平便在^{朔易，}伏物，　26 日短、星昴，以正^仲中冬。^厥其民隩；^燠鳥獸氄毛。　27 ^{帝曰：咨！汝羲暨和。}　28 ^朞歲三百^有六旬有六日，　29 以閏月^定正四時^{成歲。}　30 ^{允釐}信飭百^{工，庶績咸熙。」}官，眾功皆興。」

31 ^{帝堯}曰：「^{疇咨若時登庸？}誰可順此事？」　32 放齊曰：「^{胤嗣}子丹朱^啟開明。」　33 ^{帝堯}曰：「吁！^{嚚訟、可乎？}頑凶不用。」　34 ^{帝堯又}曰：「^{疇咨若予采？}誰可者？」　35 ^驩讙兜曰：「都！共工^{方鳩僝}旁聚布功。可用。」　36 ^{帝堯}曰：「吁！^靜共工善言^{庸違，象恭、滔天，}其用僻似恭、漫天，不可。」　37 ^{帝堯又}曰：「^{咨！}嗟！四^岳嶽　38 湯湯洪水^{方割，蕩蕩}滔天浩浩懷山襄陵，^{浩浩滔天。}　39 下民其^咨憂，有能^{俾乂？}使治者？」　40 僉曰：「於！鯀^{哉！}可。

41 帝堯曰：「吁！咈哉，方命〔鯀負〕圮族〔毀族〕，不可。」　42 岳嶽曰：异哉！試〔不可用而〕可乃已。」　43 帝曰：「往，欽哉！」堯於是聽嶽用鯀。　44 九〔歲〕載，績〔功〕用弗〔不〕成。

45 帝堯曰：「咨〔嗟〕！四岳嶽。朕在位七十載，汝女能庸命，異〔踐〕朕位。」　46 岳嶽應曰：「否德鄙悪忝帝位。」　47 堯曰：「明明揚側陋。」「悉舉貴戚及疏遠隱匿者。」

48 師錫帝眾皆言於堯曰：「有鰥矜在下民間，曰虞舜。」　49 帝堯曰：「俞，予然，朕聞；如何？」之，其何如？」　50 岳嶽曰：「瞽盲者子，父頑，母嚚，象弟傲；克諧能和，以孝烝烝，乂治不格至姦。」　51 帝我吾堯曰：「其試哉。」　52 於是堯妻之二女，觀厥刑于其德於二女。　53 釐降舜飭下二女于於媯汭，嬪于虞，帝曰：「欽哉！」如婦禮，堯善之。

54 乃使舜慎徽和五典，五典克能從；　55 乃徧編入百揆官；百揆官時敘序；　56 賓于四門，四門穆穆；諸侯遠方賓客皆敬。　57 堯使舜入山林川澤，納于大麓，暴風雷雨，舜行弗不迷。

58 帝堯以為聖，召舜曰：「格汝舜！詢女謀事考言，乃至而言底可績，三載；三年矣，汝陟女登帝位。」　59 舜讓于於德，弗嗣。不懌。

60 正月上日，舜受終於文祖。文祖者，堯大祖也。　61 於是帝堯老，命舜攝行天子之政，以觀天命。舜乃在璿璣玉衡，以齊七政。　62 遂類于上帝，禋于六宗，望于山川，徧辯于群神。　63 輯揖五瑞，既擇吉月乃日，觀見四岳嶽羣諸牧，班瑞于羣后。　64 歲二月，東巡守狩，至于於岱宗，柴紫；望秩于於山川。　65 肆觀遂見東方后君長。協合時、月、正日，同律、度、量、衡。　66 修脩五禮，五玉，三帛，二生，一死，為贄。如五器，

卒乃復。　67 五月，南巡守，^狩至于南岳，如岱禮。^{守至于西}八月，西巡^{岳，如初。}
狩，　　十有一月，^朔北巡^{守，}^{狩，}至于北岳，如西禮。^{皆如初。}　68 歸，^格至^于^{藝祖，}^{祖禰廟}，用
特^牛禮。　69 五^載歲一巡^{守，}羣后四朝；^{敷奏}^{徧告}以言，明試以功，車
服以庸。　70 肇十有二州，^{封十有二山，}^濬^決川。

71 象以典刑。流宥五刑。鞭作官刑，扑作教刑，金作贖刑。
眚^{災肆}^{裁過}赦，怙終賊刑。　72「欽哉，欽哉！惟刑之^恤^靜哉！」

　　　　　讙兜進言共工，
　　　　　　　　　堯曰不可，而試之工師。共工果淫辟。四嶽舉鯀治鴻水，堯以為不可。嶽
彊請試之，試之而無功。故百姓不便。三苗在江淮荊州數為亂，　　73 於是舜歸而言於帝，請
流共工^于幽^{州，}^於^陵，以變北狄；放讙兜^于崇山，^於以變南蠻，^竄三苗^于三危，^於以變西
^戎殛鯀^于^於羽山，^{以變東夷：}四^罪^辠而天下咸服。

74^{堯立七十年得舜，二十年而老，令舜攝行天子之政，薦之於天。堯辟位凡}二十^有八
^{載，帝乃殂落，}　　　^{考妣，}三^{載，}^{海遏密八音。}
^{年　而崩，}　　百姓^{悲哀}如喪^{父母，}三^{年，}四^{方莫舉樂，以思堯。……}

75　^{月正元日，}^{於是}舜^{乃至於}文祖。^詢^謀于四^{岳，}^闢^辟四門，明^通四^{目，}達四聰。^{方耳目。}
76^咨命十^有二^{牧，}^{曰：「食哉，惟時！柔遠能邇，惇德允元，而難}^任^{論帝德行厚德，}^{遠佞}人：^則蠻夷率
服。」

77 舜^謂四嶽曰：^{「咨！四岳。}有能奮庸，^{熙帝}^之^{載，}^{美堯}^之事者，使^{宅百揆，亮采惠疇？」}^居^{官相事。」}

78^僉皆曰：「伯禹^作^為司空，^{可美帝功。」}　79^帝^舜曰：^{「俞咨！}^{「嗟然。}禹，汝平水
土，^{惟時懋}^{維是勉}哉！」　80 禹拜稽首，讓^于^於稷、契、^暨皋^與陶。^帝^舜曰：^{「俞，汝}^{「然}
往^{哉！」}^{矣！」}

81 帝舜曰:「棄（弃）！黎民阻始飢。汝后稷，播時百穀。」 82 帝舜曰:「契，百姓不親，五品不遜（馴）。汝作司徒而敬敷五教，在寬。」

83 帝舜曰:「皋（皐）陶！蠻夷猾夏，寇賊姦宄（軌）。汝作士，五刑有服，五服三就，五流有宅（度），五宅（度）三居：惟明（維明）克允（能信）。」

84 帝舜曰:「疇（誰能馴）若予工？」僉皆曰:「垂哉（可）。」帝曰:「俞咨，垂、汝共工。」於是以垂為共工。垂拜稽首，讓于殳斨暨伯與。帝曰:「俞，往哉；汝諧。」

85 帝舜曰:「疇（誰能馴）若予上下草木鳥獸？」僉皆曰:「益哉（可）！」帝曰:「俞咨！益！汝作（為）朕虞。」 86 益拜稽首，讓于諸臣朱、虎、熊、羆。帝舜曰:「俞，往哉（矣）！汝諧。」遂以朱、虎、熊、羆為佐。

87 帝舜曰:「咨（嗟）四岳（嶽）！有能典朕三禮？」僉皆曰:「伯夷可。」帝舜曰:「俞咨！嗟伯夷，以汝作（為）秩宗。夙夜惟寅（維敬），直哉惟清（維靜絜）。」 88 伯夷拜稽首，讓于夔、龍。帝舜曰:「俞，往欽哉！（然！）」

89 帝曰以:「夔，命汝為典樂，教胄（稺）子。 90 直而溫，寬而栗，剛而無（毋）虐，簡而無（毋）傲，詩言志（意），歌永（長）言，聲依永，律和聲；八音克能諧，無（毋）相奪倫：神人以和。」 91 夔曰:「於！予擊石拊石，百獸率舞。」

92 帝舜曰:「龍，朕聖畏忌讒說殄行（偽），震振驚朕師眾。命汝作（為）納言，夙夜出入納朕命，惟允（信）。」

93 帝舜曰：「咨！汝二十有二人，欽敬哉！惟時亮相天功事。」

94 三載一考績；三考，黜陟幽明；庶績咸熙。分北三苗。 此二十二人

咸成厥功。……

95 舜年二十以孝聞，年三十堯舉之，三十在位，年五十載，攝行天子事，年五十八堯崩，年六十陟方乃死。
代堯踐帝位，踐帝位三十九年南巡狩，崩於蒼梧之野，葬於江南九疑，是為零陵。

二、〈皋陶謨〉

〈夏本紀〉

96 皋陶作士以理民，帝舜朝，禹、伯夷、皋陶，相與語帝前。皋陶述其謀，曰：「允迪厥德，謨明弼諧。」

97 禹曰：「俞，如何？」皋陶曰：「都！慎厥身修，思永。惇敘九族，庶明勵翼，邇可遠、在茲。」禹拜昌言曰：「俞。」

98 皋陶曰：「都！在知人，在安民。」禹曰：「吁！咸若時，惟帝其難之。知人則哲，能官人；能安民則惠，黎民懷之。能哲而知能惠，何憂乎驩兜？何遷乎有苗？何畏乎巧言令色孔壬？」

99 皋陶曰：「都！亦行有九德，亦言其人有德，乃言曰：「載采采。」 100 禹曰：「何？」皋陶曰：「寬而栗，柔而立，愿而恭，亂而敬，擾而毅，直而溫，簡而廉，剛而塞，彊而義；彰厥有常，吉哉。

101 日宣三德，夜（夙夜）明（浚翊）有家，日嚴敬（祇振）六德，亮采有邦（國）。　102 翕受施（敷／普），九德咸事；俊乂在官，百（僚師師，百工惟時，撫于五辰，庶績／吏肅謹，）其凝。

103 無（教／毋）逸欲有邦。兢兢業業，一日二日萬幾。無曠庶官，天工人其代之。（邪淫奇謀／非其人居其官是謂亂天事）

104 天敍有典，勑我五典五惇哉，天秩有禮，自我五禮有庸哉。同寅協恭和衷哉。天命有德，五服五章哉；天討有罪（皋），五刑五用哉。（政事懋哉懋哉。天聰明，自我民聰明，天明畏，自我民明威。達于上下，敬哉有土。）

105 皋陶曰：「言惠（朕／吾言底），可行（底／乎）？」禹曰：「言（俞，乃／女言底致）可績（行）。」　106 皋（皋）陶曰：「未有知，思（予／余）贊（曰／贊襄道）哉。」　107 帝（舜謂）禹曰：「來，禹！亦昌言（汝／女）。」　108 禹拜曰：「予何言？予思日（都帝／於）（孳孳／孜孜）。」

109 皋陶（難禹）曰：「如何？（吁／謂孳孳？）」禹曰：「水滔天，浩浩懷山襄陵；下民（洪／鴻）（昏墊。／皆服於水。）」

110 予（乘四載，／陸行乘車，水行乘舟，泥行乘橇，山行乘檋。）　111 山木（隨行／刊栞）。　112 益庶鮮食（暨與／奏予眾／稻）。　113 予決九川，四海；畎澮，川（以／距致／濬浚／距致之）。　114 稷庶食、鮮食，有居（暨與／播奏予眾／艱難得之／懋遷食少，／調餘補不足／無化徙）。　115 民乃，萬邦作乂（烝眾／粒定，／國為治。）。　116 皋陶曰：「（俞，師汝昌言。／然，此而美也。）」

117 禹曰：「帝！慎乃在位。（都／於，）」帝曰：「俞。」禹曰：「止，（安汝爾止，惟幾，）惟康，其弼直，惟動丕應。以昭上帝，天其命用休（輔德，天下大／愜志清意／受待／命，／中重）。」

118 帝曰：「吁！臣哉（鄰哉！鄰哉）臣哉！」（禹曰：「俞。」帝曰：）「臣作朕股肱耳目：予欲左右有民，（汝翼；／女輔之；）119（予欲宣力四方，汝為，予）（余）欲觀古人之象，日、月、星辰、（山龍、華蟲、作會，宗彝、藻、火、粉米、黼、黻、／絺）繡，以五采彰施于五色，作服，汝（作文繡服色，女）明之；120 予欲聞六律、五聲、八音，（在治忽，／來治滑，）以出（納／入）五言，汝（女）聽。

121 予（違，／即辟，）（汝弼；／女匡拂予）女無面（從／諛），退（有後言。／而謗予。）122（欽／敬）四（鄰，／輔臣，）123（庶頑／諸眾）讒（嬖臣。）說，（若不在時，候以明之，／君）撻以記之；書用識哉，欲竝生哉。工以納言，時而颺之（之，格則承之庸之，否則威之。」）

124 禹曰：（俞哉，帝！光天之下，至于海隅蒼生，萬邦黎獻，共惟帝臣。惟帝時舉，敷納以言，明庶以功，車服以庸。誰然敢不讓，敢不敬應？）帝即（即）不時（敷布）敷，同（日奏、罔善惡，則罔）功。

125 帝曰：「（無／毋）若丹朱傲，（惟／維）慢遊（遊／游）是好，（傲虐是作，罔晝夜頟頟，罔）（毋）水行舟，朋淫于家，用（殄厥／絕其）世。予（創若時；／不能順是。」）126 禹曰：「予（辛壬）娶于塗山，（辛壬）癸甲；啟（生）呱呱而泣，予弗（不）子，（惟荒度／以故能成水）土功。127（弼輔）成五服，至于五千（里），州十（有）二師；外薄四海，咸建五長。各（迪／道）有功，苗頑（弗／不）即（工。／功。）帝其念哉。」

128 帝曰：「（迪朕／道吾）德，（時乃／乃女）功（惟叙。／序之也。）

129 皋（皋）陶方（祇厥敘，方施象刑，／於是敬禹之德，令民皆則禹；不如言，刑從之，舜德大）明。

130 於是夔曰：「戛擊鳴球，搏拊琴瑟，以詠，（行樂，）祖考（來格；／至，）虞賓在位，群后（德相）

讓。﹝下管鼗鼓，合止柷敔，笙鏞以間﹞鳥獸﹝蹌蹌﹞﹝翔舞﹞。簫韶九成，鳳﹝皇﹞來儀。﹝夔曰：﹞

「於！擊石拊石，」百獸率舞，﹝庶尹允／百官信﹞諧。」

131 帝﹝庸／用此﹞作歌，曰：「﹝勑／陟﹞天之命，惟﹝維﹞時惟﹝維﹞幾。」 132 乃歌曰：

「股肱喜哉，元首起哉，百工熙哉。」﹝皐／皋﹞陶拜手稽首，﹝颺／揚﹞言曰：

「念哉，率﹝作／為﹞興事，慎乃憲，﹝欽／敬﹞哉！」﹝屢省乃成，欽哉！﹞ 133 乃﹝賡載／更為﹞

歌曰：「元首明哉，股肱良哉，庶事康哉！」 134 ﹝舜﹞又歌曰：

「元首叢脞哉，股肱惰哉，萬事墮哉！」帝拜曰：「﹝俞，／然，﹞往欽哉！」

於是天下皆宗禹之明度數聲樂，為山川神主。

三、〈禹貢〉

〈夏本紀〉

135 禹為人敏給克勤；其惪不違，其仁可親，其言可信。聲為律，身為度，稱以出，亹亹穆穆，為綱為紀。禹乃遂與益、后稷奉帝命，命諸侯百姓興人徒以傳﹝敷﹞土，隨﹝行﹞山刊﹝表﹞木，奠﹝定﹞高山大川。……

136 ﹝禹行自冀州始。﹞冀州：既載壺口，治梁及岐。 137 既﹝修／脩﹞太原，至于﹝岳／嶽﹞陽。覃懷﹝底績／致功﹞，至於衡漳。 138 ﹝厥／其﹞土惟 白壤。﹝厥﹞賦﹝惟﹞上上錯。﹝厥﹞田﹝惟﹞中中。﹝恒／常﹞、衛既從，大陸既﹝作／為﹞。 139﹝島／鳥﹞夷皮服。夾右碣石，入于﹝河／海﹞。

140 濟、河﹝惟兗／維沇﹞州： 141 九河既道，雷夏既澤，﹝灉／雍﹞、沮會同， 142桑土既蠶，﹝於是／民得﹞下﹝降﹞丘﹝宅／居﹞土。 143﹝厥／其﹞土黑墳，﹝厥﹞草﹝惟﹞繇﹝厥﹞木

惟^條條。　144 厥田惟中下，厥賦貞，作十有三^載年乃同。　145 其^厥貢漆絲，厥其筐織文。浮^于於濟、漯，^{達于}通於河。　146 海岱惟^{惟維}青州：嵎^嵎_堣夷既略，濰、淄其道。　147 厥其土白墳，海濱廣^斥_潟；　148 厥田_{田斥鹵}。田惟上下，厥賦中上。厥貢鹽絺，海物惟^{惟維}錯，岱畎絲、枲、鉛、松、怪石，　149 萊夷^{作為}牧，厥其筐^檿絲。浮^于於汶，^{達于}通於濟。

150 海岱及淮^{惟維}徐州：淮、沂其^乂_治；蒙、羽其^藝_藝。大野既^豬_都，東原底平。　151 厥其土赤埴墳。草木漸包。厥其田惟上中，　152 厥賦中中。厥貢惟^{惟維}土五色，羽畎夏^翟_狄，嶧陽孤桐，泗濱浮磬，淮夷蠙珠^暨_臮魚，　153 厥其筐玄纖縞。浮于淮、泗，^達_通于河。

154 淮海^{惟維}揚州：彭蠡既^豬_都，陽鳥^{攸所}居。三江既入，震澤^底_致定。　155 篠^{篠蕩}竹箭既^{敷厥}_布。其草惟夭，厥其木惟喬，　156 厥其土惟塗泥。厥田惟下下，厥賦下上、上^錯_雜。

157 厥貢惟金三品，瑤、琨、^{篠蕩}_{竹箭}，齒、革、羽、^毛_旄，惟木。島夷卉服，　158 厥其筐織貝，厥其包橘、柚錫貢。　159 ^{沿于}_均江海，^{達于}_通淮泗。

160 荊及衡陽^{惟維}荊州：江、漢朝宗于海。九江^{孔殷}_{甚中}，沱^{潛既}_{涔已}道，雲土、夢^{作乂}_{為治}。　161 厥其土惟塗泥。厥田惟下中，厥賦上下。

162 厥貢羽、^毛_旄、齒、革，惟金三品，杶、榦、栝，柏、礪、

砥、砮、丹，惟維箘^簬簵、楛，三^{邦厎}_{國致}貢厥其名，　163 包匭菁茅，厥其篚玄纁璣組，九江^{納錫}_{入賜}大龜。　164 浮于江、沱，^潛_{灣于}漢，^逾_踰于^洛_雒，至于南河。

165 荊河惟豫州：伊、^洛_雒、瀍、澗既入于河，滎^波_播既^豬_都、　166 ^{導菏}_{道荷}澤，被^{孟豬}_{明都}。　167 厥其土惟壤，下土墳壚。厥田惟中上，厥賦^錯_雜上中。　168 厥貢漆、^枲_絲、絺、紵，厥其篚纖^纊_絮，錫貢磬錯。　169 浮^{于洛}_{於雒}，達^于_於河。

170 華陽黑水惟梁州：岷、^嶓_汶既^藝_蓺，沱^潛_灣既道，蔡蒙旅平，和夷厎績。　171 厥其土青^黎_驪，厥田惟下上，厥賦惟下中三錯。　172 厥貢璆、鐵、銀、鏤、砮、磬，熊、羆、狐、狸、織皮。西傾因桓是來，浮于潛，^逾_踰于沔，入于渭，亂于河。

173 黑水西河惟雍州：弱水既西，涇屬渭汭。漆、沮既從，灃水^攸_所同。　174 荊、岐^既_已旅，終南、^惇_敦物。至于鳥鼠。原隰厎績，至于^豬_都野。三危既^宅_度，三苗^{丕敍}_{大序}。　175 厥其土惟黃壤。厥田惟上上，厥賦中下。厥貢^{惟球}_璆，琳、琅玕。　176 浮于積石，至于龍門西河，會于渭汭。織皮^{崑崙}_{昆侖}、析支、渠搜，西戎即^敍_序。

177 ^導_{道九山}：^岍_汧及岐，至于荊山，^逾_踰于河；　178 壺口、雷首至于太^{岳；厎}_{嶽；砥}柱、析城至于王屋；大行、^恆_常山至于碣石，入于海，西傾、朱圉、鳥鼠至于太華；熊耳、外方、桐柏至于^陪_負尾；　179

−199−

導道嶓冢至于荊山；內方至于大別；岷汶山之陽至于衡山，過九江，至于敷淺原。

180 導道九川：弱水，至于於合黎，餘波入于流沙。導道黑水，至于三危，入于南海。　181 導道河積石，至于龍門，南至于華陰，東至于底砥柱，又東至于孟盟津；東過洺雒納，至于大邳邳；　182 北過降水，至于大陸，又北播為九河，同為逆河，入于海。　183 嶓冢導漾道瀁，東流為漢，又東為滄蒼浪之水，過三澨，至入于大別，南入于江，東匯澤為彭蠡，東為北江，入于海。　184 岷汶山導道江，東別為沱，又東至于澧醴；過九江，至于東陵，東迤北會于匯，東為中江，入于海。　185 導道沇水，東流為濟，入于河，溢泆為滎，東出于陶丘北，又東至于菏荷，又東北會于汶，又北東東北入于海。186 導道淮自桐柏，東會于泗、沂，東入于海。導道渭自鳥鼠同穴，東會于灃，又東北至會于涇，又東過漆、沮，入于河。　187 導洛道雒自熊耳，東北會于澗瀍，又東會于伊，又東北入于河。　188 於是九州攸同，四陝奧既宅居，九山刊栞旅，九川滌源原，九澤既陂，　189 四海會同。六府孔修甚修，庶眾土交正，底致慎財賦，咸則三壤，成賦中邦國。錫賜土姓，祗台德先，不距朕行。

190 今天子之國以外五百里甸服：百里賦納總總，二百里納銍，三百里納秸服，四百里粟，五百里米。　191 甸服外五百里侯服：百里采，二百里男邦任國，三百里諸侯。　192 侯服外五百里綏服：三百

里揆文教，二百里奮武衛。_{綏服外}五百里要服：三百里夷，二百里蔡。_{要服外}五百里荒服：三百里蠻，二百里流。

193 東漸于海，西被于流沙，朔、南暨聲教，訖于四海。_{於是帝錫}禹_錫玄圭，以告_厥成功。_{于天下，天下於是太平治。}

四、〈甘誓〉

〈夏本紀〉

194 _{有扈氏不服，啟伐之，}大戰_于_於甘，_{將戰，作《甘誓》。乃召六卿}_{申之。} 195 _王_啟曰：「嗟！六事之人，予誓告_汝_女： 196 有扈氏威侮五行，怠棄三正，天用勦絕其命， 197 今予_{惟恭}_{維共}行天之罰。 198 左不攻于左，_{汝不恭命；}右不攻于右，_汝_女不_恭_共命；御非其馬之政_{正，汝}_{政，女}不_恭_共命。 199 用命，賞于祖，_弗_不用命，_戮_僇于社。予則_{孥戮汝}

_{帑僇女。遂滅有扈}
_{氏，天下咸朝。}

五、〈湯誓〉

〈殷本紀〉

200 _王_湯曰：「格_爾_女眾庶，_{來，女}悉聽朕言。_{非匪}台小子，敢行_{稱舉}亂，有夏多罪，_{予維聞女眾言，夏氏有罪。予畏上帝，不敢不正。今夏多罪，}天命殛之。 201 今_爾_女有眾，_汝_女曰：『我_后_君不恤我眾，舍我_稽_嗇事，而割_{正夏。}_{政。}』_予
_{惟聞汝眾言；夏氏有罪，予畏上帝，不敢不政。}

202 _{今汝}_女其曰：「_夏_有罪其_{如台？}_{奈何？}」夏王率_遏_止眾力，率_割_奪夏_邑_國，有眾率怠_{弗協。}_{不和。} 203 _{曰：}『_時_是日_曷_{何時}喪？予_{及汝}_{與女}皆亡！』夏德若茲，今

朕必往。

204 爾尚^輔及予一人，致天之罰，予其大^{賞汝。爾無}不信，朕不食言。爾^女不從誓言，予則^{孥戮汝，罔}有攸赦。」以告令師，作〈湯誓〉，於是湯曰：「吾甚武，號曰武王。」

六、〈盤庚〉
〈殷本紀、伍子胥傳〉

205 帝盤庚之時，殷已都河北。盤庚^{遷于殷，}_{渡河南，復居成湯之故居。} 206 ^{茲猶不常寧，不}_{迺五遷，無定}常厥邑，于今五邦。」^民^{不適有居。}處，殷民_{咨胥皆怨，不欲徙。} 207 ^{率籲眾慼出矢言。〔王命眾悉至于}_{庭〕盤庚乃告諭諸侯大臣}曰：「古我先王^{暨乃}「昔高后成湯與爾之先^祖^{乃父}_{胥及逸勤。……」}_{俱定天下。} 208 盤庚斆于民，由乃在法則可修。位，以常舊服，正法度。 209 ^{非予自荒德，惟汝含德，不惕予一人。……」}_{舍而弗勉，何以成德？」乃遂涉河南，治亳。}

210 乃有^{不吉不迪，}顛越不恭，^{暫遇姦宄，我乃}剷殄滅之，_俾無遺育，無^俾_使易種于茲^新邑。（伍子胥傳）

七、〈高宗肜日〉
〈殷本紀〉

211 高宗^肜_{帝武丁祭成湯明}日，^越有^雊_飛雉。_{登鼎耳而呴。} 212 武丁懼，祖己曰：「^{惟先格}王_{勿憂，先修政}^{正厥}事。」

213 _{祖己}乃訓^于王曰：「^惟_唯天監下^民，典厥義。降年有永有不永；非天夭民，^民中絕^其命。民有不若德，不聽罪；天既^孚_附命_而正厥德，乃曰：『其^{如台？}_{奈何？}』」

214 嗚呼！王^司敬民。罔非天^{胤，典}祀^{無豐}于^{昵。」}武丁修政行德，天下咸驩，殷道復興。

八、〈西伯戡黎〉

〈殷本紀〉

215 及西伯^{既戡黎，}。 216 ^{紂之臣}祖伊^{聞之而咎周，}^{恐，}奔告^{于王。}

217 曰：「^{天子！}天既訖我殷命，^格人元龜，^罔敢知吉。 218 非先王不相我後人，^惟王淫^戲用自絕。故天^棄我，不有^康食，不虞^知天性，不迪率典。

219 今我民罔^弗欲喪，曰：『天曷不降威？』大命^胡不^{摯，}今王其^{如台！』」}^{奈何！』」}

220 ^王曰：「^{嗚呼！}我生不有命在天^{？」}^{乎？」}

221 祖伊反，曰：^{「嗚呼！乃罪多參在上，方能責命于天！殷之即喪，指乃功，不無戮于}^{紂不可諫矣！」}爾邦。」

九、〈微子〉

〈宋微子世家〉

222 微子^{紂終不可諫，欲死之。及去，未能自決，乃問於太}^{若曰：「父}師少師！^{曰：}「^殷^{其弗}^{或亂}^正有治政，^不不治四方。 223 我祖^厎遂陳^于^於上；^{我用}^紂沈^{酗于}^{湎於}酒，^{婦人是用}亂敗^厥^湯德^于^於下。 224 殷^罔^既小大，好草竊姦宄，卿士師師非度，^凡有^{辜罪，}^皆^{罪辜；}乃^{罔恆}^{無維}獲。 225 小民^方^{乃並}興，相為敵讎。今殷其

淪典(小)喪，若涉大(小)水，其(小)無津涯。殷遂喪，越至于今。」

226 曰：「父太(小)師、少師我其發出狂往(小)？吾家耄保(小)于荒喪(小)？ 227 今爾女(小)無指故(小)告予，顚隮濟如(小)之何其？」

228 父太(小)師若曰：「王子！天毒降篤下(小)災荒亡殷邦國(小)，方興沈酗于酒。乃罔毋(小)畏畏，

咈其喬
不用老 長 、舊有位人。

229 今殷民，乃攘竊陋淫(小)神祇之犧祀(小)牷牲用，以容，將食無災。降監殷民，用乂；讎斂(小)，召敵讎(小)不怠。罪合于一，多瘠罔詔。

230 商今其有災，我興受其敗。商其淪喪，我罔為臣僕。詔王子出迪，我舊云刻子；王子弗出，今誠得治國，國治、身死不恨。為恐終不得治，不如去。」 〔…微子曰：「父子有骨
我乃顚隮。自靖，人自獻于先王，我不顧行遯。」
肉而臣主以義屬，故父有過，子三諫不聽，則隨而號之；人臣三諫不聽，則其義可以去矣。」於
是太師少師乃勸微子去，遂去。

十、〈牧誓〉

〈周本紀〉

231 時二月(小)甲子昧爽，武(小)王朝至于商郊牧野，乃誓。 232 武(小)王左杖黃鉞，右秉白旄以麾。曰：「逖遠(小)矣西土之人！」

233 武(小)王曰：「嗟！我友邦有國(小)冢君，御事：(小)司徒、司馬、司空、亞、旅，師氏：千夫長、百夫長；及庸、蜀、羌、髳、微、盧纑(小)、彭、濮人。稱爾戈，比爾干，立爾矛，予其誓。」

234 王曰：「古人有言曰(小)：『牝雞無晨。牝雞之晨，惟家之索。』

今商王受／殷王紂，惟／維婦人言是用。　235昏弃／自弃厥其先祖肆祀，弗荅／弗不荅；昏弃厥其家國，遺其王父母弟，不迪／不用。　236乃惟／乃維四方之多罪逋逃，是崇是長，是信是使，（是以為大夫卿士）；俾暴虐于百姓，以姦宄／姦軌于商邑／商國。

237今予發，惟恭／維共行天之罰。今日之事，不愆于／不過六步、七步、乃止齊焉。夫子勗／勉哉！不愆于／不過於四伐、五伐；六伐、七伐，乃止齊焉。

238勗／勉哉夫子！尚桓桓，如虎、如貔／羆，如熊、如羆／離于商郊。弗迓／弗禦克奔／犇；以役西土。　239勗／勉哉夫子！爾所弗勗／弗勉，其于爾躬／身有戮！」

誓已，諸侯兵會者，車四千乘，陳師牧野。

十一、〈洪範〉
〈宋微子世家〉

240惟十有三祀，／武王既克殷，王訪于／問箕子。　241武王乃言曰：「嗚呼！箕子。／「於乎！惟／維天陰騭／陰定下民，相協／和厥其居，我不知其彝／常倫攸敍／所序。」

242箕子乃言對曰：「我聞『在昔，鯀陻洪／陻鴻水，汨陳其五行；帝乃震怒，不畀洪／不從鴻範九疇／九等，彝／常倫攸敍／所斁。鯀則殛死，禹乃嗣興，天乃錫禹洪／鴻範九疇／九等，彝／常倫攸敍／所序。

243初一，曰五行；次二，曰敬用五事；次三，曰農用八政；次四曰協用五紀；次五，曰建用皇極；次六，曰乂用三德；次七，曰明用稽疑；次八，曰念用庶徵；次九，曰嚮用五福，威用六

極。

244 一、 五行：一曰水，二曰火，三曰木，四曰金，五曰土。水曰潤下，火曰炎上，木曰曲直，金曰從革，土^{爰曰}稼穡。潤下作鹹，炎上作苦，曲直作酸，從革作辛，稼穡作甘。

245 二、 五事：一曰貌，二曰言，三曰視，四曰聽，五曰思。貌曰恭，言曰從，視曰明，聽曰聰，思曰睿。恭作肅，從作^{乂，治}，明作^{哲，智}，聰作謀，睿作聖。

246 三、 八政：一曰食，二曰貨，三曰祀，四曰司空，五曰司徒，六曰司寇，七曰賓，八曰師。

247 四、 五紀：一曰歲，二曰月，三曰日，四月星辰，五曰^{歷曆}數。

248 五、 皇極：皇建其有極，斂時五福，用^{敷傳}錫^{厥其}其庶民。^{惟維}時^{厥其}庶民于^{汝女}極，錫^{汝女}保極。凡厥庶民，^{無毋}有淫朋；人^{無毋}有比德，^{惟維}皇作極。 249 凡厥庶民，有猷有為有守，^{汝女}則念之。不協于極，不^{罹離}于咎，皇則受之。而^{康安}而色，曰：『予^{攸所}好德。』^{汝女}則賜之福。時人斯其^{惟維}皇之極。 250 ^{無虐煢獨}_{毋侮鰥寡}，而畏高明。人之有能有為，使羞其行，而^{邦國}其昌。凡厥正人，既富方穀，^{汝弗女不}能使有好于而家，時人斯其辜。 251 于其^{無毋}好^德，^{汝女}雖錫之福，其作^{汝女}用咎。 252 ^{無毋}偏^{無毋陂頗}，遵王之義，^{無毋}有作好，遵王之道，^{無毋}有作惡，遵王之路。 253 ^{無毋}偏^{無毋}黨，王道蕩蕩；^{無毋}黨 ^{無毋}偏，

王道平平。無(毋)反無(毋)側，王道正直。 254 會其有極，歸其有極。曰，皇(王)極之敷(傳)言，是彝(夷)是訓，于帝其訓(順)。凡厥庶民，極之敷(傳)言，是訓(順)是行，以近天子之光。曰，天子作民父母，以為天下王。

255 六、 三德：一曰正直，二曰剛克，三曰柔克。平康正直，彊弗(不)友剛克，燮(內)友柔克。沈(潛漸)剛克，高明柔克。 256 惟(維)辟作福，惟(維)辟作威，惟(維)辟玉食。臣無有作福作威玉食；臣之有作福作威玉食，其害于而家，凶于而國，人用側頗(僻)，民用僭忒。

257 七、 稽疑：擇建立卜筮人，乃命卜筮。曰雨，曰霽(濟)，曰蒙(涕)，曰驛(霧)，曰克，曰貞，曰悔。 258 凡七；卜五，占之用二，衍忒(貳)。 259 立時人作(為)卜筮，三人占，則從二人之言。汝(女)則有大疑，謀及乃(女)心，謀及卿士，謀及庶人，謀及卜筮。汝(女)則從，龜從，筮從，卿士從，庶民從，是之謂大同； 260 而身其康彊，而子孫其逢：吉。 261 汝(女)則從，龜從，筮從，卿士逆，庶民逆，吉。卿士從，龜從，筮從，汝(女)則逆，庶民逆，吉。庶民從，龜從，筮從，汝(女)則逆，卿士逆，吉。汝(女)則從，龜從，筮逆，卿士逆，庶民逆：作內吉，作外凶。龜筮共違于人：用靜，吉；用作，凶。

262 八、 庶徵：曰雨、曰暘(陽)、曰燠(奧)、曰寒、曰風、曰時。五者來備，各以其敘(序)，庶草蕃(繁)廡。一，極備，凶；一，極無(亡)，凶。 263 曰休徵：曰肅，時雨若，曰乂(治)，時暘若；曰哲(知)，時燠(奧)若；曰謀，

時寒若；曰聖，時風若。　264 曰咎徵：曰狂，恆(常)雨若；曰僭，恆(常)暘若；曰豫(舒)，恆(常)燠(奧)若；曰急，恆(常)寒若；曰蒙(霧)，恆(常)風若。　265 曰(曰，)王省(眚)惟歲，卿士惟月，師尹惟日。　266 歲月日時無(毋)易，百穀用成；乂(治)用明，俊(畯)民用章，家用平康。日月歲時既易，百穀用不成，乂(治)用昏(昬)不明，俊(畯)民用微，家用不寧。　267 庶民惟星；星有好風，星有好雨。日月之行，則有冬有夏；月之從星，則以風雨。

268 九、五福：一曰壽，二曰富，三曰康寧，四曰攸好德，五曰考終命。六極：一曰凶短折，二曰疾，三曰憂，四曰貧，五曰惡，六曰弱。」於是武王乃封箕子於朝鮮而不臣也。

十二、〈金縢〉

〈魯周公世家〉

269 既(武王)克商(殷)二年，天下未集武王有疾弗(不)豫。羣臣懼　270 太公召(二)公曰：「我其為王穆乃繆卜。」周公曰：「未可以戚我先王。」

271 周公於是乃自以為功(質)設三壇同墠。　272 為壇於南方，北面、周公立焉。植(戴)璧秉珪(圭)，乃告于大王、王季、文王。

273 史乃冊(策)祝曰：「惟爾元孫某(王發)，遘厲虐(勤勞阻)疾　274 若爾三王，是有丕負子之責于(於)天，以旦代某(王發)之身。　275 予仁若考(旦巧)，能多材多藝(蓺)；能事鬼神；乃元孫(王發)不若(如)旦多材多藝(蓺)，不能事鬼神。　276 乃命于帝

庭，敷知四方，用能定^{爾/汝}子孫于下地；四方之民罔不^{祇/敬}畏。　277

嗚呼！無墜天之降^{寶/葆}命，我先王亦永有^所依歸。今我其即命于^於元龜，爾之許我，我^{其以/以其}璧與^{珪/圭}歸以俟爾命；爾不許我，我乃屏璧與^{珪/圭}。」

278　周公已令史策，告太王、王季、文王，欲代武王發。於是乃即三王而卜^{三龜，一習}，^{卜人皆曰}吉。發書視之，信吉，周公喜，^{啟/開}篇^乃見書，^{乃并是/遇}吉。　279　周公入賀武王，曰：「^體，王其^{罔/無}害。^{予小子/旦}新受命于三王，^{惟永/維長}終是圖，茲^{攸俟/道}能念予一人。」

280　周公^歸，乃^{納/藏}其^{冊于/策}金縢之匱中。誡守者勿敢言，明日武王^{翼日乃}有瘳。

281　其後武王既^{喪/崩}，成王少，在強葆之中。周公恐天下聞武王崩而畔，周公乃踐阼，代成王攝行政當國。管叔及其羣弟^乃流言於，曰：「^周公將不利於^{孺子/成王}。」282　周公乃告^{太公望/二召公}^奭曰：「我之^{所以}弗辟，^我而攝行政者。恐天下畔周，無以告我先王^{太王、王季、文王}，三王之憂勞天下久矣，於今而后成。武王蚤終，成王少，將以成周，我所以為之若此。」於是卒相成王，而使其子伯禽代就封於魯。

283　管蔡武庚等果率淮夷而反，^{周公}乃奉成王命，興師東伐作，〈大誥〉。遂誅管叔，殺武庚，放管叔。收殷民以封叔於衛，封微子於宋以奉殷祀。寧淮夷^居東土，二年^{則罪人斯得}^{而畢定}。

284　諸侯咸服宗周，天降祉福，唐叔得禾，異母同穎，獻之成王，成王命唐叔以餽周公於東土，作〈餽禾〉。周公既受命禾，嘉天子命，作〈嘉禾〉，東土以集。^{于後}周公^歸報成王，乃為詩以^貽王，^{名/命}之曰鴟鴞。王亦未敢^{諸/訓}周公。

285 周公卒後，秋，^{大熟}未穫，^{天大雷電以風，暴風雷雨，}禾盡偃，大木^斯盡拔。^{邦人周國}大恐。 286 ^成王與大夫^{盡弁朝服}，以^{啟開}金縢^之書；^王乃得周公所自以為功、代武王之說。 287 二公及王，乃問^諸史^與百執事。^{史百執事}^對曰：「信。^{噫！有，昔周}公命，我勿敢言。」 288 ^成王執書以泣。曰：「^{自今後}其^{勿穆無繆}卜^乎！昔^周公勤勞王家，惟予^{沖幼}人弗及知；今天動威，以彰周公之德；惟朕小子其^{新逆迎}，我國家禮亦宜之。

289 王出郊，天乃雨；反風，禾^則盡起。二公命^{邦國}人，凡大木所偃，盡起而築之。歲則大熟。^{於是成王乃命魯得郊、祭文王，魯有天子禮樂者，以襃周公之德也。周公卒，子伯禽固已前受封，是為魯公。}

十三、〈康誥〉

〈穰侯列傳〉

290 ^{王曰：「嗚呼！肆汝小子封。}^{周書曰：「}惟命不于常^{；汝念哉，無我殄享。……」}，此言幸之不可數也。」（又〈三王世家〉亦引〈康誥〉「惟命不于常」五字。）

十四、〈召誥〉

〈魯周公世家〉

291 ^{惟成王七年}二月^{既望，越六日}乙未， 292 王朝步自周，^則至^于豐。 ^{惟太保使召公}^{先周公之雛}相^{宅。} 293 ^{越若來其}三月， 294 ^{若翼日乙卯，}周公^{朝至于往營}

洛，則達觀于新邑營。
成周雛邑，卜居焉，曰「吉」，遂國之。

十五、〈多士〉

〈魯周公世家〉

295 多士稱曰：「自[成]湯至于帝乙，罔[無]不[明德恤祀。亦惟天丕建，保乂有殷；率祀明德。]

[王亦罔敢失率]帝，罔[無]不配天[其澤。]者， 296 在今後嗣王[誕罔顯于天，矧曰紂，]

[其有聽念于先王勤家？]誕淫厥[泆，罔]不顧[于]天[顯]及民[祇。惟時上帝不保，降若茲大喪。之從也，其民皆可誅。]

惟天不畀，不明厥德；凡四方小大邦喪，罔非有辭于罰。」

十六、〈無逸〉

〈魯周公世家〉

297 [毋逸稱：]周公曰：「嗚呼！君子所其無逸。先知稼穡之艱難，乃逸；則知小人之依。相小人，厥父母勤[為人父母，為業至長久，子孫]

勞稼穡，厥子不知之稼穡艱難，乃逸、乃諺，既誕。否則侮厥父母曰：『昔之人，無聞知。』[驕奢，忘之以亡其家，為人子可不慎乎！」]

298 [周公曰：「嗚呼！我聞曰，故]昔在殷王中宗，嚴恭[寅敬]畏，天命自度，治民[祇震]懼，不敢荒寧。[肆故]中宗[之享]國，七十[有]五年。 299 其在高宗，[時舊久]勞于外[為與]暨小人，作其即位，乃[或有]亮[陰闇]三年不言。 300 [其惟不言，]言乃[雍讙]。 301 不敢荒[寧嘉]靖[殷邦]盜[國]至[于]小大，無[時或]怨。[肆故]高宗[之享]國，五十[有九五]年。

302 其在祖甲，不義惟王，[舊久]為小人[作其即位，爰于外，]知小人之依；能保[惠施]于庶小民，不[敢]侮鰥寡。[肆故]祖甲[之享]國，三十[有]三年。

303 自時厥後，立王生則逸。生則逸，不知稼穡之艱難，不聞小人之勞，惟耽樂之從。自時厥後，亦罔或克壽，或十年，或七八年，或五六年，或四三年。」周公曰：「嗚呼！厥亦惟我周太

王、王季、克自抑畏。文王卑服，即康功田功。徽柔懿恭，懷保小民，惠鮮鰥寡。自朝至于日中昃，不遑暇食，用咸和萬民。文王不敢盤于遊田，以庶邦惟正之供。文王受命惟中身，厥享饗國五十年。……」

十七、〈君奭〉

〈燕召公世家〉

304 成王既幼，周公攝政，當國踐祚。召公疑之，作〈君奭〉。君奭公不說周公，周公乃稱曰：「君奭！我聞在昔，成湯既受命，時則有若伊尹，格假于皇天。 305 在太甲，時則有若保衡。在太戊，時則有若伊陟、臣扈，格假于上帝。巫咸乂治王家。 306 在祖乙，時則有若巫賢。在武丁，時則有若甘盤般。率惟茲有陳，保乂有殷，故殷禮陟配天，多歷年所。……於是召公乃說。

十七、〈顧命〉

〈周本紀〉

307 成王不懌。……將崩，懼太子釗之不任，乃同召太保奭、芮伯、彤伯、畢公命召公、衛侯、毛公、師氏、虎臣、百尹、御事。…… 308 爾尚明時朕言，用敬保元率諸侯以相太子釗，弘濟于艱難。柔遠能而立之。邇，安勸小大庶邦。……

309 越翼日乙丑，成王既崩。……太保率西方二公諸侯，入應門左，畢公率東方諸侯，侯，入應門右。以太子釗見於先王廟。

310 曰：「敢敬申告天子：皇天改大邦殷之命，惟周以文王武，誕受羌若，克恤西王之所以為王業之土。惟新陟王，畢協賞罰，戡定厥功，用敷遺後人休。今王敬之哉！……」不易，務在節儉，毋多欲，以篤信臨之，作〈顧命〉。

十八、〈呂刑〉

　　〈周本紀〉

311 惟呂命。甫侯言於王，享國百年，耄荒；度作脩刑辟，以詰四方。

312 王曰：「吁！來！有邦有土」告爾汝祥刑。

313 在今爾安百姓，何擇，非其人？何敬，非其刑？何度居，非其宜與？

314 兩造具備，師聽五辭。五辭簡孚信，正于於五刑。五刑不簡，正于於五罰。五罰不服，正于於五過。五過之疵疵，惟官獄、惟反、惟內獄，惟貨、惟來；其罪惟均，其審克之。閱實其罪，其鈞其過。 315 五刑之疑有赦，五罰之疑有赦，其審克之。簡孚信有眾，惟貌訊有稽，無簡不聽疑，具共嚴天威。

316 墨黥辟疑赦，其罰百鍰率，閱實其罪。 317 劓辟疑赦，其罰惟倍，倍灑，閱實其罪。 318 剕臏辟疑赦，其罰倍差，閱實其罪。 319 宮辟疑赦，其罰六五百鍰率，閱實其罪。大辟疑赦，其罰千鍰率，閱實其罪。

320 墨罰之屬千，劓罰之屬千，剕臏罰之屬五百，宮罰之屬三百，大辟之罰、其屬二百：五刑之屬三千。命曰〈甫刑〉。上下比罪，無僭亂辭，勿用不行，惟察惟法，其審克之。……

二十、〈文侯之命〉

　　〈晉世家〉

321 天子使王子虎命晉侯為伯，賜大輅、彤弓矢百，玈弓矢千、秬鬯一卣、珪瓚、虎賁三百人。晉侯三辭，然后稽首受之。周作〈晉文侯命〉。王若曰：「父義和，丕顯文、

武，克能慎明德，昭升于登於上，敷布聞在下。惟維時上帝，集厥命于文王。亦惟先正，克左右昭事厥辟；越小大謀猷，罔不率從。肆先祖懷在位。
、武。

322 嗚呼！閔予小子嗣，造天丕愆，殄資澤于下民，侵戎我國家純。即我御事，罔或耆壽俊在厥服，予則罔克。曰惟祖惟父，其伊恤朕躬身。嗚呼！有績，繼予一人，永綏在其在位。於是晉文公稱伯。癸亥，王子虎盟諸侯於王庭。……

323 王曰：「父義和！其歸視爾師，寧爾邦。用賚爾秬鬯一卣；彤弓一，彤矢百；盧旅弓一，盧矢百；馬四匹。……矢千，秬鬯一卣，珪瓚。……

二十一、〈費誓〉

〈魯周公世家〉

324 伯禽即位之後，有管、蔡等反也。淮夷、徐戎，亦並興反。於是伯禽率師伐之肸，作〈肸誓〉公。曰：「嗟！人無譁！聽命！徂茲淮夷、徐戎並興，善敹乃「陳爾甲冑，敵乃干，無敢不弔。備乃弓矢，鍛乃戈矛，礪乃鋒刃，無敢不善。

325 今惟淫舍牿牛馬。杜乃擭，敜乃穽，無敢傷牿，牿之傷，汝則有常刑。馬牛其風，臣妾逋逃，無勿敢越逐，祇敬復之，我商賚汝。乃越逐不復，汝則有常刑。

326 無敢寇攘：踰垣牆，竊馬牛，誘臣妾，汝則有常刑。甲戌，我惟征徐戎。峙乃糗糧，無敢不逮；汝則有大刑。

327 魯人三郊三遂，峙乃隧，峙爾芻茭，糗糧，楨榦；無敢不逮。我甲戌，我惟築。而征徐戎。無敢不供，汝則有無餘刑、非殺。魯人三郊三遂，峙乃芻茭，無敢不多；汝則及。有大刑。作此〈肸誓〉，遂平徐戎，定魯。

二十二、〈秦誓〉

〈秦本紀〉

328 三十六年，繆公復益厚孟明等，使將兵伐晉。渡河焚船，大敗晉人，取王官及鄗，以報殽之役。晉人皆城守不敢出，於是繆公乃自茅津渡河，封殽中尸，為發喪，哭之三日，乃誓於軍曰：「嗟！我士卒！聽無譁。予余誓告汝群言之首……：「

329 惟古之謀人，則曰未就予忌；惟今之謀人，姑將以為親。雖則云然，尚猷詢茲黃髮謀，則罔所愆過。番番良士，旅力既愆，我尚有之。仡仡勇夫，射御不違，我尚不欲。……」以申思不用蹇叔、百里奚之謀，故作此誓，令後世以記余過。」君子聞之，皆為垂涕，曰：「嗟乎！秦繆公之與人周也，卒得孟明之慶。」

參考書目

1. 《尚書正義二十卷》，舊題漢孔安國傳；唐・孔穎達疏，藝文印書館，十三經注疏本。
2. 《唐寫本尚書》，藝文印書館，據敦煌秘籍留眞新編景印。
3. 《東坡書傳十三卷》，宋・蘇軾，藝文印書館，學津討原本。
4. 《書古文訓十六卷》，宋・薛季宣，大通書局，通志堂經解本。
5. 《尚書全解四十卷》，宋・林之奇，大通書局，通志堂經解本。
6. 《禹貢論五卷》，宋・程大昌，大通書局，通志堂經解本。
7. 《增修書說三十五卷》，宋・呂祖謙撰，時瀾增修，大通書局，通志堂經解本。
8. 《尚書說七卷》，宋・黃度，大通書局，通志堂經解本。
9. 《書集傳六卷》，宋・蔡沈，大方出版社。
10. 《書疑九卷》，宋・王柏，大通書局，通志堂經解本。
11. 《禹貢集解二卷》，宋・傅寅，大通書局，通志堂經解本。
12. 《尚書詳解十三卷》，宋・胡士行，大通書局，通志堂經解本。
13. 《書集傳或問二卷》，宋・陳大猷，大通書局，通志堂經解本。
14. 《尚書表注二卷》，宋・金履祥，大通書局，通志堂經解本。
15. 《尚書注十二卷》，宋・金履祥，藝文印書館，十萬卷樓叢書本。
16. 《尚書集傳纂疏六卷》，元・陳櫟，大通書局，通志堂經解本。
17. 《尚書輯錄纂注六卷》，元・董鼎，大通書局，通志堂經解本。
18. 《尚書纂傳四十六卷》，元・王天與，大通書局，通志堂經解本。
19. 《尚書疏衍四卷》，明・陳第，商務印書館，四庫全書珍本五集。
20. 《禹貢錐指二十卷》，清・胡渭，復興書局，皇清經解本。

21. 《書經稗疏四卷》，清‧王夫之，清同治四年刊船山遺書本。

22. 《尚書古文疏證八卷》，清‧閻若璩，復興書局，皇清經解續編本。

23. 《古文尚書考二卷》，清‧惠棟，復興書局，皇清經解本。

24. 《尚書義考二卷》，清‧戴震，舊鈔本，今藏於臺灣大學文學院聯合圖書館。

25. 《尚書集注音疏十三卷》，清‧江聲，復興書局，皇清經解本。

26. 《尚書後案三十一卷》，清‧王鳴盛，復興書局，皇清經解本。

27. 《古文尚書撰異三十二卷》，清‧段玉裁，復興書局，皇清經解本。

28. 《尚書集解二十九卷》，清‧賀淇，原稿本，今藏於中央研究院傅斯年紀念圖書館。

29. 《尚書今古文注疏》，清‧孫星衍，商務印書館，

30. 《尚書古注便讀四卷》，清‧朱駿聲，廣文書局。

31. 《尚書注疏校勘記二十卷》，清‧阮元，復興書局，皇清經解本。

32. 《書古微十二卷》，清‧魏源，復興書局，皇清經解續編本。

33. 《尚書譜一卷》，清‧宋翔鳳，復興書局，皇清經解續編本。

34. 《尚書今古文集解三十卷附校勘記一卷》，清‧劉逢祿，商務印書館。

35. 《泰誓答問一卷》，清‧龔自珍，復興書局，皇清經解續編本。

36. 《尚書今古文考證七卷》，清‧莊述祖，清‧脊令舫，珍藝宦遺書本。

37. 《尚書大傳輯校三卷》，清‧陳壽祺，復興書局，皇清經解續編本。

38. 《尚書歐陽夏侯遺說考一卷》，清‧陳橋樅，復興書局，皇清經解續編本。

39. 《今文尚書經說考三十二卷叙錄一卷》，清‧陳喬樅，復興書局，皇清經解續編本。

40. 《尚書平議四卷》，清‧俞樾，復興書局，皇清經解續編本。

41. 《尚書故三卷》，清‧吳汝綸，藝文印書館，桐城吳先生遺書本。

42. 《清儒書經彙解五十二卷》，清‧趙賢，鼎文書局。

43. 《禹貢班義述三卷》，清‧成蓉鏡，復興書局，皇清經解續編本。

44. 《古文尚書正辭三十三卷》，清‧吳光耀，清刊本。

45. 《尚書集注述疏三十五卷》，清‧簡朝亮，鼎文書局。

46. 《今文尚書考證三十卷》，清‧皮錫瑞，藝文印書館。

47. 《尚書大傳疏證七卷》，清‧皮錫瑞，師伏堂叢書本。

48. 《古文尚書拾遺定本》，章太炎，新亞書院中文系。

49. 《尚書覈詁四卷》，楊筠如，學海出版社。

50. 《尚書新證》，于省吾，藝文印書館。

51. 《尚書通論》，陳夢家，新文豐出版社，尚書類聚初輯本。

52. 《尚書正讀》，曾運乾，聯貫出版社。

53. 《漢石經尚書殘字集證》，屈萬里，中研院史語所專刊 49。

54. 《敦煌本商書校證》，陳鐵凡，國家長期發展科學委員會。

55. 《閻毛尚書公案》，戴君仁，中華叢書委員會。

56. 《尚書注釋》，瑞典·高本漢撰，陳舜政譯，中華叢書編審委員會。

57. 《尚書集釋》，屈萬里，聯經出版事業公司。

58. 《尚書異文彙錄》，屈萬里，聯經出版事業公司。

59. 《先秦典籍引尚書考》，許錟輝，油印本。

60. 《新譯尚書讀本》，吳璵，三民書局。

61. 《尚書周書考釋》，黎建寰，油印本。

62. 《尚書研究論集》，劉德漢等，黎明文化事業公司。

63. 《尚書異文集證》，朱廷獻，中華書局。

64. 《太史公尚書說》，譚固賢，油印本。

65. 《百篇書序探討》，黎建寰，文津出版社。

66. 《尚書商書研究》，陳正香，油印本。

以上《尚書》之屬，多關《尚書》經文、經義及其與《史記》之關係。

67. 《經典釋文三十卷》，唐·陸德明，鼎文書局。

68. 《周易正義十卷》，魏·王弼、韓·康伯注、唐·孔穎達疏，藝文印書館，十三經注疏本。

69. 《毛詩正義四十卷》，漢·毛公傳、鄭玄箋、唐·孔穎達疏，藝文印書館，十三經注疏本。

70. 《周禮注疏四十二卷》，漢·鄭玄注、唐·賈公彥疏，藝文印書館，十三經注疏本。

71. 《儀禮注疏五十卷》，漢·鄭玄注、唐·賈公彥疏，藝文印書館，十三經注疏本。

72. 《禮記注疏六十三卷》，漢·鄭玄注、唐·孔穎達疏，藝文印書館，十三經注疏本。

73. 《左傳正義六十卷》，晉·杜預注、唐·孔穎達疏，藝文印書館，十三經注疏本。

74. 《公羊傳注疏二十八卷》，漢·何休注、唐·徐彥疏，藝文印書館，十三經注疏本。

75. 《穀梁傳注疏二十卷》，晉·范甯注、唐·楊士勛疏，藝文印書館，十三

經注疏本。

76. 《論語注疏二十卷》，魏·何晏注、宋·邢昺疏，藝文印書館，十三經注疏本。

77. 《孟子注疏十四卷》，漢·趙歧注、宋孫奭疏，藝文印書館，十三經注疏本。

78. 《爾雅注疏十卷》，晉·郭璞注、宋·邢昺疏，藝文印書館，十三經注疏本。

79. 《一切經音義二十五卷》，唐·釋慧琳，大通書局。

80. 《群經音辨七卷》，宋·賈昌朝，清光緒三年南海伍氏粵雅堂刊本。

81. 《十三經注疏正字五卷》，清·沈廷芳，商務印書館，四庫全書珍本初集。

82. 《九經古義十六卷》，清·惠棟撰，復興書局，皇清經解本。

83. 《經義雜記四十六卷》，清·臧琳，復興書局，皇清經解本。

84. 《經傳釋詞十卷》，清·王引之，世界書局。

85. 《經義述聞三十二卷》，清·王引之，廣文書局。

86. 《羣經義證八卷》，清·武億，復興書局，皇清經解續編本。

87. 《詩毛氏傳疏三十卷》，清·陳奐，復興書局，皇清經解續編本。

88. 《五經異義疏證三卷》，清·陳壽祺，復興書局，皇清經解本。

89. 《新興僞經文十四卷》，清·康有爲，商務印書館。

90. 《漢碑引經考六卷附引緯考一卷》，清·皮錫瑞，清光緒三十年刊本。

91. 《漢熹平石經殘字集錄》，羅振玉，上虞羅氏石印本。

92. 《漢石經集存》，馬衡，科學出版社景印本。

93. 《魏三字石經集錄》，孫海波，藝文印書館。

94. 《歷代石經考》，張國淦，鼎文書局。

95. 《兩漢經學今古文平議》，錢穆，大東圖書公司。

96. 《大戴禮記今注今譯》，高師仲華，商務印書館。

97. 《馬融之經學》，李威熊，文史哲出版社。

98. 《王肅之經學》，李振興，嘉新水泥公司文化基金會。

99. 《經今古文學問題新論》，黃彰健，中研院史語所專刊79。

以上群經之屬，亦有關《尚書》之經文、經義，並可資以辨別今古文及說明與《史記》之關係。

100. 《史記一百三十卷札記五卷》，漢·司馬遷撰、宋·裴駰集解、唐·司馬貞索隱、張守節正義、清·張文虎札記，清同治五年至九年金陵書局刻本。

101. 《史記一百三十卷》,漢・司馬遷撰、宋・斐駰集解、唐・司馬貞索隱、張守節正義,商務印書館,景宋黃善夫刻本。

102. 《史記評林一百三十卷》,漢・司馬遷撰、宋・裴駰集解、唐・司馬貞索隱、張守節正義、明・凌稚隆輯評、李光縉增補、日本有井範平補標,蘭臺書局。

103. 《史記辨惑十一卷》,金王若虛,商務印書館,四部叢刊淖南遺老集本。

104. 《史記志疑三十六卷》,清・梁玉繩,學生書局。

105. 《史記札記五卷》,清・郭嵩燾,世界書局。

106. 《校刊史記集解索隱正義札記》,清・張文虎,學海出版社。

107. 《史記探源八卷》,清・崔適,廣文書局。

108. 《史記舊注平議》,王駿圖,正中書局。

109. 《史記會注考證一百三十卷》,日本・瀧川資言,宏業書局。

110. 《史記會注考證校補一百三十卷》,日本・水澤利忠,廣文書局。

111. 《史記地名考》,錢穆,龍門書局。

112. 《史記會注考證訂補》,施之勉,華岡出版部。

113. 《太史公書義法二卷》,孫德謙,世界書局。

114. 《史記三家注補正》,瞿方梅,廣文書局。

115. 《太史公世系,太史公父子年譜,及著史年代考》,楊家駱,正中書局,史記今譯附編二。

116. 《史記考索》,開明書店編輯部編,開明書店。

117. 《史記斠證》,王叔岷,中研院史語所出版品編輯委員會。

118. 《史記新證》,陳直,學海出版社。

119. 《司馬遷人格與風格》,李長之,開明書店。

120. 《司馬遷所見書考》,金德建,上海人民出版社。

121. 《司馬遷與其史學》,周虎林,文史哲出版社。

122. 《史記稱代詞與虛詞研究》,許璧,油印本。

123. 《史論論文集》,陳師新雄、于師大成主編,西南書局。

124. 《史記論文選集》,黃沛榮編,長安出版社。

以上《史記》之屬,均可藉以考辨《史記》與《尚書》之關係。

125. 《世本八種》,清・秦嘉謨等輯,西南書局。

126. 《國語二十一卷》,吳韋昭注,九思出版社。

127. 《戰國策十卷》,漢・高誘注,藝文印書館。

128. 《山海經箋疏十八卷》,晉・郭璞注、清・郝懿行疏,藝文印書館。

129. 《漢書補注一百卷》，漢·班固原著、唐·顏師古注、清·王先謙補注，藝文印書館。

130. 《漢紀三十卷》，漢·荀悅，商務印書館，國學基本叢書本。

131. 《水經注四十卷卷首一卷》，後魏·酈道元撰、清·戴震校，世界書局。

132. 《後漢書集解一百二十卷》，宋·范曄原著、唐·李賢注、清·王先謙集解，藝文印書館。

133. 《三國志集解五十六卷》，晉·陳壽原著、宋·裴松之注、盧弼集解，藝文印書館。

134. 《博物志十卷》，舊題，晉·張華撰，中華書局，四部備要本。

135. 《晉書斠注一百三十卷》，唐·房玄齡等原著、清·吳士鑑、劉承幹注，藝文印書館。

136. 《魏略輯本二十五卷附補遺》，魏·魚豢撰、民國張鵬一輯，陝西文獻徵輯處刊本。

137. 《魏書一百十四卷》，齊魏收，藝文印書館。

138. 《北史一百卷》，唐·李延壽等，藝文印書館。

139. 《漢書音義三卷叙錄一卷》，隋·蕭該撰、清·臧庸輯，藝文拜經樓叢書本。

140. 《隋書經籍志四卷》，唐·魏徵，世界書局。

141. 《唐書經籍藝文合志六卷》，後晉·劉昫、宋·歐陽修，世界書局。

142. 《隸釋二十七卷附校勘記一卷》，宋·洪适撰、清·張元濟校勘記，商務印書館，四部叢刊三編本。

143. 《資治通鑑二百九十四卷》，宋·司馬光等撰、元·胡三省注，世界書局。

144. 《資治通鑑前編十八卷舉要三卷》，宋·金履祥，藝文印書館，四庫薈要本。

145. 《通鑑外紀十卷》，宋·劉恕，商務印書館，四部叢刊本。

146. 《郡齋讀書志四卷附志一卷後志二卷》，宋·晁公武，商務印書館，四部叢刊三編本。

147. 《宋史藝文志廣編》，元·脫脫，世界書局。

148. 《文史通義》，清·章學誠，中華書局，四部備要本。

149. 《考信錄》，清·崔述，世界書局。

150. 《諸史拾遺》，清·錢大昕，清刊潛研堂全書本。

151. 《廿二史考異一百卷》，清·錢大昕，樂天出版社。

152. 《廿二史箚記三十六卷》，清·趙翼，樂天出版社。

153. 《逸周書輯訓校釋十卷》，朱右曾，藝文印書館。

154. 《古本竹書紀年輯證》，方詩銘等，華世出版社。

155. 《讀史札記》，呂思勉，木鐸出版社。

156. 《史學方法論》，杜維運，華世出版社。

157. 《高士傳疏證》，蔡信發，南嶽出版社。

以上眾史之屬，或引用《尚書》，或沿襲《史記》，或辨二者是非，或述三代史事，而與《尚書》、《史記》有直接間接之關係。

158. 《管子校正二十四卷》，唐·尹知章注、清·戴望校正，世界書局，諸子集成本。

159. 《荀子集解二十卷》，唐·楊倞注、清·王先謙集解，藝文印書館。

160. 《呂氏春秋新校正二十六卷》，漢·高誘注、清·畢沅校，世界書局，諸子集成本。

161. 《賈子新書十卷》，漢·賈誼，商務印書館，國學基本叢書。

162. 《春秋繁露義證十七卷》，漢·董仲舒原著、清·蘇輿義證，河洛圖書出版社。

163. 《潛夫論箋三十六卷》，漢·王符原著、清·汪繼培箋，世界書局，諸子集成本。

164. 《說苑二十卷》，漢·劉向，商務印書館，國學基本叢書。

165. 《論衡三十卷》，漢·王充，世界書局，諸子集成本。

166. 《法言集注十卷》，漢·楊雄原著、宋·司馬光集注，中華書局，四部備要本。

167. 《風俗通義十卷》，漢·應劭，中華書局，四部備要本。

168. 《中論二卷》，漢·徐幹，商務印書館，國學基本叢書。

169. 《藝文類聚一百卷》，唐·歐陽詢，木鐸出版社。

170. 《北堂書鈔一百六十卷》，唐·虞世南，新興書局。

171. 《太平御覽一千卷》，宋·李昉，木鐸出版社。

172. 《困學紀聞二十卷》，宋·王應麟撰、清·翁元圻注，中華書局，四部備要本。

173. 《冊府元龜一千卷》，宋·王欽若，新興書局。

174. 《日鈔九十五卷》，宋·黃震，商務印書館，四庫全書珍本二集。

175. 《夢溪筆談二十六卷》，宋·沈括，商務印書館，國學基本叢書本。

176. 《日知錄三十二卷》，清·顧炎武，粹文堂。

177. 《越縵堂讀書記》，清·李慈銘，世界書局。

178. 《癸巳存稿十五卷》，清·俞正燮，商務印書館，國學基本叢書。

179. 《玉函山房輯佚書》，清·馬國翰輯，文海出版社。
180. 《漢魏遺書鈔》，清·王謨輯，藝文印書館。
181. 《癸巳類稿十五卷》，清·俞正燮，商務印書館，國學基本叢書。
182. 《白虎通義疏證十二卷》，清·陳立，復興書局，皇清經解續編本。
183. 《古書疑義舉例》，清·俞樾，世界書局。
184. 《墨子閒詁十五卷目錄一卷》，清·孫詒讓，世界書局。
185. 《觀堂集林二十二卷》，王國維，河洛圖書公司。
186. 《章氏叢書》，章太炎，世界書局。
187. 《劉申叔遺書》，劉師培，京華書局。
188. 《積微居讀書記》，楊樹達，中華書局。
189. 《學傭論學集》，屈萬里，開明書局。

以上子部之屬，或引《尚書》之文，或討論《尚書》、《史記》。

190. 《昭明文選六十卷》，梁·昭明太子編、唐·李善注，藝文印書館。
191. 《文心雕龍十卷》，梁·劉勰，中華書局，四部備要本。
192. 《楚辭補注十七卷》，宋·洪興祖，藝文印書館。
193. 《全上古秦漢三國魏晉六朝文》，清·嚴可均輯，世界書局。
194. 《東原集十二卷》，清·戴震，商務印書館，國學基本叢書本。
195. 《方望溪先生全集十七卷》，清·方苞，商務印書館，國學基本叢書。
196. 《惜抱軒全集八卷》，清·姚鼐，世界書局。
197. 《傅斯年全集》，傅斯年，聯經出版事業公司。
198. 《高明文輯》，高師仲華，黎明文化事業公司。

以上集部之屬，其中有引《尚書》之文及討論《史記》或《尚書》之文多篇。

199. 《釋名疏證八卷附釋名補遺一卷續釋名一卷》，漢·劉熙撰、清·畢沅疏證並補續，乾隆五十四年靈巖山館刊。
200. 《廣雅疏證二十卷》，魏·張揖撰、清·王念孫疏證，廣文書局。
201. 《一切經音義一百卷》，唐·釋慧琳，大通書局。
202. 《集韻十卷》，宋·丁度，中華書局，四部備要本。
203. 《廣韻五卷》，宋·陳彭年，藝文印書館。
204. 《說文解字注三十二卷》，清·段玉裁，藝文印書館。
205. 《說文通訓定聲十八卷》，清·朱駿聲，藝文印書館。
206. 《說文解字詁林正續合編》，丁福保，鼎文書局。
207. 《卜辭通纂》，郭鼎堂，日本文求堂。

208. 《殷虛卜辭研究》，日本·島邦男，鼎文書局。

209. 《金文叢考》，郭鼎堂，大通書館。

210. 《商周彝器通考》，容庚，文史哲出版社。

211. 《三代吉金文存》，羅振玉，樂天出版社。

212. 《金文編正續》，容庚，樂天出版社。

213. 《積微居小學述林》，楊樹達，大通書局。

214. 《甲骨文集釋》，李孝定，中研院史語所專刊之 50。

215. 《敦煌俗字譜》，潘師石禪，石門圖書公司。

216. 《金文釋例》，胡師自逢，文史哲出版社。

以上文字音義之屬，有助於文字本形本義與通假、正與俗之考辨。

217. 〈史記述堯典考〉，劉師培，《國粹學報》五年 12 號。

218. 〈史記引尚書文考例〉，張鈞才，《金陵學報》六卷二期。

219. 〈史記引尚書文考釋〉，黃盛雄，《台中師專學報》第七期。

220. 〈二戴記解題〉，屈萬里，《中研院民族研究所集刊》32。

221. 〈由魏石經殘字看古文尚書〉，朱廷獻，《學術論文集刊》二期。

222. 〈尚書多方篇著成於多士之前辨〉，程元敏，《文史哲學報》23 期。

223. 〈司馬遷之尚書學〉，洪安全，《國立政治大學學報》三十三期。

224. 〈今文泰誓疏證〉，許錟輝，《木鐸》第七期。

225. 〈呂刑「刑書」考辨〉，曾榮汾，《木鐸》第七期。

226. 〈尚書新證〉，吳璵，《潘重規教授七秩誕辰論文集》。

227. 〈太史公書凡例考論〉，陳可青，《中國史研究》七十一年第二期。

228. 〈尚書秦誓辨〉，蔡信發，《幼獅學誌》十五卷四期。

229. 〈魏石經古文尚書考〉，朱廷獻，《孔孟學報》四十三期。

230. 〈尚書皐陶謨疏證〉，張建葆，《國文學報》十二期。

231. 〈如何認識書經中的真正價值〉，華仲麐，《孔孟月刊》二十二卷二期。

232. 〈尚書呂刑篇之著成〉，程元敏，《清華學報》十五卷一、二期。

233. 〈地下資料與周書研究〉，朱廷獻，《書目季刊》十七卷四期。

234. 〈尚書研究〉，高師仲華，《孔孟月刊》二十二卷十二期。

以上單篇論文之屬。